高等职业教育旅游与酒店管理类专业"十四五"规划系列教材

会展策划实务

主　编　张捷雷
副主编　汪　琳

东南大学出版社
SOUTHEAST UNIVERSITY PRESS
·南京·

内容简介

本书将会展策划的原理和实践进行了有机的结合。从会展主办公司的角度,按照工作流程进行编写,从立项策划调研到会展评估和跟踪服务,较为完整地展现了会展工作的每一个重要过程。本书理论知识介绍深入浅出,选取大量案例进行说明,并精心挑选来自业界的优秀一手资料作为范例,有助于学生学习、分析、模仿。本书采用电子信息辅助手段拓展了学习信息和内容,读者可以通过扫描二维码获得拓展阅读信息、图片信息、视频信息等,其中不少视频信息是在展会现场采访拍摄的。

本书一共有十一章的内容。第一章为会展策划与项目管理的概述,主要介绍了会展业、会展策划与项目管理的基本原理。第十一章为综合性的情景练习,给出了综合实训的教学组织思路和情景背景,教师可以根据学校的实际情况开展实训。第二章到第十章进入会展项目的流程主题,每一章都包括章节主题的知识阐述、典型案例分析、情景练习和知识巩固等几个部分,兼顾理论学习与实践操练的需要。

图书在版编目(CIP)数据

会展策划实务 / 张捷雷主编. —— 南京:东南大学出版社,2022.12(2024.8重印)

ISBN 978-7-5766-0479-5

Ⅰ.①会… Ⅱ.①张… Ⅲ.①展览会—策划 Ⅳ.①G245

中国版本图书馆 CIP 数据核字(2022)第 231550 号

责任编辑:张丽萍　责任校对:李成思　封面设计:毕　真　责任印制:周荣虎

会展策划实务
Huizhan Cehua Shiwu

主　编	张捷雷
出版发行	东南大学出版社
社　址	南京市四牌楼2号(邮编:210096　电话:025-83793330)
经　销	全国各地新华书店
印　刷	南京京新印刷有限公司
开　本	787 mm×1092 mm　1/16
印　张	16.75
字　数	430千字
版　次	2022年12月第1版
印　次	2024年8月第2次印刷
书　号	ISBN 978-7-5766-0479-5
定　价	49.00元

本社图书若有印装质量问题,请直接与营销部联系,电话:025-83791830。

前 言

进入21世纪,随着中国经济的发展和科技领域的进步,中国会展业获得了突飞猛进的发展,会展业在题材、举办模式、客商邀约、宣传推广以及现场管理等各个方面也不断创新变化。这对会展教育提出了要求,即要紧跟行业变化,与行业接轨,提高学生的实践能力。著名课程专家拉尔夫·泰勒在《课程与教学的基本原理》一书中提出,要将学习者的需要、社会生活的需要和学科的发展并列为课程目标的三大来源。一个会展管理人才必须掌握的知识分成三大部分,即基础知识与技能、专业知识和实践能力。会展策划是会展专业学生的必修课程,学生不但需要掌握会展策划的基本理论,更需要在理解会展策划原理和流程的基础上,充分利用和发掘举办方的各种资源和外部技术条件,创新策划和运营服务。

因此,本书的编写将会展策划的知识体系与基本操作技能融为一体,关注会展策划课程与会展专业的其他课程的技能衔接,如会展设计、会展信息管理、会展工程和材料等课程;帮助学生掌握会展项目策划各个阶段的策划内容和项目管理要求。本书理论阐述简洁明了,选取了大量优秀的真实案例,或帮助学生理解策划原理,或给予学生策划文案的学习参考。这些案例都来自一线工作场景,为学生提供了真实、原生态的学习素材。本书将思政教育自然而然地融入专业学习过程中,学生能够从案例和范例的学习中体会到我国会展业的发展源自我国在各个领域中产业体系的完善和发展、国际竞争力的增强。从广交会到进博会不仅仅是会展业的发展历程,更是中国经济的发展历程。学生在范例学习和实践练习过程中,能体验到会展工作精益求精、不断创新的职业精神。

本书为新形态教材,突破了书籍印刷篇幅限制和动态资源无法获取的局限,通过扫描相关知识点旁的二维码,学生可以获得更多的知识拓展资源。从第二章到第十章还设置典型案例分析与情景练习,为实践教学提供思路;知识巩固则是对理论知识学习的回顾巩固。

本书一共有十一章内容,开篇是对会展策划和运营基本知识的介绍,最后一章给出了综合实训的思路和情景背景,教师可以根据学校的实际情况开展实训。第二章到第十章按照会展主办的工作流程进行编写,从立项策划到展会结束后的评估和跟踪工作,相对完整地阐述了会展项目从立项到运营完成的流程。当然在实际工作过程中会展项目涉及的内容和子环节复杂多样,本书不可能在有限的篇幅内穷尽所有内容和环节,所以情景练习的推演和实训就显得尤为重要。学生在实训过程中会发现项目执行时存在的困惑和问题,并不断在学习讨论中获得知识拓展和能力提升。

本书编写强调学生的参与性,练习多以学生小组的方式合作完成,学生通过亲自调查分析、策划写作和动手操作乃至真正实施,能够对会展策划和管理有一个完整的认识,切身体会到会展基本的运作过程。项目练习不仅需要大量的调查、策划和写作,还会涉及计算机使用、会展设计、现场布置、沟通联络、组织等多项技能的训练,使学生其他课程的学习在会展策划课程中得到完整的应用。

本书编写过程中得到了杭州西湖国际博览有限公司原总经理、现任杭州市运河集团副总经理沈杨根,杭州旅游投资发展有限公司副总经理汪琳,杭州西湖文化传播有限公司原策划总监、现任杭州薪合文化传播有限公司总经理林观涵的大力支持。

作　者
2022 年 8 月

目　录

第一章　会展策划与项目管理 …… 001
第一节　认识会展业 …… 003
一、会展业的含义 …… 003
二、会展业的管理 …… 006
第二节　会展项目策划与管理 …… 008
一、会展项目策划的主要程序 …… 008
二、会展活动筹备的时间周期 …… 012
第三节　会展业从业人员的职业能力 …… 013
一、关于职业能力的阐述 …… 013
二、会展业中的工作 …… 014

第二章　市场调研 …… 016
第一节　会展市场的调研 …… 017
一、会展市场调研的内容 …… 017
二、会展市场调研的一般步骤 …… 018
三、收集信息 …… 018
第二节　会展市场问卷调查与报告撰写 …… 022
一、调查问卷的设计 …… 022
二、问卷调查方案的设计 …… 025
三、问卷调查报告的撰写 …… 027

第三章　立项策划与可行性分析 …… 046
第一节　会展立项策划的工作步骤 …… 049
一、选择展览题材 …… 049
二、确定展览题材 …… 051
三、撰写会展立项策划方案 …… 052
第二节　会展项目的可行性分析 …… 056
一、会展项目市场环境因素分析 …… 056

二、会展项目生命力分析 ·· 057

　　三、会展项目执行方案分析 ·· 057

　　四、会展项目财务分析 ·· 058

第四章　选择会展项目服务供方 ·· 071

第一节　选择会展场馆 ·· 072

　　一、会展中心的功能布局 ·· 072

　　二、选择展览场地 ·· 074

第二节　选择展位承建商 ·· 074

　　一、会展承建商的职责 ·· 074

　　二、考察展位承建商 ·· 076

　　三、指定展位承建商的方法 ·· 077

第三节　确定会展物流服务商 ·· 078

　　一、报关代理服务 ·· 078

　　二、国内运输代理服务 ·· 079

　　三、海外运输代理服务 ·· 080

　　四、会展运输注意事项 ·· 082

　　五、对运输代理商的现场管理 ·· 082

第四节　确定会展旅游代理 ·· 083

　　一、产品设计的专业性评价 ·· 083

　　二、旅行社的服务能力评价 ·· 083

第五章　会展相关活动策划 ·· 099

第一节　展会期间的相关活动策划 ···································· 100

　　一、展会中的会议安排 ·· 100

　　二、展会期间的其他活动策划 ·· 104

第二节　会展征集活动 ·· 106

　　一、会展征集活动的内容 ·· 106

　　二、会展征集活动的范围 ·· 107

　　三、会展征集活动的组织与实施 ······································ 107

第三节　会议中的相关活动 ·· 108

　　一、休闲文娱活动 ·· 108

　　二、旅游观光活动 ·· 108

　　三、展览活动 ·· 109

第六章　会展广告与赞助 …… 124

第一节　会展广告和赞助的类型 …… 125
一、赞助的作用 …… 125
二、会展广告的类型 …… 126
三、会展赞助的类型 …… 127

第二节　会展赞助方案和合同设计 …… 128
一、赞助方案的设计原则 …… 128
二、展会赞助方案的内容 …… 128

第三节　展会广告和赞助的销售 …… 129
一、调研目标赞助商，挖掘展会赞助机会 …… 129
二、收集赞助投资回报信息，并体现在赞助方案设计中 …… 130
三、制定合适的赞助价格 …… 130
四、与赞助客户建立和保持良好的关系 …… 130

第七章　招展和招商 …… 138

第一节　招展方案与招展数据库 …… 140
一、招展工作方案 …… 140
二、招展重点区域划分 …… 140
三、建立目标参展商数据库 …… 141

第二节　招展工作策划与执行 …… 142
一、展区和展位划分 …… 142
二、绘制场地平面图 …… 144
三、招展价格的制定 …… 144
四、招展分工 …… 145
五、招展函的编制和发送 …… 147
六、招展预算 …… 150
七、招展进度计划 …… 150
八、展位营销 …… 150
九、参展商手册编写 …… 151

第三节　招商策划 …… 152
一、专业观众群体的确定 …… 152
二、专业观众地区确定 …… 153
三、建立目标观众数据库 …… 153

四、招商沟通方式 …………………………………………………… 155

五、观众邀请函的编制和发送 …………………………………… 156

六、招商分工 ………………………………………………………… 156

七、招商预算 ………………………………………………………… 156

八、招商进度计划 …………………………………………………… 157

第八章　会展宣传推广 ……………………………………………… 168

第一节　会展宣传推广的特点与重点 ……………………………… 169

一、会展宣传推广活动的特点 …………………………………… 169

二、会展活动阶段性宣传推广重点 ……………………………… 170

第二节　会展宣传推广方式 ………………………………………… 171

第三节　会展宣传推广计划 ………………………………………… 177

一、会展宣传推广活动的策划步骤 ……………………………… 177

二、媒体和广告宣传推广计划 …………………………………… 178

三、新闻发布会计划 ………………………………………………… 179

四、同类展会宣传推广计划 ……………………………………… 180

五、各种专项宣传推广计划 ……………………………………… 181

六、展会整体宣传推广进度计划 ………………………………… 182

第九章　会展现场服务与管理 ……………………………………… 193

第一节　展会现场服务与管理 ……………………………………… 194

一、展会现场布置 …………………………………………………… 194

二、展会开幕式和其他相关现场布置 …………………………… 197

三、展会开幕式 ……………………………………………………… 198

四、展会期间的现场服务与管理 ………………………………… 199

五、撤展管理 ………………………………………………………… 204

第二节　大型会议现场服务与管理 ………………………………… 205

一、会议现场布置 …………………………………………………… 206

二、会议现场注册管理 …………………………………………… 208

三、会议入场管理 …………………………………………………… 208

四、会议开幕式 ……………………………………………………… 208

五、会议餐饮服务 …………………………………………………… 211

第三节　会展现场的风险与安全管理 ……………………………… 212

一、风险的识别与评估 …………………………………………… 212

二、制订风险控制预案 ………………………………………………………… 214
　　三、实施风险管理与控制 ………………………………………………………… 214
　　四、媒体管理 …………………………………………………………………… 216

第十章　会展评估与跟踪服务 ……………………………………………… 239

第一节　会展总结与评估 …………………………………………………… 239
　　一、会展项目评估的意义 ………………………………………………………… 239
　　二、会展项目评估的原则 ………………………………………………………… 240
　　三、会展项目评估的内容 ………………………………………………………… 241
　　四、会展项目评估的方法 ………………………………………………………… 242

第二节　展后跟踪服务 ……………………………………………………… 244
　　一、跟踪展会客户需求 …………………………………………………………… 244
　　二、向客户邮寄展后总结并致谢 ………………………………………………… 245
　　三、及时更新客户信息数据库 …………………………………………………… 245
　　四、做好展后新闻宣传 …………………………………………………………… 245
　　五、做好展后客户联系与沟通 …………………………………………………… 245

第十一章　综合练习 …………………………………………………………… 250

第一节　以普通消费者为对象的展览练习 ……………………………………… 250
　　一、情景设置 …………………………………………………………………… 250
　　二、教学组织 …………………………………………………………………… 251
　　三、场所和设施要求 …………………………………………………………… 251

第二节　以专业买家为对象的展览练习 ………………………………………… 251
　　一、情景设置 …………………………………………………………………… 251
　　二、情景练习题 ………………………………………………………………… 252
　　三、教学组织 …………………………………………………………………… 253
　　四、场所和设施要求 …………………………………………………………… 253

第三节　某会议服务方案练习 …………………………………………………… 253
　　一、情景设置 …………………………………………………………………… 253
　　二、情景练习题 ………………………………………………………………… 254

参考文献 ……………………………………………………………………………… 255

第一章 会展策划与项目管理

学习目标

学生应当通过本章学习和练习达到以下目标:
- 了解会展业的分类和国际管理组织;
- 了解会展活动策划的流程;
- 对会展项目执行的组织机构分工有一定的认识;
- 对会展业的从业要求有一定了解。

开篇导读

中国会展经济2021—2025年发展预测

2021—2025年,对于全球会展业来说既是挑战,也是机遇。从挑战方面来看,会展业如果长期处在疫情持续反复的环境下,那么传统线下会展一定将面临持续延展和取消办展的情况,这对会展行业来说势必会带来猛烈的冲击。从机遇方面来看,把线上和线下展会相结合,不断总结出新的会展模式,使会展业朝着成熟多元化的方向发展。

在疫情常态化的大背景下,深圳市中投顾问股份有限公司对会展的行业前瞻性进行了研究,提出了2021—2025年中国会展业的发展预测分析(见图1-1)。

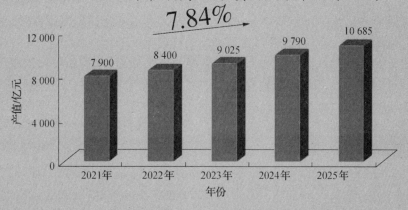

图1-1 中投顾问对2021—2025年中国展会经济直接产值预测

2017年,全国展会经济直接产值近6 000亿元;2019年,全国展会经济直接产值超7 000亿元。预计,2021年我国展会经济直接产值将达到7 900亿元,未来五年(2021—2025)年均复合增长率约为7.84%,2025年将达到10 685亿元。

会展业能够得到相对持续稳定的发展,主要原因有以下四个方面。

一、国家政策及战略支持

2017年商务部发布的《服务贸易发展"十三五"规划》明确指出:健全展览业管理体制,加强展览业法律体系建设,推进简政放权,充分发挥促进展览业改革发展部际联席会议制度作用,强化部门间协作关系。健全展览业标准体系、诚信体系、统计监测体系和知识产权保护体系,加强人才体系建设。培育品牌展会和龙头展览企业。

随着我国国际影响力不断扩大,以及主场外交活动相继举办,会展已由以往单一的经贸平台转变为兼具国家战略落地的平台。这种战略性承接功能赋予会展业更全面的产业联动效应。随着"一带一路"倡议以及"京津冀一体化"、"十三五"规划、供给侧改革、"互联网+"等新兴战略的深入开展和落实,会展产业在城市经济建设、经济结构转型发展、提高社会运行效率方面发挥着越来越积极的作用。国家政府支持力度的持续加大,将为会展行业营造更好的发展环境。

二、多元融合发展　智能创新升级

我国会展经济发展主要是在改革开放以后,40余年来,会展经济得到了有效的发展,从高速增长步入高质量发展轨道。目前正处于转型升级的阶段。

"绿色、低碳、可持续"发展理念成为行业共识和产业转型升级的方向。会展市场主体正在呈现多元化、精细化态势。展览行业资源整合加快,在展览内容上,围绕创新发展、绿色发展,一些大型展览逐渐向新能源汽车、智能制造、环保等领域延伸。在展览硬件上,新一代展馆建设升级,展览业与多元产业融合加快。在展览服务上,展览服务商从单一业务模式向提供整体解决方案的综合品牌服务商转型。

三、跨界融合注入新动能

从近年来展览业的发展实践看,跨界融合主要涉及四个方面:一是会展设施的跨界融合,越来越多的会展中心从过去单纯的运营场馆进一步发展到融展览场馆、酒店、写字楼、购物中心、博物馆、艺术馆等为一体的多种设施融合运营新模式;二是展览产业链的纵向一体化使得展览策划、组织、搭建、咨询等业务渐渐融合在一起,从而产生了一批具有影响力的会展集团;三是技术赋能的跨界融合,主要是指互联网和场馆的融合、互联网和主场搭建的融合及互联网和组展商的融合,这些融合一方面提升了工作效率,另一方面催生了很多新的商业模式;四是互补性业务的跨界融合,展览业与信息服务业具有非常紧密的关联关系,很多知名展览会都依托于全球著名的数据信息企业。

四、科技带来的机遇不容忽视

目前各类企业都在积极探索更可持续、数字化的运营模式。疫情期间,钉钉、企业微信、飞书、腾讯会议、Zoom等网络协作工具发展迅速,并且不断迭代升级,功能更强大;支持视频会议、视频直播的平台层出不穷,云开发技术也变得越来越便捷。科技的进步为会展业带来数字化升级转型的机遇。

资料来源:深圳市中投顾问股份有限公司报告 2021-10-27

会展业涉及广泛，国际上对会展业的统称有 MICE(Meetings，Incentives，Conventions，Exhibitions)或 Event(事件)。MICE 包括会议、展览、奖励旅游等活动，Event 泛指活动，从广义上来说，包括展览、会议、节事等各个方面。本章对涉及会展策划与项目管理的各个方面的内容进行了概述，包括会展业的含义和分类、会展业的国家和国际管理机构、会展项目策划的方法和流程、会展项目执行的组织机构、会展从业人员的能力要求等。通过本章的学习，学生在进入会展项目策划学习前对会展业及会展策划能有初步的认识。

第一节 认识会展业

一、会展业的含义

会展业是一个综合性较强的行业，由不同类型的企业构成，如会议策划或服务公司、展览主办公司、展览代理公司、展品运输公司、展台设计和搭建公司、活动公关公司等。国际上对会展业有个较为通用的称呼为 MICE(Meetings，Incentives，Conventions，Exhibitions)，它是指在一定区域空间，由多个集聚在一起形成的定期或不定期的、制度或非制度的群众性社会活动。这里的 M(Meetings)泛指各类会议(以中小会议居多)；I(Incentives)指各种促进和激励社会、经济、文化发展的活动，包括奖励旅游、节事活动；C(Conventions)特指大会，如国际组织、党派团体、协会机构的年会、代表大会；E(Exhibitions)是指各类展览、展示活动。

我国所谓的会展业也是会议、展览会、节事活动和奖励旅游的统称。我国提出会展业的概念也是基于会议、展览及节事活动的高度融合，并且都具有因人员流动而带动消费和经济增长的特点。因为所涉及的业务广泛，所以国外的一些大学将会展专业统称为 Event (事件)，诚然，无论是会议还是展览、节事，都属于一种"事件"类型。

(一) 会议的概念和分类

会议是指在特定的时间和空间，通过发言、讨论、演示、商议、表决等多种形式，以达到议事协调、交流信息、传播知识、推介联络等目的的一定人数的群体活动(GB/T 30520—2014)。会议按照不同的标准可以分为以下几种类型：

按照会议规模大小分类，分为国际会议、洲际会议、国内会议、地区会议等。国际会议的标准，按 ICCA 规定的条件为：①会议代表不少于 50 人；②会议要按周期举办，如每年、每两年或更长时间举办一届；③至少在三个以上国家轮流举办。

按会议组织形式分类，分为大会或年会(Convention)、代表会议(Congress)、论坛(Forum)、专题学术讨论会(Panel Discussion)和座谈会(Symposium)等。

按会议举办内容分类，分为商务会议、展销会议、文化交流会议、度假型会议、专业学术会议、政治性会议和培训会议等。

按会议主办主体分类，分为社会团体会议(政府会议和协会会议)、公司(企业)会议和其他组织会议(联谊会和交流会)等。

(二) 展览的概念和分类

展览是以产品、技术、服务的展示、展出、参观、洽谈、信息交流为主的活动(GB/T 26165—

2021)。

展览可以按照展览内容、展览目的、展览对象、展品来源、展览地域、展览是否营利、展览时间和展览场地等标准进行分类(见图1-2)。其中专业性展览又可以分为贸易性质的展览和消费性质的展览。贸易性质的展览又称为行业展览,是为生产和经营需要而开展贸易洽谈、订货和信息交流等活动而举办的展览,参加展会的都是产业链上下游中的买家和卖家。通常把来展览会参观、采购物资的一方称为专业买家或专业观众,把购买展位宣传企业和产品、希望达成交易的一方称为参展商。消费性质的展览是面向终端消费者的展览,消费者购买产品主要用于自我消费,不用于再生产或创造利润,因此展览的内容以消费品为主,一般以展销会、展示会的形式出现。一般来说,向专业观众开放的展览是贸易性展览,对社会公众开放的展览是消费性展览。现在,很多专业性的展览会也会向公众开放,如一个为期三天的展览,第一天和第二天向专业观众开放,最后一天会向社会公众开放,因为展览会本身也需要扩大社会影响,需要人气并得到消费者的认可。

贸易类展会又分为综合性展览会和专业性(行业性)展览会。综合性展览会的展览范围比较宽泛,展品来自多个行业。中国进出口商品交易会(简称"广交会")、中国国际工业博览会、中国(深圳)国际文化产业博览交易会都是综合性展览会的代表。专业性展览会的展览范围比较单一,展品集中来自一个行业或关联性较强的几个行业。如上海国际酒店工程设计与用品博览会的展品就包括酒店客房用品、酒店用品综合、酒店家具、酒店布草和制服、智慧酒店、工程设计和康体休闲、墙体装饰材料、清洁技术与设备等品类。

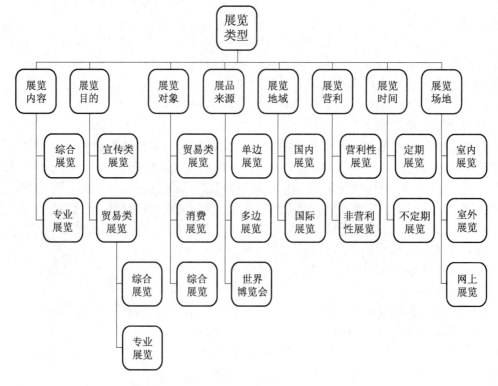

图1-2 展览的分类

资料来源:刘嘉龙.会展策划与管理[M].北京:中国旅游出版社,2011:3.

某世博会宣传片　　　　CES展会宣传片

（三）活动的概念和分类

活动是一个非常广泛的概念,从广义上来说,它包括展览、会议、节事等各个方面;从狭义上来说,它指的是节事活动、公关活动、赛事活动等。活动可以是常规的,如节庆和赛事活动;也可以是非常规、非定期的,如促销活动、某些娱乐活动、婚庆和旅行活动等。活动可以很大,如奥运会、世界杯;也可以很小,如某个景区内的龙舟赛,或时装展会中的一台时装发布表演。

在实际项目策划中,展览、会议和活动经常是相互结合的,只是有主角和配角之分。始于1967年的国际消费类电子产品展览会(International Consumer Electronics Show,简称CES),由美国消费者技术协会(Comsumer Technology Association,简称CTA)主办,旨在促进尖端电子技术和现代生活的紧密结合,现已成为全球各大电子产品企业发布产品信息和展示高科技水平及倡导未来生活方式的窗口。每年CES的会议活动都非常丰富,是展会的一大看点,展会主办方会在展会开幕前公布完整的会议嘉宾阵容和安排。专题会议涵盖最新的消费电子产品研发,如5G、可穿戴设备、健康产品、机器人设备、物联网等,并探讨消费科技市场的未来发展。展会不但是促成交易的场所,也是了解信息的重要场合。会议和其他的各种活动能够促进行业的交流,这也是吸引专业人士前往观展的一大特点。会议活动的成功举办不仅丰富了展会信息,增加了展会的吸引力,在大多数情况下,还能为展会增添一笔会议收入。同样,很多会议也会同期举办一些活动或展览,如中华医学会、中华医学会骨科学分会(COA)主办的COA国际学术大会,每年吸引10 000多名海内外骨科医生参与盛会,与其同期举办的上万平方米的展览也吸引了海内外医疗仪器和药品生产厂家参加。骨科医生们在参加学术会议的空余时间,可以与医疗器械和药品生产厂家进行交流,了解这方面的技术和材料的发展情况,这也丰富了参加会议的信息获取渠道。

（四）奖励旅游

根据国际奖励旅游管理者协会的定义,奖励旅游的目的是协助企业达到特定的目标,并对达到该目标的参与人士给予一个尽情享受、难以忘怀的旅游假期作为奖励,主要奖励那些对公司运营及业绩增长有功的人员。奖励旅游的类型包括商务考察、会议旅游、教育培训和旅游观光等。奖励旅游属于商务旅游的范畴,正在成为现代旅游业的重要组成部分。以展览大国德国为例,全球游客每年在德国开展商务旅游时住宿所花费的金额高达135亿欧元,连同德国境内商务旅游住宿146亿欧元的收入,商务旅游占德国旅游住宿收益的24%。德国国家旅游局和德国会展局自1973年开始建立了合作伙伴关系。根据双方签署的协议,德国会展局对德国国家旅游局的相关活动项目进行支持与协助。二者面向国外市场,共同制订一套年度活动与市场营销计划,这构成了共同行动的基础。德国国家旅游局与德国会展局联手在重要的商务旅游客源市场如中国、美国、巴西和英国大力营销商务旅游类产品。德国近一半的住宿商务旅游流量都归功于所谓的"促进式商务旅游"(promotable business travel),其中包括博览会、会议、奖励旅游和活动。

二、会展业的管理

了解会议和展览国家(地区)的管理机制,有利于我们在策划会展活动时获取信息,并得到相关部门的支持。在一些国家,政府主管部门或全国性的协会会负担展览和会议的管理和促销工作。随着会议和奖励旅游与旅游业的结合更为紧密,无论在我国还是在国外普遍都是由旅游部门进行管理,如日本观光会议局、旧金山会议与旅游局,而展览业与商业活动关系紧密,在我国内地目前归口商务部进行管理,在香港归口管理部门为香港贸易发展局,德国还特别成立了德国会展局,新加坡旅游局则专门成立了展览会议署。一些国家的协会承担了部分展会的推广工作,如法国国际专业展促进会(Promosalons)、意大利的工业展览委员会(CFI)和展览促进会(ASSOEXPO)等。下面就一些展览和会议机构进行一些介绍。

国际展览局

国际展览局(Bureau of International Expositions,简称 BIE)是一个协调和审批世界博览会事务的政府间国际组织,成立于 1928 年,总部设在法国首都巴黎,目前拥有 169 个成员(来源:https://www.bie-paris.org/site/en/who-we-are)。

1928 年 11 月,31 个国家的代表在巴黎开会签订了《国际展览公约》。该公约规定了世博会的分类、举办周期、主办者和展出者的权利和义务、国际展览局的权责、机构设置等。《国际展览公约》后来经过多次修改,成为协调和管理世博会的国际公约,国际展览局依照该公约的规定应运而生。展览局行使各项职权,管理各国申办、举办世博会及参加国际展览局的工作,保障公约的实施和世博会的水平。

国际展览局总部设在巴黎,成员为各缔约国政府。联合国成员国、不拥有联合国成员身份的国际法院章程成员国、联合国各专业机构或国际原子能机构的成员国均可申请加入。各成员国派出 1~3 名代表组成国际展览局的最高权力机构——国际展览局全体大会,在该机构决定世博会举办国时,各成员国均有一票投票的权力。

国际展览局下设执行委员会、行政与预算委员会、条法委员会、信息委员会四个专业委员会。国际展览局的日常工作由秘书长负责,主席在国际展览局举行全体代表大会和必要时履行领导职责。国际展览局主席由全体大会选举产生,任期两年,可连任一届,不用坐班,没有薪金。2003 年 12 月,吴建民任国际展览局主席。他是该组织 75 年历史上第一位来自发展中国家的主席,2005 年 12 月连任。

中国于 1993 年正式加入国际展览局。中国国际贸易促进委员会一直代表中国政府参加国际展览局的各项工作。

国际展览联盟

国际展览联盟(Union of International Fairs,简称 UFI)成立于 1925 年,在 2003 年 10 月 20 日开罗第 70 届会员大会上,该组织决定更名为全球展览业协会(The Global Association of the Exhibition Industry),仍简称 UFI。UFI 是迄今世界博览会(展览会)行业唯一的国际性组织。最初由欧洲的 20 家展览公司组成。前期只有举办展览会的展览公司才能成为其正式会员。从 1994 年起,展馆、展会以及会展相关机构(如贸易协会,展览服务、管理、统计、研究机构,专业报刊等)也可被接收为会员。不过,至今 UFI 80% 的活动还是集中在展览会举办行业。UFI 总部位于法国巴黎,其法人代表为主席。UFI 日常事务由秘书长负责处理,日常运行主要靠会员缴纳的会费。

截至2021年8月,国际展览联盟所拥有的800个正式会员来自世界86个国家,获得国际展览联盟认可的国际性展览会或贸易博览会共有921个。此外,UFI还拥有62个协作会员,以各国的全国性会展行业协会为主,如德国的经济展览和博览会委员会(AUMA)和机械标准协会(FKM)、美国的国际展览管理协会(IAEM)、中国的展览馆协会和深圳市会展业协会等。尽管有越来越多的非欧洲地区展览公司及机构申请加入UFI,但如今来自欧洲的会员仍占总会员数的70%,已获UFI认可的展会也有80%是在欧洲境内举办的。获UFI认证展会最多的8个国家除中国外全部是欧洲国家,这8个国家被UFI认可的展会数要占世界的2/3。截至2021年,中国会员单位数量达191家。

UFI会员每年举办4 000多个国际、国内及地区性展览会或贸易博览会,总展出面积超过5 000万平方米,参加这些展会的参展商超过100万,观众人数超过1.5亿。当前,UFI成员所拥有的展览中心可供出租的展览面积高达1 200万平方米以上。

对国际性展会进行权威认证是UFI的核心任务。经UFI认可的展会是高品质贸易展览会的标志。展览会举办单位只有在其举办的展会至少有一个被UFI认可后才有可能被接受为正式会员。一个展会要想获得UFI认证,其服务、质量、知名度皆要求达到一定的标准。UFI对申请加入的展览会的规模、办展历史、国外参展商比例、国外观众的比例等都有极严格的要求。UFI规定的注册标准为:作为国际性展会至少已连续举办3次以上,至少要有2万平方米的展出面积、20%的国外参展商、4%的海外观众。

国际展览管理协会

国际展览管理协会(International Association for Exhibition Management,简称IAEM),成立于1928年,总部设于美国达拉斯。该协会与UFI在国际展览界均享有盛誉,被认为是目前国际展览业最重要的行业组织之一,两者现已结成全球战略伙伴,共同促进国际会展业的发展与繁荣。IAEM以促进国际展览业的发展与交流为己任,每年定期举办国际展览界的交流合作会议、短期提高课程及专题会议,出版相关刊物和买家指南,提高展览组织者的管理水平。目前,中国内地有近10家专业展览机构获准成为IAEM成员,但其中绝大部分是大型会展中心,专业展览公司只有寥寥几家。IAEM还开发和运营了展览管理专业——注册会展经理(CEM)的培训和论证体系。CEM已成为当前国际会展行业唯一成熟的资格从证体系。2016年11月,IAEM更名为国际展览与项目协会(International Association of Exhibitions and Events,简称IAEE)。

国际大会及会议协会

国际大会及会议协会(International Congress & Convention Association,简称ICCA),创建于1963年,总部位于荷兰阿姆斯特丹,是全球国际会议最主要的机构组织之一,是会务业最为全球化的组织,包括会议的操作执行、运输及住宿等各相关方面的会议专业组织。ICCA在全球拥有80个成员国家,其首要目标是通过对实际操作方法的评估以促使旅游业大量地融入日益增长的国际会议市场,同时为他们对相关市场的经营管理提供实际交流的信息。按照ICCA关于"国际会议"的定义,会议代表不少于50人,会议要按周期举办,至少在三个以上国家轮流举办。按照国际会议的标准,全球每年举办的国际会议超过40万个。

中国国际贸易促进委员会

中国国际贸易促进委员会(China Council for the Promotion of International Trade,简称CCPIT)(以下简称"中国贸促会")是由中国经济贸易界有代表性的人士、企业和团体组成的全国民间对外经贸组织,成立于1952年5月。它负责指导、协调中国贸促会各地方分会、行业分会、支会和各级国际商会的工作,负责对各分支机构及会员的服务及培训工作,负责国际商会中国国家委员会的日常工作,协调国际商会的对华业务和国际商会中国国家委员会会员与国际商会交往的有关事宜,办理其他促进对外经济贸易活动的有关事宜,是22个中央直属群团组织之一。经中国政府批准,中国贸促会于1988年6月组建了中国国际商会。中国贸促会、中国国际商会已同世界上180多个国家和地区的400多家商会、工商联合会、外贸协会和其他经贸组织保持着联系,与上百个国家与地区的对口组织签署了合作协议,并同一些国家的商会建立了联合商会;同时,中国贸促会还在15个国家和地区设有驻外代表处。中国贸促会、中国国际商会及其所属业务部门已经加入了许多国际组织,其中包括世界知识产权组织、国际保护工业产权协会、国际许可证贸易工作者协会、国际海事委员会、国际博览会联盟、国际商事仲裁机构联合会、太平洋盆地经济理事会、国际商会等。

第二节 会展项目策划与管理

一个会展项目的实现需要经历一系列的过程,这些过程由无数个活动或工作所构成。所谓的项目策划就是根据市场调研结果确定项目主题,设计项目并判断其可行性,在充分考虑市场和资源环境的基础上,确定并策划项目实现所需要的过程,以确保实施之后能实现策划所要达到的目标。会展策划不仅包括项目的立项策划,还包括实施中各种活动过程的策划,以及一些细小的现场行动计划,如欢迎晚宴主桌席的设计和安排、车辆调度安排等。因此,会展策划既要有全局的观念,了解市场背景,能够分析和把握机会,有创意地整合各种资源;又要有局部的意识,了解项目实施必须经历哪些过程,并有能力策划和控制这些过程。

一、会展项目策划的主要程序

会展项目策划一般会按照一定的程序和步骤完成,包括项目调研和目标定位、立项策划和可行性分析、完成子项目计划和项目实施方案、项目组织与实施、项目评估和总结等过程。下文以贸易展览会为例,阐述会展项目策划的主要工作内容。

(一)会展项目调研和目标定位

展览项目开发和所有的新产品开发一样,其来源总体来说有两种途径,即收购和自我研发。市场学中对新产品的定义很广,它可以是完全创新的产品,也可以是改良产品或更新换代产品。所以很多企业的新项目不仅仅是完全的全新创意,它可能来自于公司原有产品的改良或移植,如德国柏林国际展览公司将柏林电子展移植到深圳,德国慕尼黑国际博览集团陆续将慕尼黑国际废水及废物处理博览会(IFAT)、慕尼黑电子展(ELECTRONICA)、慕尼黑房地产商务论坛(EXPO REAL)等展会移植到中国。另一种获得新产品的途径是收购。近年来,展览业内的并购案例每年都在发生,如英国ITE亚洲宣布收购上海紧固件专业展览会及广州紧固件专业展览会70%的股份,上海万耀企龙展览有限公司(以下简称万耀企龙)全面接手新加坡国际水族展览会。无论哪一种新产品的获得方式,项目的调研都必不可少,只有在调研的基础上才能确定展会的初步构想和办展目标。

1. 展览项目调研

无论是何种性质的展览项目,调研都需要回答这样几个问题:展会的市场在哪里?该市场是否可进入可测量?举办展会的经济效益和社会效益如何?公司是否有能力举办如此规模和题材的展会?有无同类竞争展会?德国慕尼黑国际博览集团在将欧洲顶尖房产展 EXPO REAL 移植到中国之前做了详尽细致的先期市场调查,这为其成功打入中国市场奠定了坚实的基础。为成功移植该展览会,公司对中国做了4年的市场研究,并与众多业内行业协会如中国房地产业协会等进行了多次交流,了解了中国市场的发展潜力。另外,慕尼黑国际博览集团对在德国本土参加 EXPO REAL 的国际参展商进行了调查,发现业内人士对中国市场的需求相当迫切,因此,对展会进入中国市场的前景充满了信心。

2. 展览项目目标定位

目标是行动的方向和指南。选择并确定切实可行的目标,才能保证活动的有效实施。确定展览项目目标也就是确定展会定位,即展会将为哪一个群体服务?服务将达到一个什么样的水平?在选择和确定目标之时,要考虑组织的资源、市场环境等因素。合理的目标是会展策划的起点,它将贯穿会展策划的整个过程。如国际消费类电子产品展览会(CES)的主办方认为"CES 的主要作用在于引导企业开展贸易,促进行业发展,提升消费品技术,确立工程标准和建立行业关系,制定技术政策"。深圳国际文化产业博览交易会确立的办展目标是"贸易扬帆,文化远航",这一目标定位也指导了每一届展会的工作方向,主承办方在文博会参展商选择和项目征集中,始终贯彻"交易为王"的原则,重点选择市场前景好、产业化程度高、能够促成交易特别是合同交易的项目。上文提到的慕尼黑展览公司 EXPO REAL CHINA 展览,公司对中国市场上现有的房地产展会进行了大量分析,通过调查发现:中国展览市场上虽充斥了众多房地产展会,但都集中在房产展示及展销方面,并没有一个展览会特别关注 B2B 领域,即关注房地产产业链企业的供求关系。因此,慕尼黑最终把 EXPO REAL CHINA 定位成严格的"B2B 模式,打造业界的'办公室'"这一独特理念,弥补了国内房地产展会的一个空白。首届 EXPO REAL CHINA 最终吸引了来自18个国家的1 100名参与者,并以其高规格的论坛及浓厚的商务氛围赢得了参与者的肯定,从而为该展览会在中国的持续发展打下了坚实的基础。

(二)立项策划

展览项目立项策划的内容庞杂,包括展会行业分析、展会主题、办展机构、合作伙伴、目标客户群体、时间和地点、展会规模、展会范围、展会相关活动、展会招展和宣传推广方式、展会预算、展会工作进度等内容。立项策划是对展会整体框架的描述,通过立项策划,可以窥知展会整体的大致风貌。

1. 确定主题

因为行业和市场的变化,每一次举办的展会主题也会有相应变化,但主题应始终与展会目标相一致。主题可以将展会的各个板块贯穿起来,让整个展览"形散而神不散",各个分区板块相得益彰,并体现展会的时代引领作用。如上文提到的国际消费类电子产品展览会(CES)2009 年确定的展会主题为"成长",在经历 2008 年全球金融危机之后,各行各业都受到了不同程度的影响,"成长"说明了主办方对展会和行业未来的期许。2021 年第十九届中国国际数码互动娱乐展览会(简称 ChinaJoy)以"科技创梦,乐赢未来"为展会主题,结合产业跨界融合的强劲需求,主打新科技驱动下"娱乐+科技"这一数字娱乐新生态,以科技助推数字娱乐新体验,集中展示数字娱乐产业前沿科技和高品质内容产品。第十八届深圳国际文化产业博览交易会在"文化＋"的主题下,围绕"文化＋科技""文化＋创意""文化＋旅游"等在主会场设立了9大展馆,即文化产业综合馆、时尚设计馆、影视动漫游戏馆、新闻出版馆、数字文化馆、艺术品馆、一带一路·国际馆、非物质文化遗产馆、工艺美术馆,每个展馆又都有各自的主题,如文化产业综合馆的主题为"精彩文化,魅力中国",时尚设计馆的主题为"时尚文化,创意生活",影视动漫游戏馆的主题为"新媒体,新生活,新未来"。从展会确定的主题和展出内容来看,都体现了展会所要达到的目标。

2. 设计方案

方案设计的各个环节都要围绕展会主题和如何实现目标而展开。方案应明确具体行动的途径和方法,应体现以下原则:

量力而行原则。组织应从自身现有的条件、具备的能力出发,尽可能挖掘内部潜力,充分利用内部条件和外部有利因素,进行方案设计。

大胆创新原则。对于策划而言,创新是关键。会展项目策划如何在既有条件下创新,在同领域、同主题的各类会展项目中脱颖而出,是项目策划时必须考虑的重点。大胆创新为项目成功奠定了基础。

细致全面原则。策划方案是一个系列,无论是立项策划还是各个行动方案策划都要具有可实施性、可操作性。方案策划既要有整体全局的意识,又要注意细节。

方便操作原则。策划的方案要逻辑清晰、主题鲜明、便于执行。

(三) 展览项目可行性分析

立项策划完成之后,要对立项策划内容的各个方面展开可行性分析。参与可行性分析的人员可能是项目组内部的人员,也可能是公司内部的人员,或是外部投资方或合作方,甚至有一些是投资方专门邀请的专家。项目可行性分析是对项目的每一项内容的可行性展开分析,从项目的市场前景、项目的生命力和竞争性到项目的时间地点、各项活动计划、财务预算、项目进度安排、办展公司的能力等进行评估。本书第三章将详细阐述展览项目可行性分析的内容。

可行性分析的形式可以是会议讨论,必要时可形成可行性分析的书面报告。可行性分析报告为展会组织者是否举办某展览项目提供了决策依据。

(四) 项目组织与实施

展会目标、主题、方案确定后就可以进入计划实施阶段,立项策划方案或相应的总体方案基本确定后要做的就是制定较为详细的行动方案,以保证项目目标实现过程的顺利进行。在编制行动方案的过程中,要考虑到各种情况,防止现场执行的时候意外事件的发生,并应根据各种意外情况发生概率的分析,制定应急方案,采取防范措施。主办方可以根据预先的判断,同时做几套备用方案,根据临时状况,随时启用。展会项目的组织和实施是在方案制定的基础上执行的过程,这就涉及展会的项目管理。

项目管理指在项目活动中运用专门的知识、技能、工具和方法,使项目能够在有限资源限定条件下,实现或超过设定的需求和期望的过程。项目管理要素包括领导(leading)、组织(organizing)、用人(staffing)、计划(planning)、控制(controlling)五个方面。项目管理的内容主要有以下几个方面。

1. 范围管理

范围管理是为了实现项目的目标，对项目的工作内容进行控制的管理过程。它包括范围的界定、范围的规划、范围的调整等，如参观人数、成交额、内资、外资、贸易额等。

2. 成本管理

成本管理是为了保证完成项目的实际成本、费用不超过预算成本、费用的管理过程。它包括资源的配置、成本预算以及费用的控制等各项工作。

3. 时间管理

时间管理是为了确保项目最终的按时完成的一系列管理过程。它包括具体活动界定、活动排序、时间估计、进度安排及时间控制等各项工作。很多人把GTD（Getting Things Done）时间管理理论引入其中，大幅提高工作效率。该理论由戴维·艾伦（David Allen）提出，GTD的核心理念概括起来就是必须记录下来要做的事，然后整理安排并使自己一一去执行。GTD的行动步骤是：收集、组织、执行、检视、更新（见图1-3）。收集是收集想要做的

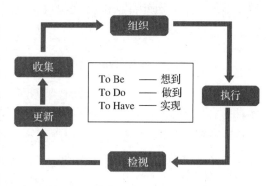

图1-3　戴维·艾伦GTD时间管理

所有事情，然后整理组织分类，按计划执行并检查执行的情况，最后更新工作任务。

4. 质量管理

质量管理是为了确保项目达到实施方所规定的质量要求所实施的一系列管理过程。它包括质量规划、质量控制和质量保证等。（西博会项目的准入门槛：展览项目指定展馆，举办时间超3年等）

5. 人力资源管理

人力资源管理是为了保证所有项目关系人的能力和积极性都得到最有效地发挥和利用所做的一系列管理措施。它包括组织的规划、团队的建设、人员的选聘和项目的班子建设等一系列工作。

6. 沟通管理

沟通管理是确保项目信息的收集与传输而采取的一系列措施。它包括沟通规划、信息传输和进度报告等。例：大型展会活动的配套设施进度。

7. 风险管理

风险管理涉及项目可能遇到的各种不确定因素，如消防、安全、医疗、舆情等。它包括风险识别、风险量化、制订对策和风险控制等。

8. 采购管理

采购管理是为了从项目实施组织之外获得所需资源或服务所采取的一系列管理措施。它包括采购计划、采购与征购、资源的选择以及合同的管理等项工作。

9. 集成管理

集成管理是指为确保项目各项工作能够有机地协调和配合所展开的综合性和全局性的项目管理工作和过程，包括项目管理系统、客户管理系统、项目配对系统等。

(五)展会评估和总结

效果评估既可以是全程结束后的总体评价,也可以是阶段性的评价。对会展项目各项措施的执行效果进行评估,便于及时作出调整、补充和修正。这对于成功完成整个会展项目来说是非常重要的。展会评估可以请第三方机构进行评估,也可以开展自我评估。评估的目的有两个方面:一是对外宣传需要。展会是服务产品,具有无形性的特点,怎样证明展会的质量,真实的统计数据为参展商和专业观众提供了判断依据。二是展会可持续发展需要。主办方要从自我评估中认识到展会举办过程中各个环节的得失,积累经验,为持续提高展会品质而努力。

二、会展活动筹备的时间周期

不同的会展活动的筹备周期有所不同,相对而言,会议的筹备周期相对会紧凑一些,展会的筹备周期会复杂而长一些(见表1-1)。但是,影响筹备周期的因素有很多,会展活动的规模、会展活动资源整合的复杂程度、会展活动内容的丰富程度、项目团队的熟练程度等因素都会影响到会展项目的筹备时间。

表1-1 项目筹备周期安排分类

筹备周期	会议类型	建议规模	周期决定因素
7天	小规模媒体见面会、沟通会、发布会	80人以下	领导时间、突发情况
15天	小规模媒体见面会、沟通会、发布会	100人以下	领导时间、突发情况、会议邀请
30天	中小规模企业发布会	150人以下	会议邀请、物料准备
45天	中型企业活动	200人以下	影视资料、会议邀请、物料准备
60天	中型企业活动	250人以下	影视资料、会议邀请、物料准备、场地规划
3~3.5个月	中大型企业活动	500人以下	场地规划、流程规划、参会邀请
5~6个月	大型活动	1 000人以下	场地规划、流程规划、活动功能区隔、参会邀请
8~12个月	大型会展	万人	场馆规划、功能区设计、活动创意、公关邀请函

(一)会议的筹备时间

会议筹备时间的影响因素有这样两个方面,一是领导和嘉宾的邀约。领导的身份决定了组织活动的严谨度,进而决定了会议的准备周期。通常情况下,在领导时间允许的可能性下,针对有重量级领导出席的活动准备周期往往在1.5~2个月之间。参会嘉宾的邀约一般分为三轮,第一轮为初次沟通,将会议的时间、地点等常规信息告知被邀请人,看看被邀请人的基本反映;第二轮为正式通知,将详细的被邀请人的具体安排进行通知;第三轮为确认轮,一般在会议开始前两天或者前一天进行。参会嘉宾邀约一般以2个月为正常准备周期。二是会议的复杂程度。如果会议的人数多、规模大,会议同期还有其他活动或展会,筹备周期也会相应加长,基本在3个月以上。

(二) 展会的筹备时间

贸易类展会在立项策划方案确定之后,筹备时间一般在 8~12 个月。展会通常在一届结束后,就开始下一届的筹备工作。展会筹备中每个月的大致工作内容如下:

12 月
- 与会展中心和酒店签订合同
- 选择展览服务公司
- 向预期参展商发出第一批邮件

1 月
- 在行业刊物和其他合适的媒体上进行第一次新闻发布

2 月
- 向参展商发出第一次公告,实施激励措施加强展位销售

3 月
- 继续招展并考虑组织专业观众事宜
- 确定保安事宜

4 月
- 进行第二次新闻发布
- 最后确定特殊嘉宾或者进行展会促销活动
- 研究其他展会,开发潜在参展商

5 月
- 确定展会的交通安排
- 列出专业观众名单

6 月
- 招展,并再次发放邮件
- 确认酒店安排
- 准备展会现场领位地图
- 设立展会休息和餐饮服务区
- 确认停车、展会电话号码、展会办公室电话号码和地址
- 最后确定展层设计方案

7—8 月
- 向参展商第三次发出邮件,内容包括赞助机会、广告机会、展会动态信息

9 月
- 向参展商和观众发放必要物品

10 月
- 最后与展馆、酒店、保安、展览服务商和宴会组织者等确认相关事宜

11 月
- 展商、观众注册,开幕式
- 展览开始
- 展览期间的调查
- 展会总结、评估

第三节 会展业从业人员的职业能力

一、关于职业能力的阐述

德国是会展业非常发达的国家,也是非常重视职业教育领域的实践和研究的国家。早在 1974 年,德国教育审议会就首次提出关于行动能力的概念,同年德国著名职业教育家梅尔滕斯提出了关键能力的方案,1991 年德国各州文教部长联席会已进一步提出职业能力的理念。德国研究者认为,职业技能的习得与职业资格的获取固然重要,但由于现代技术与劳动组织形式的多变性,当某种具体工作或职业发生剧烈变化甚至消失时,职业能力的重

要性随即显现。此时,当已有的职业技能和职业资格退化、消隐时,从业者依靠自身内化的职业能力可以在变动的职业生涯中重新获得新的职业技能和新的职业资格。

职业能力可分为基本职业能力和综合职业能力(即关键能力)。基本职业能力是劳动者从事一项职业所必须具备的能力,包括与具体职业密切相关的专业能力、方法能力和社会能力。综合职业能力是指具体的专业能力以外的能力,即与纯粹的专门的职业技能和知识无直接联系,且超出职业技能和知识范畴的能力。

二、会展业中的工作

国内所说的"会展业"是一个无比综合的行业,它主要包括会议业和展览业两大部分。从管理体制和统计方法来看,国际上一般将大型会议活动归并到旅游部门下管理,展览业则单独作为一个行业来管理和统计。会展业所涉及的企业很多,有会议策划或服务公司、展览公司、会奖旅游公司、展品运输公司、展台设计与搭建公司等,这些企业的业务和产品存在着明显的区别,并且绝大多数的会展企业隶属于某个传统的标准行业,如展品运输公司隶属于交通运输业,展台设计与搭建隶属于广告业,参展商、专业观众、会议人员的住宿接待隶属于旅游业,尽管如此,这些会展企业的业务运作也有其不同于传统行业运作的特点。

(一)会展策划

对于新进入职场的会展专业学生而言,在会展策划这个工作环节可以承担一些策划辅助的工作。会展策划应该具备的能力有:了解会展项目的工作流程与规律;协助搜集会展项目所需信息,建立对项目所在行业和执行现场的基本认知;了解会展市场调研的基本方法,能协助完成调研方案制定、问卷起草、数据处理、报告撰写等;协助查询会展项目相关的法律法规;借助演示等软件阐述会展项目调研情况和策划思路;参与制定高端会议、展览、奖励旅游等项目的服务方案;了解项目策划的各项费用,协助编制初步预算;了解项目执行中的潜在风险,可提出初步的规避措施;对会展项目执行相关岗位的职数、职责和资源有基本认识,可协助进行岗位分工。

(二)会展销售

会展销售工作环节应具备的基本能力有:根据客户诉求,推荐产品,阐述产品相关信息;收集目标行业与客户相关信息,协助做好客户维护和资料整理等工作;掌握电话销售技巧,能与客户进行电话沟通;在拜访重要客户时,能配合进行产品宣讲;具备一定的客户管理能力,能协助维护长期合作关系或开发潜在市场;具备与境外主办单位及重要客商沟通的基本能力;能配合处理客户投诉等。

(三)会展宣传推广

会展宣传推广环节应具备的基本能力有:能与主办单位、媒体、广告公司等进行沟通;运用平面设计软件,协助设计或独立设计海报、招展函、邀请函等宣传资料;运用新媒体平台,进行初步的营销活动策划;撰写新媒体平台的相关文案和平台日常管理;根据策划素材,撰写新闻稿;协助策划和执行新闻发布会;协助策划和实施现场宣传活动;协助维护与媒体、广告公司的合作关系;参与对宣传推广效果的调研,为管理层提供决策服务。

(四)会展项目执行

项目执行环节应具备的基本能力有:了解会展项目的整体策划与流程,能协助进行项目调配与执行;协助管理项目执行的流程、成本、质量等;协助做好会展服务商的评估和开发,维护双方的合作关系;组织观众,配合做好嘉宾的联络沟通工作;及时向客户反馈项目进程,跟进客户的基本需求;具备一定的会展物料和场地的布置能力;配合进行场地设计沟通和现场搭建监理;熟悉使用现场的智能软件设施设备等。

(五) 会展后勤和采购

会展后勤和采购环节应具备的基本能力有:了解会展项目的工作内容与流程,协助会展项目负责人完成基础的日常工作;做好项目供应商的评价、维护与管理,参与成本控制、品质监督;与项目执行部门进行初步的需求沟通,保证物料供给;掌握一定的灯光、影音设备及展台搭建知识,对项目物料有基本认知;完成物料回收保管和入库核对;完成财务报销,资料收集、整理、归档等工作。

会展领域内的工作很多,技能也要求不一,除了以上罗列的工作技能外,在会展行业有几项基本的素质是必备的,即沟通能力、创新能力和认真负责的工作态度。

知 识 巩 固

(一) 不定项选择题

(1) 按ICCA规定,国际会议的标准是在三个以上的国家轮流举办,会议代表不少于_____人,会议要按周期举办。
  A. 30　　　　　　B. 40　　　　　　C. 50　　　　　　D. 100

(2) 一直代表中国政府参加国际展览局的各项工作的是_____。
  A. 商务部　　　　　　　　　　　B. 中国商业联合会
  C. 中国国际贸易促进委员会　　　D. 国家旅游局

(3) 根据国际展览联盟的规定,以下说法正确的是_____。
  A. 作为国际性展会至少已连续举办3次以上,至少要有2万平方米的展出面积,20%的国外参展商
  B. 作为国际性展会至少已连续举办3次以上,至少要有1万平方米的展出面积,20%的国外参展商,5%的海外观众
  C. 作为国际性展会至少已连续举办3次以上,至少要有2万平方米的展出面积,20%的国外参展商,4%的海外观众
  D. 作为国际性展会至少已连续举办3次以上,至少20%的国外参展商,4%的海外观众

(4) 一个贸易类展会的筹备周期一般为_____。
  A. 2个月　　　B. 3~6个月　　　C. 8~12个月　　　D. 2~3年

(二) 简答题

(1) 如何确定展会主题?展会主题是一成不变的吗?
(2) 在会展立项策划之前需要做哪些工作?
(3) 会展项目管理包括哪几个方面的内容?
(4) 会展项目管理要素是什么?

第二章 市场调研

学习目标

学生应当通过本章学习和练习达到以下目标：
- 针对不同的调查目的，能够设计出精美的、符合调查主题的调查问卷；
- 能够制订分工明确、切实可行的现场问卷调查方案；
- 掌握展会现场问卷调查的技巧，并提高与人沟通的能力；
- 将收集回来的问卷录入电脑，并能够利用 Excel 电子表格制作各种统计图表；
- 能够撰写市场调查报告，并结合问卷调查结果提出行动方案。

开篇导读

中国医疗美容产业博览会为什么落户成都？

在成都市高质量发展医美产业，打造全国知名、全球领先的"医美之都"及建立全球生物医药供应链服务中心的背景下，11月1日至3日，2019中国（成都）国际医疗美容产业博览会（以下简称医美展）在成都举行。该展会是首次举办，并将永久落户成都，计划每年举办一届，为助力成都打造"医美之都"赋能。

"随着医疗技术发展和人民群众消费升级，以医疗美容为代表的美容消费需求持续增长，已成为除基本生活消费以外，继住房、汽车、旅游之后的第四大消费热点。医疗美容产业是'美丽经济'的重要组成部分，具有附加值高、带动力强等特点。"在25日上午举行的医美展发布会上，中国国际商会副处长彭婷婷如是说。

随着医美产业的蓬勃发展，在2018年初，成都市政府就制定了《成都医疗美容产业发展规划（2018—2030年）》（以下简称《规划》）。《规划》提出，到2025年，成都医疗美容产业营业收入达到1 000亿元，2030年达到2 000亿元。

千亿级的医疗美容产业目标，是建立在以四川大学、成都中医药大学为代表的研究机构，以及成都本地众多公立医院和民营医美机构的基础上的。2018年，成都医疗美容机构数量已经达到400余家，仅次于上海和北京，位居全国第三。政府也在对医美产业进行扶持，《规划》提出至今，成都已经引进了艾尔建、华熙生物、华东制药、八大处、新氧等多家知名品牌企业和医美机构，生物技术、生命科学及康养等园区也纷纷启动。与此同时，在蓉举办的各类医美培训、论坛、会议、展示等活动多达50余场。据了解，目前来成都做医美的客人除了四川本省，还有很多来自西藏、北京和上海。虽然上海和北京去韩国、日本也都方便，但早年去韩国整容的风潮已经开始转向。

根据成都的政策,在人才培养上,成都鼓励高校和职业技术院校调整医美学专业设置,并给予最高2 000万元补贴;对医美机构或企业与符合条件的高校、职业技术院校合作开展人才培养给予最高500万元补贴,合作建设学生实训实习基地给予最高100万元补贴。

在这一背景下,首届医美展选择在成都举办,并将永久落户成都,为成都打造"医美之都"赋能。成都市医美产业协会秘书长王夕丹表示,医美产品和服务正变得越来越"低价高频",2018年中国医美市场规模达2 245亿元,同比增速27.57%。但相比韩国还有6倍增长空间,相比美国还有7.5倍的增长空间,这意味着中国万亿医美市场的大幕才刚刚拉开。未来3~5年,中国将成为全球最大的医学美容市场,成都则将成为中国最领先的医学美容消费城市之一。

王夕丹还表示,整个医美行业是以医疗美容服务业为主体,包括产业链上下游企业,涵盖医美设备、药妆、生物材料,还有以干细胞、再生医学等新技术为引导的康复医美,以及互联网技术3D整形机器人、云端皮肤检测等领域。此外,还包括互联网金融、信贷、医美旅游业、医美街区等医美产业聚集区的完整产业链。未来,成都有望在产业链各个环节发力,以全面建设"医美之都"。

王夕丹提出,成都医美行业还需迅速建立成都医美的"行业标准",针对医疗美容服务进行规范化管理,将国家标准细化,配合行政部门进行资格审查、等级认定等多维度评定,并积极引入全球医美优势资源,让全球的顶级专家到成都开展合作,吸引全球知名医美科技企业落户成都。

资料来源:根据互联网资料整理

会展的市场调研一般可分为两大类:一类是为了立项策划寻找依据,只有在充分了解市场信息的基础上,才能作出优秀的会展策划;另一类是对会展举办之后的评价,如同参加考试的人都想知道自己的成绩一样,会展的组织者花了大量的时间和精力组织了一次会展,他们一定想要知道此次会展的效果,以及是否令参展商和观展商满意,了解下届会展的努力方向。

会展市场调研包括二手资料的收集和一手资料的调研。本章将介绍会展市场调研的步骤、收集信息的种类和来源、调查问卷的设计和分发、问卷数据的分析、调查报告的撰写等内容,着重针对行业信息收集、调查问卷的设计、会展现场问卷调查工作的展开与调查报告的撰写、问卷数据的收集和录入四项内容进行练习。

第一节 会展市场的调研

一、会展市场调研的内容

会展市场调研贯穿会展项目的前、中、后期。在会展前期,市场调研为项目的立项策划寻找依据,打下良好的项目立项基础;在会展中期,市场调研帮助项目管理者和执行者了解项目的进展情况,识别项目进展过程中的宏观环境和微观环境的变化;在会展后期,市场调研能够让项目管理者了解项目的成功与不足之处，为进一步拓展市场和改进项目提供信息。因此，会展市场调研的每个阶段都有其不同的任务和内容。会展市场立项前的调研内容主要有以下几个方面：

（1）会展项目所在地的政治法律环境和社会文化环境，以及当地社会公众对会展的认知和支持程度；

（2）会展项目的经济和市场环境，包括宏观经济局势、举办地的经济发展水平和产业体系、举办地的基础设施和社会服务体系、举办地会展场馆的规模和服务水平、项目的市场规模、市场发展前景等；

（3）会展项目的竞争环境，包括同类展会和其他替代产品的竞争者；

（4）自身环境，包括项目管理团队、财务约束等情况。

二、会展市场调研的一般步骤

（一）确定调研的目的

不同会展阶段需要的信息是不一样的，因此不同阶段的会展调研目的也不一样。调研过程中首先要明确需要解决什么问题。在立项策划阶段需要的是大量能够证明项目具有市场生命力的调研资料；在展会结束后则需要展会评价、客户满意度的相关资料。

（二）制订调研计划和实施调研

调研计划包括何时采用何种方式收集何种资料。一般市场调研都会从二手资料的收集开始，二手资料是指其他机构为了其他目的而收集了的资料或研究成果。一般会展的二手资料来自于行业管理部门或行业协会，通常在其门户网站可以查询到诸如行业发展趋势、市场分布等统计数据；来自于会展机构内部资料系统，如会展项目管理系统；来自于参展商。如果二手资料不能完全满足调研的目的，那就要着手进行一手资料的调研。一手资料的调查可以采取观察法、询问法和实验法等。在下一节中将对问卷调查法做详细的说明。

（三）报告撰写

会展立项阶段的调研报告是作为立项依据的，调研报告的内容要为项目立项提供支撑材料。会展后期的调研主要侧重分析展会的实际交易情况、取得的效益和参展商观众的满意度，以便为下届展会做好准备。

三、收集信息

会展立项策划需要在广泛的市场调查的基础上，充分掌握各种市场信息和相关产业信息，为将要举办的展览会建立基本框架。收集市场信息是立项策划的基础工作，这是一个系统的、有目的的市场调查过程，通过收集、记录和整理有关的市场信息和资料，客观反映市场态势，为全面认识市场、进行市场分析和预测，以及为办展机构进行科学决策提供依据。市场信息收集涉及四个方面：产业、市场、法律法规和相关展会的信息。

（一）产业信息

产业发展状况和产业的性质是影响一个会展能否成功举办的重要因素，产业不同，举办展览会的策略和办法也不同。收集产业信息的目的是为了从产业的角度分析其对举办展览会可能产生的影响。

1. 产业性质

一个产业的发展往往经过投入（发展）期、成长期、成熟期和衰退期四个阶段。在投入期，企业投入大，利润小，举办展览很难获利；在成长期，随着市场扩大，利润加大，企业较适合办展；在成熟期，市场饱和，竞争激烈，办展效果不如成长期；在衰退期，企业赢利性差，不适合办展。可见，产业性质对展览会的影响较大。

2. 产业规模

产业规模指该产业的生产总值、销售总值、进出口总额和从业人员数量等，是策划展览会时参考的重要数据。从业人员数量可以预测到会的专业观众数量，生产总值、销售总值、进出口总额等可以预测会展的规模，并且，这些数据不仅是当前的最新数据，还要能够预测其未来变化趋势，以便为展会制定长期发展策略提供参考。

3. 产业分布状况

这是与展会的招展和宣传推广策略的制定密切相关。它主要包括该产业的产品主要在哪些地方生产，每个生产地在该产业的产品生产中占的比例是多少，在哪些地方销售，每个销售地在该产业的产品销售中占的比例是多少，产品种类和档次如何等。

4. 行业协会状况

产业内是否存在行业协会和行业协会在产业内的号召力如何，对展览会的成功举办有较为重要的影响。行业协会在该行业内制定统一的行为规范，对业内企业进行统一管理，其对某一展览会的评价会对业内企业参展起较大的作用。可见，策划一个展览会，要先了解有关行业协会的情况，预先取得行业协会的支持非常重要。

CHINA PRINT
展会宣传片

5. 厂商数量

理论上，一个产业拥有的厂商数量就是即将举办的展览会的潜在参展商和专业观众的数量。如果该产业拥有的厂商数量太少，则不适合举办展览；反之，则举办展览成功的可能性较大。

6. 市场竞争态势

市场竞争态势指产业内部企业之间的竞争关系以及政府对该产业的控制力和影响力如何。不同的市场竞争态势对展览会的影响是不同的。如市场垄断性较强的产业，企业参展积极性小；市场竞争较自由的产业，企业通过参加展览会推销产品的积极性就大；市场集中度过大的产业，少数市场占有份额高的企业的参展就能吸引其他企业来参展。此外，还要分析市场的归属，即是买方市场还是卖方市场，前者更适合办展览。

7. 产品销售方式

一般来说，适合举办会展的产业都是那些以"看样成交"为主的行业，以及那些对产品的外观设计和款式比较看重的行业。而产品以说明或图样成交的行业，则办展空间小。另外，产品的销售渠道成熟，批发市场多，则其办展也较困难。同时，产品的销售季节也应安排在旺季。

8. 技术含量

技术含量指该产业的产品和生产设备所需的技术难易程度，以及设备的体积大小和重量等。这些对展览场地的选择有重要的参考意义，如场地进出通道、现场演示场地大小、室内高度及场地承重能力等。

（二）市场需求信息

目前，大部分展览会都是市场化的商业性展会，策划时需要对市场进行全面的了解。

1. 市场规模

某一产业的市场规模的大小，对在该产业内举办展览会的规模产生直接的影响。如果市场规模过小，举办该产业题材的展会就失去市场基础。此外，举办展览不仅要了解现在的市场规模，还要对其将来的发展趋势做预测，如果市场规模缩减过快，那么，展会规模也将在短期内很快缩小。

上海 CBME 展会案例

2. 市场发展趋势

这是直接影响到展览会未来发展前景的因素。其要求在了解该市场现状的基础上，对该产业市场的未来发展趋势做出科学的预测，以此了解在该产业举办展览会的发展前景如何。未来的发展趋势包括市场容量的增减趋势、市场集中度的发展趋势、产业市场营销方式的变化趋势、市场竞争的发展趋势及市场分布的变化趋势等。二维码"CHINA PRINT 展会宣传片"的视频对印刷业需求进行分析，从新闻出版业的增长到印刷在各行各业的新应用，"除了水和空气不能印刷，其他都可以印刷"说明市场的发展前景，得出结论：印刷业无限的需求前景必将刺激印刷工业的发展，因此，CHINA PRINT 展会一定伴随产业的发展而发展。

3. 经销商数量和分布状况

除生产企业外，各种经销商也是展览会重要的潜在客户。举办展览不仅要掌握批发商的数量，还要了解零售商的情况，以及他们在全国乃至各省市的具体分布状况。此外，国际展还要了解世界范围的经销商情况。

4. 相关产业状况

相关产业状况指与本产业有产品使用关系的有关部门产业的状况。所谓有产品使用关系，是指该产业是本产业产品的中间用户或最终用户，或者该产业是本产业生产设备和中间产品的提供者。比如：举办体育用品题材的展览会，除了体育用品产业外，还要了解相关产业包括房地产、宾馆酒店及健身场所等，因为这些产业是体育用品产业产品的使用者。了解相关产业的状况是为了组织买家和观众做准备，所以必须了解它们的企业数量和分布状况，了解它们对本产业产品的需求状况及它们购买本产业产品的渠道和方式等。产业信息反映的产业状况是举办展览会的决策基础，是办展是否可能的判断；市场信息反映的市场状况是举办展览会的决策依据，是办展是否可行的判断。

（三）政策法规

不管是产业还是市场都受国家法律法规的约束和影响，具体体现在三方面：一是通过对国内外企业参展意愿和参展行为的影响来间接影响展览会；二是通过对展览会组织方式等的约束来直接影响展览会；三是通过对展会举办单位市场准入的限制来影响展览会。在很多时候这三个方面是同时发挥作用的。

1. 产业政策

产业政策指政府对产业产品的销售、使用和生产等方面的规定，如国家对烟、酒专卖的规定和对药品生产和使用的规定等。这些规定对展览会的举办、企业参展意愿和参展行为等都会产生直接或间接的影响。

EVS32 案例

2. 产业发展规划

产业发展规划指国家和地方政府对某一产业的发展所作的长远和宏观规划,在某种程度上决定着该产业在今后较长时期的发展状况和趋势。其不仅在宏观上,而且在具体展会操作方式上影响展览会。一般来说,在新兴产业和政府规划重点产业内办展较好。

中国工业自动化展

加征关税对展会的影响

3. 海关有关规定

海关有关规定指针对某一产业的货物进出口政策、货物报关规定和关税等。货物进出口政策直接影响海外企业参展意愿,如一国禁止或限制某类产品进口,则海外企业参展意愿就低;货物报关规定的繁简对展览会的具体操作起直接影响;较高的关税限制了海外企业参展。此外,海关针对参展商品的专门规定也是举办国际性展览必须了解的内容。

4. 市场准入规定

市场准入规定一方面是对举办展览会的企业或机构的资格审定;另一方面是国家对外资进入该产业的政策规定。前者对企业能否办展产生直接影响;后者不仅影响海外企业参展意愿,也同时影响国内企业参展意愿。

5. 知识产权的保护

很多参展企业在展会前/上发布新产品、新设计,不应在展览会上出现大量侵犯知识产权的产品,否则会引起参展企业的纠纷,对展会的发展不利。

6. 其他规定

由于举办展会涉及多种行业,因此,政府对交通、消防安全等其他行业的规定,也会对展会产生影响,要事先了解。

(四)竞争信息

竞争信息也就是相关展会的信息,一种理想的状态是目前在计划举办展览会的产业里还不存在展览会。但是在市场状态下,已无此可能。那么,在策划举办展览时,一定要对该行业的现有展会的情况有所了解。一方面,为是否在该行业举办展会提供决策依据;另一方面,为一旦决定在该行业办展如何制定竞争策略提供参考。因此,要特别关注本地区同行中是否有经营同类题材的展览项目。一般需要的信息有:

1. 同类展览会的数量和分布情况

同类题材的会展越多,对在该行业办展就越不利;同类题材的展览会的分布距离计划举办展会的地域越远,对办展就越有利。

2. 同类展览会之间的竞争态势

弄清楚同类会展之间的基本竞争关系,对是否立项或制定竞争策略意义重大。

3. 重点展会的基本情况

对那些规模大、口碑好或直接与计划举办的展会竞争的展会,要对其全面了解。

第二节 会展市场问卷调查与报告撰写

一、调查问卷的设计

(一) 调查问卷的种类

不同类型的调查问卷,其设计要求是不一样的,问卷的设计者应根据调查问卷的不同类型及要求来进行设计。

问卷调查,按照问卷填答者的不同,可分为自填式问卷调查和代填式问卷调查。其中,自填式问卷调查,按照问卷传递方式的不同,可分为现场问卷调查、报刊问卷调查、邮政问卷调查和送发问卷调查;代填式问卷调查,按照与被调查者交谈方式的不同,可分为访问问卷调查和电话问卷调查。

现场问卷调查,就是调查者带着问卷到会展现场、大街小巷、超市商场等人流较集中的公共场所让被调查者现场填写问卷,填完后立刻回收调查问卷。报刊问卷调查,就是随报刊传递分发问卷,请报刊读者对问卷作出书面回答,然后按规定的时间将问卷通过邮局寄回报刊编辑部。邮政问卷调查,就是调查者通过邮局向被选定的调查对象寄发问卷,请被调查者按照规定的要求和时间填答问卷,然后再通过邮局将问卷寄还给调查者。送发问卷调查,就是调查者派人将问卷送给指定的调查对象,等被调查者填答完后再派人回收调查问卷。电子问卷是近年来人们喜爱的一种问卷送发方式。调查者在问卷平台上将问卷制作好,将链接问卷的二维码或网址发送给被调查者,被调查者在线上答题完毕后提交即可。

访问问卷调查,就是调查者按照统一设计的问卷向被调查者当面提出问题,然后再由调查者根据被调查者的口头回答来填写问卷。电话问卷调查,就是调查者通过电话的方式向被调查者提出问题,然后由调查者根据被调查者的回答来填写问卷。本章节主要针对的是现场调查问卷的设计。

(二) 问卷设计的原则

1. 相关原则

调查问卷中除了少数几个提供背景的题目外,其余题目必须与研究主题直接相关。

2. 简洁原则

调查问卷中每个问题都应力求简洁而不繁杂、具体而不含糊,尽量使用简短的句子,每个题目只涉及一个问题,不能兼问。违反这一原则的例子如"您对本次展会的现场服务工作和宣传工作是否满意?"

3. 礼貌原则

调查问卷中尽量避免涉及个人隐私的问题,如收入来源;避免那些会给答卷人带来社会或职业压力的问题,使人感到不满。只有问题的措辞礼貌、诚恳,人们才会愿意配合。

4. 方便原则

调查问卷中题目设计应该尽量方便调查对象回答,不必浪费过多笔墨,也不要让调查对象觉得无从下手,花费很多思考时间。

5. 定量准确原则

调查问卷中如果要收集数量信息,则应注意要求调查对象答出准确的数量而不是平均数。例如,"贵公司一线员工中20~30岁的有几人"和"贵公司一线员工的平均年龄约为几岁",前者能够获得一线员工中20~30年龄段的准确数字,而后者则无法得到这样的信息。

6. 选项穷尽原则

调查问卷中题目提供的选择答案应在逻辑上是排他的,在可能性上又是穷尽的。例如,"您的最后学历是什么"的备选答案有"A. 中专""B. 本科""C. 硕士研究生"三个答案,显然没有穷尽学历类型。有的题目应提供中立或中庸的答案,例如"不知道""没有明确态度"等,这样可以避免调查者在不愿意表态或因不了解情况而无法表态的情况下被迫回答。

7. 拒绝术语原则

调查问卷中避免大量使用技术性较强的、模糊的术语及行话,以便使被调查对象都能读懂题目。违反这一原则的例子如"您对本次展会这种'一加一模式'持什么态度和看法?"

8. 适合身份原则

调查问卷中题目的语言风格与用语应该与调查对象的身份相称。因此在题目编拟之前,研究者要考察调查对象群体的情况,如果调查对象身份多样,则在语言上尽量大众化;如果调查对象是儿童、青少年,用语要活泼、简洁、明快;如果调查对象是专家、学者,用语应该科学、准确,并可适当运用专业语言。

9. 非导向性原则

调查问卷中所提出的问题应该避免隐含某种假设或期望的结果,避免题目中体现出某种思维定势的导向。例如:"作为参展商,您认为素质教育能够更好地促进学生的健康成长吗?"

(三)问卷设计的步骤

问卷设计是由一系列相关的工作过程所构成的。为使问卷具有科学性、规范性和可行性,一般可以参照以下程序进行:

(1) 确定调研目的、来源和局限。
(2) 确定数据收集方法。
(3) 确定问题回答形式。
(4) 决定问题措辞。
(5) 确定问卷流程和编排。
(6) 评价问卷和编排。
(7) 获得各相关方面的认可。
(8) 预先测试和修订。
(9) 准备最后的问卷。
(10) 实施。

步骤1:确定调研目的、来源和局限

调研过程经常是在市场部经理、品牌经理或新产品开发专家作决策时感到所需信息不足发起的。在一些公司中,评价全部二手资料、确认所需信息是否收集齐全是经理的责任。在另一些公司中,经理将所有的市场调研活动包括一手资料和二手资料的收集交由市场研究部门去做。

尽管可能是品牌经理发起了市场研究,但受这个项目影响的每个人,如品牌经理助理、产品经理,甚至生产营销经理都应当一起讨论究竟需要些什么数据。询问的目标应当尽可能精确、清楚,如果这一步做得好,下面的步骤会更顺利、更有效。

步骤2:确定数据收集方法

获得询问数据可以有多种方法,主要有现场调查、电话调查、邮寄调查与自我管理访问等。每一种方法对问卷设计都有影响。事实上,在街上进行拦截访问比入户访问有更多的限制,街上拦截访问有着时间上的限制;自我管理访问则要求问卷设计得非常清楚,而且相对较短,因为访问人员不在场,没有澄清问题的机会;电话调查经常需要丰富的词汇来描述一种概念以肯定应答者理解了正在讨论的问题。对比而言,在展会的现场调查,调查者和被调查者可以进行面对面的交流,对于问卷不清楚的地方可以作出相关解释,是效果最好的一种数据收集方法。

步骤3:确定问题回答形式

(1) 开放式问题

开放式问题是一种应答者可以自由地用自己的语言来回答和解释有关想法的问题类型。也就是说,调研人员没有对应答者的选择进行任何限制。

(2) 封闭式问题

封闭式问题是一种需要应答者从一系列应答项里作出选择的问题。

(3) 量表应答式问题

量表应答式问题是以量表形式设置的问题。

步骤4:决定问题措辞

调查问题的措辞十分重要,既要让被调查者看得清楚明白,还要注意礼貌用语,同时必须遵循一定的原则。

(1) 用词必须清楚。

(2) 避免诱导性的用语。

(3) 考虑应答者回答问题的能力。

(4) 考虑应答者回答问题的意愿。

步骤5:确定问卷流程和编排

问卷不能任意编排,问卷每一部分的位置安排都具有一定的逻辑性。有经验的市场研究人员很清楚问卷制作是获得访谈双方联系的关键。联系越紧密,访问者越可能得到完整彻底的访谈。同时,应答者的答案思考得越仔细,回答得便越仔细。

步骤6:评价问卷和编排

一旦问卷草稿设计好后,问卷设计人员应再回过来做一些批评性评估。如果每一个问题都是深思熟虑的结果,那么这一阶段看似是多余的,但是,考虑到问卷所起的关键作用,这一步还是必不可少的。在问卷评估过程中,应当考虑下面一些原则。

(1) 问题是否必要。

(2) 问卷是否太长。

(3) 问卷是否回答了调研目标所需的信息。

(4) 邮寄及自填问卷的外观设计。

(5) 开放试题是否留足空间。

(6) 问卷说明是否用了明显字体等。

步骤7：获得各相关方面认可

问卷设计进行到这一步，问卷的草稿已经完成。草稿的复印件应当分发到直接有权管理这一项目的各部门。实际上，营销经理在设计过程中可能会多次加进新的信息、要求或关注。不管经理什么时候提出新要求，经常的修改是必需的。即使经理在问卷设计过程中已经多次加入修改意见，草稿获得各方面的认可仍然是重要的。

经理的认可表明了经理想通过具体的问卷来获得信息。如果问题没有问，数据将收集不到。因此，问卷的认可再次确认了决策所需要的信息以及它将如何获得。例如，假设新产品的问卷询问了形状、材料以及最终用途和包装，一旦得到认可，意味着新产品开发经理已经知道"什么颜色用在产品上"或"这次决定用什么颜色"并不重要。

步骤8：预先测试和修订

当问卷已经获得管理层的最终认可后，还必须进行预先测试。在没有进行预先测试前，不应当进行正式的询问调查。通过访问寻找问卷中存在的错误解释、不连贯的地方、不正确的跳跃模型，为封闭式问题寻找额外的选项以及应答者的一般反应。预先测试也应当以最终访问的相同形式进行，如果访问是入户调查，预先测试应当采取入户的形式。

在预先测试完成后，任何需要改变的地方应当切实修改。在进行实地调研前应当再一次获得各方的认同，如果预先测试导致问卷产生较大的改动，应进行第二次测试。

步骤9：准备最后问卷

如果是纸质问卷，精确的打印指导、空间、数字、预先编码必须安排好，监督并校对，问卷可能进行特殊的折叠和装订。现在用问卷小程序进行调研十分普遍，可以把问题按照小程序的要求输入生成一份电子问卷。

步骤10：实施

问卷填写完后，为从市场获得所需决策信息提供了基础。问卷可以根据不同的数据收集方法并配合一系列的形式和过程，以确保数据可正确地、高效地、以合理的费用收集。这些过程包括管理者说明、访问员说明、过滤性问题、记录纸和可视辅助材料。

电子问卷可以通过微信等社交软件发放，或者扫描二维码答题提交，很多小程序都具有统计功能，可以直接导出分析图表。

二、问卷调查方案的设计

（一）调查方案的主要内容

1. 调查目的

调查目的是问卷调查的出发点和中心，因为它决定着调查的方方面面，如调查对象的选择、调查范围的确定、调查内容的设计、调查结果的分析，它们无不与调查的目的紧密相关。因此，在进行问卷调查开始阶段，首先应该明确调查目的。

2. 调查者要求

根据市场调查目标，在调查方案中列出本次调查的具体目的要求。例如：本次调查的目的是了解某产品的消费者购买行为和消费偏好情况等。

3. 调查对象

展会现场调查的对象一般为参展商或观展商，观展商又可分为专业观众和普通观众。在对一些普通观众的调查中（类似于消费者），要注意到有时某一产品的购买者和使用者不一致,如对婴儿食品的调查,其调查对象应为孩子的母亲。此外,还应注意到一些产品的消费对象主要针对某一特定消费群体或侧重于某一消费群体,这时,调查对象应注意选择产品的主要消费群体,如对于化妆品,其调查对象主要选择女性;对于酒类产品,其调查对象主要为男性。

4. 调查内容

调查内容是收集资料的依据,是为实现调查目标服务的,可根据市场调查的目的确定具体的调查内容。如在调查参展商对展会的满意度时,可从注册登记、展台搭建、展中服务、增值服务、下届参展意愿等方面进行调查。调查内容的确定要全面、具体,条理清晰、简练,避免面面俱到、内容过多、过于烦琐,避免把与调查目的无关的内容列入其中。

5. 调查问卷

调查问卷的准备是调查方案设计中的核心,调查问卷的设计质量直接影响到市场调查的质量。

6. 职责分工

调查前各工作人员必须有明确的职责分工,或者按照展区进行分工,或者按照被调查者的年龄和身份进行分工。如每个展区设置两名问卷调查人员,一人针对参展商作调查,另一人针对观展商作调查。总之,分工要具体明确,最大限度地避免让被调查者重复填写问卷的情况。

7. 样本抽取

调查样本要在调查对象中抽取,由于调查对象分布范围较广,应制订一个抽样方案,以保证抽取的样本能反映总体情况。样本的抽取数量可根据市场调查准确程度的要求确定,市场调查结果准确度要求愈高,抽取样本数量应愈多,但调查费用也愈高,一般可根据市场调查结果的用途情况确定适宜的样本数量。实际市场调查中,在一个中等以上规模城市进行市场调查的样本数量,按调查项目的要求不同,可选择200~1 000个样本,样本的抽取可采用统计学中的抽样方法。具体抽样时,要注意对抽取样本的人口特征因素的控制,以保证抽取样本的人口特征分布与调查对象总体的人口特征分布相一致。

8. 资料收集和整理方法

市场调查中,常用的资料收集方法有调查法、观察法和实验法,一般来说,前一种方法适宜于描述性研究,后两种方法适宜于探测性研究。资料的整理方法可采用统计学中的方法,利用Excel工作表格,可以很方便地对调查表进行统计处理;或者利用专门制作的、有针对性的调查表录入软件或网站,获得大量的统计数据。

9. 调查项目定价与预算

最后,在问卷调查方案中应说明问卷调查的费用预算,问卷调查的费用预算主要包括:设计问卷的费用,问卷印制的费用,送给被调查者小礼品的费用,问卷调查过程中工作人员的工资、餐饮、食宿等方面的费用,问卷录入、资料整理、调查报告撰写的费用等。

(二) 调查方案的撰写

1. 调查方案格式

调查方案包括摘要、前言、调查的目的和意义、调查的内容和范围、调查采用的方式和方法、调查进度安排和有关经费开支预算、附件等部分。

2. 撰写调查方案应注意的问题

（1）一份完整的调查方案，上述 1~7 部分的内容均应涉及，不能有遗漏，否则就是不完整的。

（2）调查方案的制订必须建立在对调查课题背景的深刻认识上。

（3）调查方案要尽量做到科学性与经济性的结合。

（4）调查方案的格式方面可以灵活，不一定要采用固定格式。

（5）调查方案的书面报告是非常重要的一项工作。一般来说，调查方案的起草与撰写应由课题负责人来完成。

三、问卷调查报告的撰写

（一）问卷调查报告的含义与类型

所谓调查报告，是指运用科学的方法，有针对性地对某个事件、某项工作或某些情况和问题进行系统的、周密的调查，透过现象揭示本质，经过分析和归纳，得出调查研究结果，而后所形成的书面报告。

调查报告若按写作宗旨划分，可分为"综合性调查报告"和"专题性调查报告"；若按内容划分，可分为"经验型调查报告""基本情况型调查报告""社会型调查报告""揭露型调查报告"等；若按学术水平的程度划分，可分为"普通型调查报告"和"学术型调查报告"。展会现场的调查报告一般属于"专题性调查报告"，一般是针对某个行业（如比较多的房产、汽车、金融、机械等）或针对某届展会所展开的。它和一般的调查报告相比有更多的、更全面的、更及时的数据作为支持，因此在撰写时有较多图表作为说明，并且可以通过各种统计数据洞察行业（展会）的动向。

（二）问卷调查报告的内容结构

问卷调查报告的内容结构一般由标题、引言、主体、附件四部分组成。

1. 问卷调查报告的标题

标题是问卷调查报告的题目，一般有两种构成形式。

公文式标题，即由调查对象和内容、文种名称组成，例如《关于××××年全省农村服装销售情况的调查报告》。值得注意的是，实践中常将市场调查报告简化为"调查"，这也是可以的。

文章式标题，即用概括的语言形式直接交代调查的内容或主题，例如《全省城镇居民潜在购买力动向》。实践中，这种类型市场调查报告的标题多采用双题（正副题）的结构形式，更为引人注目，富有吸引力。例如《竞争在今天，希望在明天——全国洗衣机用户问卷调查分析报告》《市场在哪里——天津地区三峰轻型客车用户调查》等。

会展现场的调查报告一般会出现展会的名称，如《第××届国际机床展调查报告》《××××年杭州人居展调查报告》《××××年香港玩具展调查报告》等。

2. 问卷调查报告的引言

引言又称导语，是调查报告正文的前置部分，要写得简明扼要，精练概括。一般应交代调查的目的、时间、地点、对象与范围、方法等与调查者自身相关的情况，也可概括市场调查报告的基本观点或结论，以便使读者对全文内容、意义等获得初步了解。展会问卷调查报告的引言需要讲明展会的名称，举办的时间、地点，展会相关的主办方、承办方和协办方等。

报告的引言还需用一段或一句承上启下的文字引出报告的主体部分。例如一篇题为《关于全市××××年电暖器市场的调查》的市场调查报告,其引言部分写为:"××市北方调查策划事务所受××委托,于××××年×月至×月在国内部分省市进行了一次电暖器市场调查。现将调查研究情况汇报如下。"用简要文字交代了调查的主体身份,调查的时间、对象和范围等要素,并用一过渡句开启下文,写得合乎规范。这部分文字务求精要,切忌啰唆芜杂;视具体情况,有时亦可省略这一部分,以使行文更趋简洁。

3. 问卷调查报告的主体

这部分是调查报告的核心,也是写作的重点和难点所在。它要完整、准确、具体地说明调查的基本情况,进行科学合理地分析预测,在此基础上提出有针对性的对策和建议,具体包括以下三方面的内容。

(1) 情况介绍:问卷调查报告的情况介绍,即对调查所获得的基本情况进行介绍,是全文的基础和主要内容,要用叙述和说明相结合的手法,将调查对象的历史和现实情况说清楚。针对某一产品的市场调查报告应把该产品的市场占有情况,生产与消费的关系,产品、产量及价格情况等表述清楚。展会的问卷调查报告则要将展会的基本情况包括展会的主办方、承办方、协办方,展会的参展商和观众的数量,展会的现场订单额、成交额、达成意向的单数等表述清楚。

在具体写法上,既可按问题的性质将其归结为几类,采用设立小标题或者撮要显旨的形式;也可以时间为序,或者列示数字、图表或图像等加以说明。无论如何,都要力求做到准确和具体,富有条理性,以便为下文进行分析和提出建议提供坚实充分的依据。

(2) 分析预测:调查报告的分析预测,即在对调查所获基本情况进行分析的基础上对市场发展趋势作出预测,它直接影响到有关部门和企业领导的决策行为,因而必须着力写好。要采用议论的手法,对调查所获得的资料条分缕析,进行科学的研究和推断,并据以形成符合事物发展变化规律的结论性意见。用语要富于论断性和针对性,做到析理入微、言简意明,切忌脱离调查所获资料随意发挥,唱"信天游"。

(3) 结论建议:这层内容是调查报告写作目的和宗旨的体现,要在上文调查情况和分析预测的基础上,提出具体的建议和措施,供决策者参考。要注意建议的针对性和可行性,能够切实解决问题。结论与建议是撰写综合分析报告的主要目的。这部分包括对引言和正文部分所提出的主要内容的总结,提出如何利用已证明为有效的措施和解决某一具体问题可供选择的方案与建议。结论和建议与正文部分的论述要紧密对应,不要提出无证据的结论,也不要提出没有结论性意见的论证。

展会的问卷调查报告在写结论和建议时,如果是针对某一行业的调查报告,则可预测一下本行业未来的发展趋势、发展动态或者将会面临的机遇和挑战;如果是针对某一展会的调查报告,则可对下届展会作出预测,针对本次展会的不足对下届展会需要提升的方面提出改进的建议等。

4. 问卷调查报告的附件

附件是指调查报告正文包含不了或没有提及,但与正文有关必须附加说明的部分。它是对正文报告的补充或更详尽的说明,包括数据汇总表、原始资料背景材料和必要的工作技术报告,例如为调查选定样本的有关细节资料及调查期间所使用的文件副本等。

(三) 问卷调查报告的写作要求

1. 调查报告力求客观真实、实事求是

调查报告必须符合客观实际,引用的材料、数据必须是真实可靠的。要反对弄虚作假,或迎合上级的意图,挑他们喜欢的材料撰写。总之,要用事实来说话。

2. 调查报告要做到调查资料和观点相统一

调查报告是以调查资料为依据的,即调查报告中所有观点、结论都以大量的调查资料为根据。在撰写过程中,要善于用资料说明观点,用观点概括资料,二者相互统一。切忌调查资料与观点相分离。

3. 调查报告要突出市场调查的目的

撰写调查报告,必须目的明确,有的放矢,任何市场调查都是为了解决某一问题,或者为了说明某一问题。调查报告必须围绕市场调查的上述目的来进行论述。

4. 调查报告的语言要简明、准确、易懂

调查报告是给人看的,无论是领导、专家,还是其他一般的读者,他们大多不喜欢冗长、乏味、呆板的语言,很多人也不精通调查的专业术语。因此,撰写调查报告语言要力求简单、准确、通俗易懂。最好能利用各种图表来表达调查结果,这样比较直观,让读者一目了然。

问卷调查报告写作的一般程序是:确定标题、拟定写作提纲、取舍选择调查资料、撰写调查报告初稿、修改、最后定稿。

典型案例分析

案例一

展会调查问卷设计

(一) 设计思路

(1) 版式设计需要被调查者的目光从上到下即可浏览全部内容,易于阅读。

(2) 调查表留有参展商和观众的基本信息填写的位置,填写内容包括单位、姓名、职务、部门等基本信息,以及电话、传真、邮寄、电子邮件等联系方式。

(3) 要求参展商和观众回答的问题,为达到最好的效果,问题数量不宜太多,总体答案不要超过 80 个,并标明是否可多选。过多的问题将影响观众的配合程度。

(4) 所提问题一般以选择题为主,最多加 1~2 道主观性问题,并避免让被调查者书写过多的文字,引起他们的反感。

(5) 问题中尽量避免一些被调查者可能不明白的缩写、俗语或生僻的用语,比如 WTO 既是世界贸易组织,也是世界旅游组织的缩写,不加以说明可能会引起被调查者的疑义。

(6) 问卷适当地方可设计展会 LOGO 和名称。

(7) 如果是国际展会,问卷应设计为中英双语。

(二) 观众调查问卷样表

第十六届中国烘焙展览会观众调查问卷

尊敬的嘉宾,您好

感谢您在金色的五月与我们相聚广州琶洲展馆,参观第十六届中国烘焙展览会,对于您的支持和信任我们深表感谢!为了更大限度地满足您的参观需求,同时也为不断提升我们的服务质量和服务水平,特此劳烦您填写以下调查问卷。再次感谢您对全国工商联合会烘焙业公会(A.C.B.A.)工作的理解和配合!

您的姓名:_____ 您的手机号:_____ 职务:_____
您所在公司名称:_____ 公司成立时间:_____

1. 您对展会主办方 A.C.B.A. 的了解程度
   □A 非常了解　　　□B 基本了解　　　□C 不了解
2. 您认为展会期间的哪一项活动对促进、提升行业发展最有意义
   □A "新良杯"第四届世界面包大赛中国区选拔赛　　□B 马来西亚食品文化节
   □C 第四届"宝桃杯"全国烘焙知识竞赛　　　　　　□D 烘焙群英荟第四季
   □E 咖啡文化节　　　　　　　　　　　　　　　　□F 第十六届烘焙文化与经济论坛
   □G 国际华联烘焙总会展示活动
3. 以下哪些方面是您希望下届展会需要进一步完善的
   □A 展商类别　　　□B 展览规模　　　□C 展会现场气氛
   □D 同期会议及活动　□E 组委会服务质量　□F 观众服务质量
4. 您最希望通过哪个渠道获得展会信息
   □A 邀请函/请柬　　□B 中国烘焙信息网　　□C《中华烘焙》
   □D 电子邮件　　　□E 手机短信　　　　　□F 报纸/杂志广告
   □G 其他(请注明)_____
5. A.C.B.A. 所提供的服务项目中您最喜欢的是
   □A 中国烘焙展览会　　　　　　　　□B《中华烘焙》月刊
   □C 中国烘焙信息网　　　　　　　　□D 会员通讯录(年刊)
   □E 烘焙通讯　　　　　　　　　　　□F 烘焙之旅考察交流团
   □G 烘焙文化与经济论坛研讨会　　　□H 教育、培训专业委员会
   □I 魅力烘焙行业发展年会　　　　　□J 烘焙企业黄页
   □K 专家委员会　　　　　　　　　　□L 中华烘焙大赛
   □M 中华烘焙老字号、中华特色名点、明星饼屋、特色饼店评比
   □N 全国工商联烘焙业公会烘焙培训技术交流中心
6. 您希望了解哪些国家或地区的烘焙行业发展情况
   □A 日本　□B 韩国　□C 东南亚　□D 台湾　□E 北欧　□F 西欧
   □G 南非　□H 澳洲　□I 美国　□J 其他(请注明)_____
7. 未来两年您希望参观考察的国际烘焙市场_____
8. 您对我们的宝贵建议?
   _____

案例点评

本案例是第十六届中国国际烘焙展览会针对于普通观众的问卷调查,调查的目的是了解普通观众对此次展览会服务是否满意,还有哪些专业需求,以便为下届展会更好地举办提供参考依据,正文分为两部分,即开场白和问题部分,开场白说明了调查的目的和对填表观众的感谢;问题部分则分为观众背景信息和主体问题。主体问题以客观题为主,只有两道主观题,能够方便被调查者迅速作答,不会占用他们太多的时间。

(三)参展商调查问卷样表

第十届中国国际中小企业博览会国内参展商调查问卷

为改进和完善国际中小企业博览会(简称中博会)的各项工作,促进中博会的长远发展,我们设计了以下调查问卷,感谢您在百忙中参与我们的调查工作,本次调查内容仅限内部参考,您提供的一切信息将对外保密,请放心填写。

单位名称:＿＿＿＿＿＿＿＿＿＿＿＿＿＿＿＿＿＿＿＿＿＿＿＿＿＿＿＿＿＿＿＿＿＿＿＿
联系人姓名:＿＿＿＿＿＿＿＿＿＿＿＿＿＿   联系电话:＿＿＿＿＿＿＿＿＿＿＿＿＿＿
电子邮箱:＿＿＿＿＿＿＿＿＿＿＿＿＿＿＿＿   传　　真:＿＿＿＿＿＿＿＿＿＿＿＿＿＿
所属行业:＿＿＿＿＿＿＿＿＿＿＿＿＿＿＿＿   展 位 号:＿＿＿＿＿＿＿＿＿＿＿＿＿＿

1. 请问阁下通过哪些途径获悉本届博览会的信息
   □政府文件　　　　　　　　　　　　　□相关公司传递信息
   □博览会网页　　　　　　　　　　　　□大会印制的宣传资料
   □主办单位的邀请　　　　　　　　　　□报纸及专业杂志刊登的广告、报道
   □协办单位或展览公司的邀请　　　　　□其他博览会上获悉
   □朋友介绍　　　　　　　　　　　　　□电视宣传
   □电台　　　　　　　　　　　　　　　□网络渠道
   □商会及其他团体　　　　　　　　　　□其他,请说明＿＿＿＿＿＿＿＿＿

2. 请问贵单位此次参展的目的
   □开拓市场,寻找商机　　　　　　　　□展示宣传企业形象
   □寻求合作,促进贸易　　　　　　　　□交流信息,探索市场发展趋势
   □寻求加盟经销商　　　　　　　　　　□其他,请说明＿＿＿＿＿＿＿＿＿

3. 请问贵单位有否在此次博览会期间建立新的业务联系
   □有,请注明＿＿＿＿＿＿＿＿＿＿＿＿＿＿＿＿＿＿＿＿＿＿＿＿＿＿＿＿＿＿＿
   □没有

4. 请问贵单位通过本次博览会取得哪些成果
   □提高了知名度　　　　　　　　　　　□达成项目投资合作意向
   □促进国内外贸易交流　　　　　　　　□达成购销意向
   □建立国际合作关系　　　　　　　　　□其他,请说明＿＿＿＿＿＿＿＿＿

5. 在本届博览会期间,贵公司收到的客商资料有
   □0~200　　　□200~500　　　□500~800　　　□800以上

6. 请问贵公司看中本次博览会的哪些亮点
   □产品和技术展示　　　　　　　　□中澳中小企业高峰论坛
   □采购说明会　　　　　　　　　　□融资洽谈会
   □专题培训　　　　　　　　　　　□中澳中小企业合作项目推介活动
   □其他，请说明＿＿＿＿＿＿＿＿＿＿＿＿＿＿＿＿＿＿＿＿＿＿＿＿

7. 对本届博览会的综合评价

	优秀	良好	满意	一般	不满
市场潜力	□	□	□	□	□
博览会日期	□	□	□	□	□
品牌覆盖面	□	□	□	□	□
专业观众组织	□	□	□	□	□
展览场地	□	□	□	□	□
宣传工作	□	□	□	□	□
形象设计	□	□	□	□	□
展位设计	□	□	□	□	□
主办机构服务	□	□	□	□	□
承建商服务	□	□	□	□	□
展馆设施	□	□	□	□	□

8. 请问贵公司是否有兴趣再参加下届博览会
   □有兴趣
   贵公司最希望增加什么项目＿＿＿＿＿＿＿＿＿＿＿＿＿＿＿＿＿＿＿＿
   贵公司最希望增加什么活动＿＿＿＿＿＿＿＿＿＿＿＿＿＿＿＿＿＿＿＿
   贵公司最希望增加什么服务＿＿＿＿＿＿＿＿＿＿＿＿＿＿＿＿＿＿＿＿
   □否，请列举原因＿＿＿＿＿＿＿＿＿＿＿＿＿＿＿＿＿＿＿＿＿＿＿＿

9. 需要组委会进行何种展后服务
   □采购商资料　　　　　　　　　　□下届展会资讯
   □展会效果总结　　　　　　　　　□其他个性化服务

10. 组委会应该在哪方面加强
    □展会宣传　　　　　　　　　　　□展场规划（区域划分、展位布置等）
    □活动策划　　　　　　　　　　　□展前服务
    □现场服务（登记服务、接待服务、资料索取、展位服务）
    □安全服务
    □其他配套服务＿＿＿＿＿＿＿＿＿＿＿＿＿＿＿＿＿＿＿＿＿＿＿＿

11. 其他意见＿＿＿＿＿＿＿＿＿＿＿＿＿＿＿＿＿＿＿＿＿＿＿＿＿＿＿＿
＿＿＿＿＿＿＿＿＿＿＿＿＿＿＿＿＿＿＿＿＿＿＿＿＿＿＿＿＿＿＿＿＿＿＿
＿＿＿＿＿＿＿＿＿＿＿＿＿＿＿＿＿＿＿＿＿＿＿＿＿＿＿＿＿＿＿＿＿＿＿

案例点评：
　　本案例是2012年第十届中国国际中小企业博览会针对参展商的问卷调查，调查的目的是了解参展商对此次展览会服务是否满意以及其他专业需求，以便为下届展会更好地举办提供参考依据。问卷从展前信息获取、展中服务到展后服务都有涉及，内容较为全面，题量适当。

（四）大会服务满意度问卷

××××年教育工作者年度大会满意度调查问卷

尊敬的各位嘉宾：

  我们首先感谢您参加××××年教育工作者年度大会，为了改进我们明年的工作，我们希望您能够留下宝贵的意见，您的意见对我们的工作非常重要，感谢您的合作。

  请在相应的"☐"内打勾。

	不满意	一般	良好	满意	非常满意
A. 大会					
1. 报到注册	☐	☐	☐	☐	☐
2. 会议日程	☐	☐	☐	☐	☐
3. 会议持续时间	☐	☐	☐	☐	☐
4. 主要发言人	☐	☐	☐	☐	☐
5. 分会发言人	☐	☐	☐	☐	☐
6. 视听设备	☐	☐	☐	☐	☐
7. 会议发放的各种资料	☐	☐	☐	☐	☐
8. 特别活动	☐	☐	☐	☐	☐
9. 会议质量	☐	☐	☐	☐	☐
10. 工作人员服务态度	☐	☐	☐	☐	☐
11. 工作人员能力	☐	☐	☐	☐	☐
B. 会址					
1. 会议室	☐	☐	☐	☐	☐
2. 交通	☐	☐	☐	☐	☐
3. 商务中心	☐	☐	☐	☐	☐
4. 服务人员	☐	☐	☐	☐	☐
C. 酒店					
1. 客房	☐	☐	☐	☐	☐
2. 客房价格	☐	☐	☐	☐	☐
3. 工作人员服务水平	☐	☐	☐	☐	☐
4. 餐饮服务	☐	☐	☐	☐	☐

案例点评：

  本案例是某次会议的满意度调查问卷调查，调查的目的是了解与会嘉宾对会议安排和各项服务是否满意。调查分大会活动安排、会址服务、酒店服务三个方面，层次分明，这三个方面应该由不同的会议服务方提供，但与会嘉宾则将其看作会议的整体体验，因此，这样全面的调查可以帮助会议主办方明确了解哪些需求没有得到很好的满足，以便在下次会议举办时改进和调整。

案例二

某展会期间问卷调查的工作方案

1. 调查目的：在展览会的过程中对参展商和观众进行问卷调查，收集他们的意见，以便会后形成调查报告，为下次展览提供立项依据。

2. 调查人员：在展会高峰期过后安排工作人员进行，一般需要形象好、善于交谈、亲和力强的女性。

3. 调查对象：展会的参展商和专业观众。

4. 职责分工：按展区进行责任分工，每个展区设置两名问卷调查工作人员，再设一名总的负责人员，负责展区之间工作人员的协调，必要时负责与应答者的沟通、交流。

5. 工作材料：印刷好的观众调查表和参展商调查表、小夹板（方便应答者填写）、订书机（用于把名片和调查表订到一起）、给填写人准备的小礼品。

6. 工作结果：填写好后的调查问卷（如果是观众，一般有观众的名片或填写在调查问卷上的观众信息；如果是参展商，可能需要他的名片或填写他的展台号和公司名称）。

7. 调查费用：主要包括调查问卷的印刷费用、主要工组材料的购买费用、礼品购买费用、工作人员的劳务报酬等。

8. 结果考核：每个人收集到的调查问卷集中存放，写上姓名和份数，后期可以通过调查问题的回答情况、意见反馈的填写情况进行个人的工作绩效考核。

案例点评：

这份调查方案简洁明了，指出了调查目的、调查人员、调查对象、职责分工、所需工作材料、调查费用组成以及考核办法，基本切实可行，但案例本身不够具体，缺乏针对性。

案例三

湘潭大学单放机市场调查工作方案

（一）前言

单放机——又称随身听，是一种集娱乐性和学习性于一体的小型电器，因其方便实用而在大学校园内广为流行。目前各高校都大力强调学习英语的重要性，湘潭大学（简称"湘大"）已经把学生英语能否过四级和学位证挂钩，为了练好听力，湘大学子几乎人人都需要单放机，市场容量巨大。

为配合某单放机产品扩大在湘大的市场占有率，评估湘大单放机行销环境，制定相应的营销策略，预先进行湘大单放机市场调查大有必要。

本次市场调查将围绕市场环境、消费者、竞争者为中心来进行。

（二）调查目的

要求详细了解湘大单放机市场各方面情况，为该产品在湘大的扩展制订科学合理的营销方案提供依据，特撰写此市场调研计划书。

1. 全面摸清企业品牌在消费者中的知名度、渗透率、美誉度和忠诚度。

2. 全面了解本品牌及主要竞争品牌在湘大的销售现状。

3. 全面了解目前湘大单放机市场中主要竞争品牌的价格、广告、促销等营销策略。

4. 了解湘大消费者对单放机电器消费的观点、习惯。

5. 了解湘大在校学生的人口统计学资料,预测单放机市场容量及潜力。

(三) 调查内容

市场调研的内容要根据市场调查的目的来确定。市场调研分为内、外调研两个部分,此次市场调研主要运用外部调研,其主要内容有:

1. 行业市场环境调查,主要包括:

(1) 湘大单放机市场的容量及发展潜力。

(2) 湘大该行业的营销特点及行业竞争状况。

(3) 学校教学、生活环境对该行业发展的影响。

(4) 当前湘大单放机市场的种类、品牌及销售状况。

(5) 湘大该行业各产品的经销网络状态。

2. 消费者调查,主要包括:

(1) 消费者对单放机的购买形态(购买过什么品牌、购买地点、选购标准等)与消费心理(必需品、偏爱、经济、便利、时尚等)。

(2) 消费者对单放机各品牌的了解程度(包括功能、特点、价格、包装等)。

(3) 消费者对品牌的意识,对本品牌及竞争品牌的观念及品牌忠诚度。

(4) 消费者平均月开支及消费比例的统计。

(5) 消费者理想的单放机描述。

3. 竞争者调查,主要包括:

(1) 主要竞争者的产品与品牌优、劣势。

(2) 主要竞争者的营销方式与营销策略。

(3) 主要竞争者的市场概况。

(4) 主要竞争者的经销网络状态。

(四) 调研对象及抽样

因为单放机在高校的普遍性,全体在校学生都是调查对象,但因为家庭经济背景的差异,全校学生月生活支出还存在较大的差距,从而导致消费购买习惯的差异性,因此,他(她)们在选择单放机的品牌、档次、价格上都会有所不同。为了准确、快速地得出调查结果,此次调查决定采用分层随机抽样法:先按其住宿条件的不同分为两层(住宿条件基本上能反映各学生的家庭经济条件)——公寓学生与普通宿舍学生,然后再进行随机抽样。此外,分布在湘大校内外的各经销商、专卖店也是本次调查的对象,因其规模、档次的差异性,决定采用判断抽样法。

具体情况如下:

➢ 消费者(学生)　　　300名,其中住公寓的学生占50%

➢ 经销商　　　　　　10家,其中校内5家

　➢ 大型综合商场　　1家

　➢ 中型综合商场　　2家

　➢ 专卖店　　　　　2家

　➢ 校内　　　　　　5家

消费者样本要求：
(1) 家庭成员中没有人在单放机生产单位或经销单位工作。
(2) 家庭成员中没有人在市场调查公司或广告公司工作。
(3) 消费者没有在最近半年中接受过类似产品的市场调查测试。
(4) 消费者所学专业不能为市场营销、调查或广告类。

(五) 调查员要求与培训

1. 调查员的要求

(1) 仪表端正、大方。
(2) 举止谈吐得体，态度亲切、热情。
(3) 具有认真负责、积极的工作精神及职业热情。
(4) 具有把握谈话气氛的能力。
(5) 经过专门的市场调查培训，专业素质好。

2. 调查员的培训

培训必须以实效为导向，本次调查人员的培训决定采用举办培训班、集中讲授的方法，针对本次活动聘请具有丰富经验的调查人员面授调查技巧、经验，并对他们进行思想道德方面的教育，使之充分认识到市场调查的重要意义，培养他们强烈的事业心和责任感，端正其工作态度、作风，激发他们对调查工作的积极性。

(六) 人员安排

根据我们的调研方案，在湘潭大学及市区进行本次调研需要的人员有三种：调研督导、调查人员、复核员。具体配置如下：

调研督导：1名
调查人员：20名（其中15名对消费者进行问卷调查、5名对经销商进行深度访谈）
复核员：1~2名（可由督导兼职，也可另外招聘）

如有必要还将配备辅助督导(1名)，协助进行访谈、收发和检查问卷、发放礼品。问卷的复核比例为全部问卷数量的30%，全部采用电话复核方式，复核时间为问卷回收的24小时内。

(七) 市场调查方法及具体实施

1. 对消费者以问卷调查为主

具体实施方法如下：在完成市场调查问卷的设计与制作以及调查人员的培训等相关工作后，就可以开展具体的问卷调查了。把调查问卷平均分发给各调查人员，统一选择中餐或晚餐后这段时间开始进行调查(因为此时学生们大多待在宿舍里，便于集中调查，能够给本次调查节约时间和成本)。调查员在进入各宿舍时说明来意，并特别声明在调查结束后将赠送被调查者精美礼物一份，以吸引被调查者的积极参与，得到正确有效的调查结果。调查过程中，调查员应耐心等待，切不可催促。记得一定要求其在调查问卷上写明学生姓名、所在班级、寝室、电话号码，以便以后的问卷复核。调查员可以在当时收回问卷，也可以第二天收回(这有利于被调查者充分考虑，得出更真实有效的结果)。

2. 对经销商以深度访谈为主

由于调查形式的不同，对调查者所提出的要求也有所差异。与经销商进行深度访谈的调查者(访员)相对于实施问卷调查的调查者而言，其专业水平要求更高一些。因为时间较长，调查员对经销商进行深度访谈以前，一般要预约好时间并承诺付以一定报酬，访谈前调查员要做好充分的准备,列出调查所要了解的所有问题。调查者在访谈过程中应占据主导地位,把握着整个谈话的方向,能够准确筛选谈话内容并快速做好笔记以得到真实有效的调查结果。

3. 通过网上查询或资料查询调查湘大人口统计资料

调查者查找资料时应注意其权威性及时效性,以尽量减少误差。因为其简易性,该工作可直接由复核员完成。

(八) 调查程序及时间安排

市场调研大致来说可分为准备、实施和结果处理三个阶段。

1. 准备阶段:它一般分为界定调研问题、设计调研方案、设计调研问卷或调研提纲三个部分。

2. 实施阶段:根据调研要求,采用多种形式,由调研人员广泛地收集与调查活动有关的信息。

3. 结果处理阶段:将收集的信息进行汇总、归纳、整理和分析,并将调研结果以书面的形式——调研报告表述出来。

按调研的实施程序,可分8个小项来对时间进行具体安排:

调研方案、问卷的设计	3个工作日
调研方案、问卷的修改、确认	1个工作日
项目准备阶段(人员培训、安排)	1个工作日
实地访问阶段	4个工作日
数据预处理阶段	2个工作日
数据统计分析阶段	3个工作日
调研报告撰写阶段	2个工作日
论证评估阶段	2个工作日

(九) 经费预算

1. 策划费(元)	1 500
2. 交通费(元)	500
3. 调查人员培训费(元)	500
4. 公关费(元)	1 000
5. 访谈费(元)	1 000
6. 问卷调查费(元)	1 000
7. 统计费(元)	1 000
8. 报告费(元)	500
总计(元)	7 000

(十) 附录

参与人员:

项目负责人:颜××

调查方案、问卷的设计:张××

调查方案、问卷的修改:李××

调查人员培训:章××

调查人员：待定

调查数据处理：待定

调查数据统计分析：待定

调查报告撰写：待定

论证人员：待定

调查计划书撰写：颜××、张××等

案例点评：

这份案例调查工作方案描述较上一方案来说较为具体，对调查的目的、调查的内容、调查抽样的方法、调查人员安排、调查程序和时间安排、经费预算等一一做了较为详细的说明，同时，还特别考虑到了调查人员培训的内容以及调查展开后的具体人员分工，科学合理，切实可行。

案例四

中国行业展览会现场调研报告

××××年×月×日，每年在广州举办两届的中国进出口商品交易会（简称"广交会"）第×届成功闭幕。据广交会官方信息，本届交易会共有57个国家和地区约2 110名参展商参展，有213个国家和地区的189 500位境外采购商到会，有87家跨国零售集团参加了本次交易会，出口成交额高达374.5亿美元。广交会不愧有"中国第一展会"之称。

第一部分 对参展商的调查结果

1. 商家参展经验

高达97.1%参展商家表示他们非首次参加展会（图2-1）。

2. 展会的质量评价

面对参展商的热情，展会质量却没有得到很多的提高，48.50%的展商认为好；有12.10%的参展商认为差不多（图2-2）。

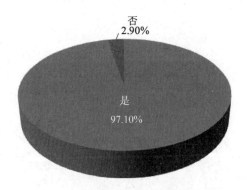

图2-1 以前是否参加过展会示意图

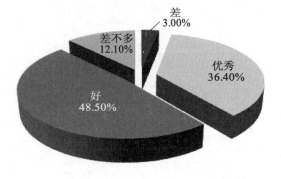

图2-2 展会的质量评价示意图

3. 商家参展目的由产生交易向其他改变

从参加展会的主要目的示意图可知,占26.50%的参展商认为"建立新的业务关系"是他们参展的主要目的,占比最多;"巩固现有业务"与"提高企业知名度"各占20.60%;以"推广公司新产品"为主要目的的参展商占17.60%;而希望通过展会产生"现场订单"的仅占总样本的2.90%。说明交易会的功能经过长期的开展,已从现场交易功能向行业交流、品牌推广的功能转变,几乎所有参展商并不期望从交易会产生订单,而更希望通过推广,提高企业知名度,建立新的业务关系(图2-3)。

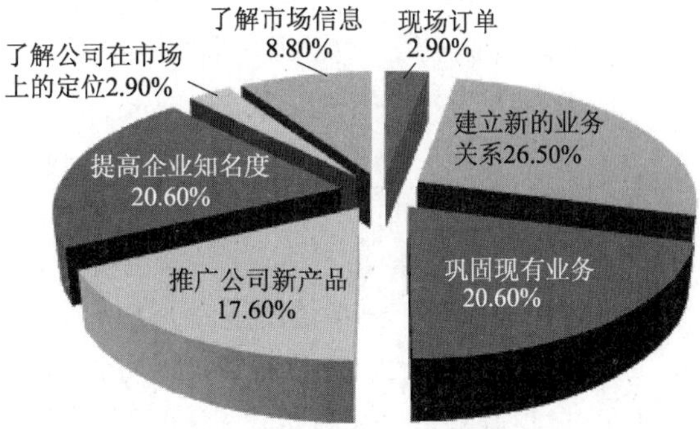

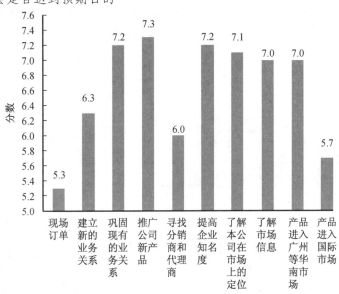

图2-3 参加展会的主要目的示意图

4. 本次展会是否达到预期目的

图2-4 展会是否达到预期目的评价示意图

通过调查数据显示,参展商对本次展会达到公司预期目的总体评分为6.61分,基本满意。其中,巩固现有的业务关系、推广公司新产品、提高企业知名度、了解本公司在市场上的定位、了解市场信息、产品在华南地区的推广等方面都比较满意;现场订单与产品进入国际市场方面不够理想(图2-4)。

5. 参展商对展会的评价

参展商对展会的各项指标与服务的评价总体评分为6.2分,基本满意。对展会规模的评分最高,为7.2分;对媒体宣传方面的评分为5.5分,较低。

参展商认为,主办方要提供更"人性化"的服务,参展商远道而来,对城市环境不熟,时间安排特别紧张,有时会被不法商家欺骗,所以主办单位必须提供完善的配套服务、合理的收费标准(图 2-5)。

6. 是否会参加下一届展会

在对参展商是否参加下一届展会的调查中,很大部分参展商显得很"迷茫",不知是否重复参加。每次参加展会劳苦受累,而且耗费巨大的经济成本,往往在交易额上几乎不能带来更多的改变,然而,不参加这样的展会,在品牌方面却会带来很多的猜疑,增加了很多负面的信息,还容易让竞争对手乘虚而入。这些因素导致参展商在参加与不参加选择之间处于两难之地(图 2-6)。

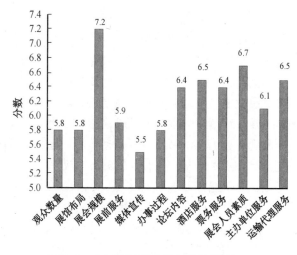

图 2-5　参展商对展会的评价示意图

7. 公司来参加展会的人数

参加一次展会,参展商一般要安排 3 人以上参加,其中 5~8 人占比最大,还有占 26.50% 的参展商安排 10 人以上参加(图 2-7)。

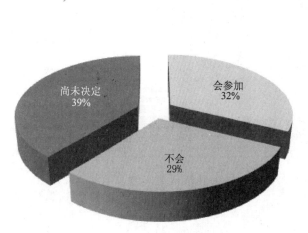

图 2-6　是否参加下一届展会示意图

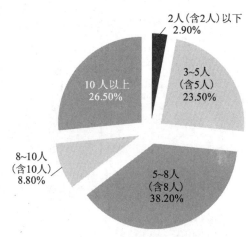

图 2-7　参加展会人数示意图

8. 参加展会需要的费用

参加一次大型展会,参展商需要投入的总体资金幅度是:5 万元以下的占 11.80%,5 万~8 万元的占 23.50%,8 万~10 万元的占 23.50%,10 万~15 万元的占 23.50%,15 万~20 万元的占 5.90%,20 万元以上的占 11.80% (图 2-8)。

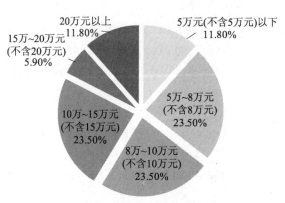

图 2-8　参加展会需花费的费用示意图

第二部分　观众的现场调查报告

1. 以前是否参加过展会

从对参加展会的现场观众调查发现,有78.1%的观众表示他们以前参加过展会,占21.9%的观众表示他们是第一次参加。

2. 与前几届相比的调查

与前几届展会相比,有28%的观众评价是差不多,他们认为展会规模越来越小,缺乏新鲜感,很多较知名厂家没有参展(图2-9)。

3. 参与展会的主要目的

在一项"参与展会的主要目的"的调查中,25.00%的被调查者认为是"寻找新的合作伙伴",23.40%的被调查者认为是"了解行业信息",12.50%的人认为其主要目的是"采购新商品",9.40%的人表示他们是来巩固老客户关系的,有7.80%的人是第一次参与,主要是来寻找投资机会、发现商机的(图2-10)。

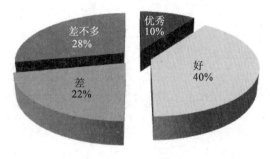

图2-9　对于展会的评价与前几届相比示意图

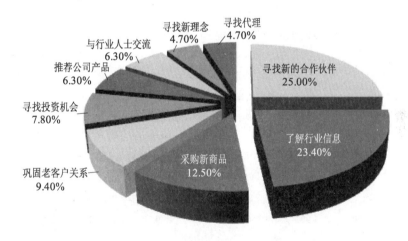

图2-10　参与展会的主要目的示意图

4. 展会是否达到预期目的

观众对展会是否达到各自预期目的进行评分,满分为10分制,总体效果得分是6.09分,基本满意,其中,与行业内人士交流以及巩固老客户关系方面得分分别是7.0与7.0分,满意度得分最高;"寻找新的合作伙伴"的满意度得分是6.0分,得分不高(图2-11)。

5. 观众对展会的质量评价

从"观众对展会内容的评价"结果图可以看出,观众对论坛内容、食品与饮料、展会指示标志等方面明显不满意,对"参展商质量"的评价得分最高,观众对来参展的行业内知名厂家的数量期望值很高。对论坛内容的不满主要是由于他们基本没有参与论坛,对论坛内容不了解。每次展会都会准备很好的专题演讲,但很多观众由于忙于参观产品、洽谈业务而

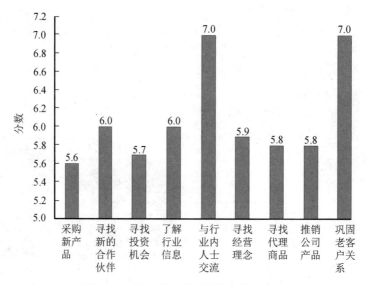

图 2-11 展会是否达到预期目的示意图

忽略了参与论坛,这其实也是一个损失。此外,建议主办方要加强宣传,让更多的行业内人士可以了解到行业最新信息,增长知识,提高竞争力(图 2-12)。

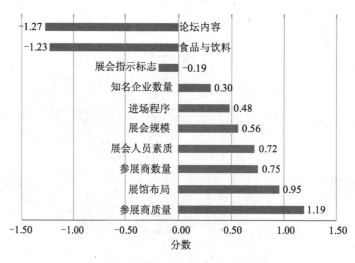

图 2-12 观众对展会内容的评价示意图

案例点评:

展会调查报告是展会报告的一个非常重要的组成部分。这份调查报告是根据某次广交会现场对观众和参展商的问卷调查编写的,报告首先对该届广交会的总体情况进行概述,然后对参展商和专业观众参加展会的状况做了多方面的分析,整个报告内容完整,图文并茂。报告将问卷问题的统计数据都用图表进行说明,简洁明了,并对报告图表内容进行了文字解读,描述非常客观。

情景练习

练习题一　新能源汽车为主题的活动前调查

（一）练习背景介绍

新能源汽车作为采用非常规燃料为动力来源的一种综合性汽车,它采用了先进的技术,具备新结构、高环保的特点。目前,我国已经将新能源汽车作为全国战略性新产业来定义,可见国家对新能源行业的重视,在能源和环保的压力下,新能源汽车无疑将成为未来汽车的发展方向。就行业发展背景来看,目前,以动力电气化、结构轻量化、车辆智能化三大科技为核心的新能源汽车技术大变革正在进行当中。未来5~10年,全球汽车产业将迎来重组和转型升级的重要战略机遇期。回望整个2021年,在"双碳"的基调下,新能源汽车销量迎来了爆发式增长。在汽车产销下行的大背景之下,新能源汽车逆势上扬。2022年新能源汽车销量有望突破600万辆,新能源汽车渗透率在22%左右,提前3年达成国家此前"到2025年新能源汽车新车渗透率达20%"的既定目标。

传统车企在加速向电动化转型的过程中,凭借自身在整车制造、供应链、资金链等方面的优势,积极布局高端智能电动车。2021年以来,在"双碳"目标已成为世界潮流的趋势下,包括BBA在内的国际汽车巨头以及合资车企纷纷加大对新能源汽车的投入和战略布局,尽管它们在新能源汽车领域起步较晚,但其实它们的技术储备并不弱。

目前,大众、宝马、奔驰、奥迪和沃尔沃等都以每年推出2~3款新能源汽车的速度,加速新能源汽车的布局,丰田和现代则在氢燃料电池汽车领域跃跃欲试。

随着越来越多传统车企走向电气化、智能化,由此导致的结果必然是市场竞争的进一步加剧。

此外,小米、苹果等高科技公司的跨界入局同样不可小觑,未来必将对现有竞争格局造成冲击。

EVS32 案例　　　　**法国新能源电动车展宣传片**　　　　**北京新能源汽车展宣传片**

（二）情景练习题

请根据以上背景材料,完成以下几项练习:

(1) 在以上背景材料基础上,继续寻找关于新能源汽车的相关二手资料;

(2) 进行一项以"新能源"为主题的会展活动设计,包括会展活动类型、时间地点、活动目的、形式内容等;

(3) 设计一份问卷,了解方案中预设的活动对象,即参与活动的人士对活动是否有兴趣;

(4) 展开问卷调查,根据问卷及二手资料调查结果撰写调查报告,判断活动策划是否可行。

(三) 教学组织

按5至7人组成小组,每个小组设调查组长1名,进行工作任务的分解和分工;每个小组根据自己的二手资料调查结果进行活动的初步设计,并设计调查问卷,做好调查方案;由教师进行指点评价后,选择具有代表性的2~3个方案进行实地市场调查;调查结束后撰写调查报告。最后,学生分组进行调查结果的汇报。

(四) 练习所需器材和场地

实地调查需交通、电信、小礼品等费用支持;校内主要有电脑、打印机、纸张、小夹板(方便应答者填写)、订书机(用于把名片和调查表订到一起)、多媒体教室等。

练习题二　展会期间的调查

(一) 练习背景介绍

中国国际丝绸博览会自2000年起至今已举办二十届,由商务部、杭州市人民政府主办,杭州市商务局、杭州商贸旅游集团有限公司承办,杭州国际会展博览集团有限公司运营管理。

2021中国国际丝绸博览会从10月15日到17日,共计三天,设置有东方国丝、织造技艺、国风国潮、文创文博、收藏古玩、非遗传承、休憩区七大专区,打造近1 000平方米的实景互动沉浸展区,融入宋韵文化美食、古韵装造等创新元素。丝绸博览会以"丝路东方·美好生活"为主题,结合论坛、产业展和国风大秀等多种形式,用数字经济、跨界融合等全新概念赋能丝绸文化的创新发展,让传统丝织文化焕发出全新的现代气息与时尚光芒,进一步擦亮丝绸这张国家文化"金名片"。

喜得宝、万事利、凯喜雅等国内知名丝绸品牌悉数亮相,展现传统非遗技艺,呈现"丝绸十科技"的全新概念设计,用丝绸这一杭州特色的文化载体诠释杭州亚运的独特魅力。展会同期举办中国现代丝绸与时尚发展高峰论坛、数字经济下国风行业发展高峰论坛、IP时代国风跨界论坛三大论坛,邀请知名专家现场进行专题讲座,旨在打造非遗品牌文化,用数字经济、跨界融合等全新概念赋能丝绸文化的创新发展。

(二) 情景练习题(本练习可以结合第九章内容学习完成)

请根据以上背景材料,完成以下几项练习[①]:

(1) 为大会设计两张调查问卷,其中一张主要针对参展商,调查目的是为了了解参展商对本次展会的满意度、建议以及对下届的参展意向,要求调查表略大于名片,问题数量控制在6个以内;另一张主要针对观众,调查目的是为了了解目前旅游市场发展和消费的基本状况,要求问卷为A4纸大小,问题数量控制在15个以内,以客观题为主。

(2) 针对上面两份问卷,设计两套展会现场问卷调查的工作方案。要求明确调查目的、调查人员、调查对象、职责分工以及初步的调查费用预算。

(3) 组织学生进行现场问卷调查(可针对学校所在地近期所举办的展会展开)。

(4) 根据统计资料撰写调查报告。

(三) 教学组织

学生每人制作问卷调查表,教师进行点评及评分。调查方案制订、现场调查、资料录入

---

① 练习(1)可设置模拟展会进行实训,练习(2)可以针对学校所在地近期所举办的展会展开实训练习。

和调查报告等工作则以调查小组为单位完成。

小组成员采取自由组合或老师拟定，以5~7人为单位，选责任心强、有一定组织能力的人为调查组长，负责本组调查、汇报、写作的全部组织工作，并由组长负责牵头，在指导老师的指导下，组织本组确立调查内容，制订调研计划，联系好调查对象和调查时间，完成调查过程，最后撰写不少于3 000字的调查报告。调查报告内容包括调查目的、时间、地点、方式、调查对象、调查过程、调查中发现的问题、调查收集到的主要材料及其分析、研究结论及自己的收获与学习体会等。

各小组在展开现场调查前，由组长代表本小组进行调查方案的汇报，教师和其他学生进行提问，教师进行总结和点评，方案切实可行则可进入下一步现场调查工作。

教师组织学生开展展会现场问卷调查，负责学生分组、分工、安全等工作，同时在调查对象的联系、调查过程的具体实施等方面为学生提供帮助，对学生的实践进程进行管理，提高各调研项目小组在展开调查研究过程中的质量。

问卷调查完成回收后，分组撰写调查报告。

(四) 练习所需器材和场地

实物展现场，需要事先和展会组织者联系、协调。其他器材主要有电脑、打印机、纸张、小礼品等。

知 识 巩 固

(一) 不定项选择题

(1) 会展调研可以在_____时期进行。
  A. 会展活动前　　　　　　　B. 会展活动中
  C. 会展活动后　　　　　　　D. 会展活动的各个时期
(2) 会展策划前开展市场调研需要收集_____方面的信息。
  A. 产业　　B. 市场　　C. 法律　　D. 相关展会
(3) 有针对性地对某个事件、某项工作或某些情况和问题，进行系统、周密的调查，透过现象揭示本质，经过分析和归纳，得出调查研究结果，所形成的书面报告是_____。
  A. 调查问卷　　B. 调查方案　　C. 调查报告　　D. 调查结果
(4) 在举办国际展会的时候要关注的海关规定有_____。
  A. 关税政策　　B. 通关是否方便　　C. 进出口配额制度　　D. 货币汇率
(5) 新能源汽车会展活动涉及的政策法规可能包括_____。
  A. 产业发展规划　　　　　　B. 产业政策
  C. 新能源汽车使用政策　　　D. 新能源汽车进口政策

(二) 简答题

(1) 会展市场立项前的调研内容主要有哪些方面？
(2) 为什么在展会策划时要搜集产业政策方面的信息？
(3) 一份好的问卷在设计中应注意哪些方面？
(4) 会展现场调研的对象主要有哪些？

第三章 立项策划与可行性分析

学习目标

学生应当通过本章学习和练习达到以下目标：
- 掌握会展题材选定的主要方法；
- 了解完整的项目策划方案的主要内容并抓住市场需求策划会展相关内容；
- 策划会展项目并对其市场的适应性进行分析。

开篇导读

ChinaJoy 为何在上海成功

ChinaJoy 是中国国际数码互动娱乐产品及技术应用展览会的简称。它在全球游戏界已成了一个响当当的国际品牌。历史上，美洲有洛杉矶的 E3 游戏展，欧洲有科隆的游戏展（Gamescom），亚洲有东京的电玩展（Tokyo Game Show）。日本是任天堂、索尼的故乡，单机游戏的重镇。2004 年中国 ChinaJoy 起步的时候，与上述几家展会相比真的是名不见经传。大约在 2013 年，ChinaJoy 的规模已是世界第二、亚洲第一。近年，ChinaJoy 已宣布位居世界第一。

一、缘起和发展概况

因为 2003 年非典的影响，第一届 ChinaJoy 展会延至 2004 年 1 月 16 日—18 日在北京展览馆举办。当时上海游戏业在陈天桥、朱峻等人的努力下已发展起来。这年的 5 月 13 日，上海盛大在美国上市成功。鉴于上海游戏产业的良好发展态势，在上海市政府和新闻出版总署的共同努力下，第二届 ChinaJoy 在当年 10 月 5 日上海浦东新国际展览中心成功举办并宣布永久落户上海。经过十多年发展，展出面积从最初的 2 万平方米发展到 2019 年的 17 万平方米。

二、ChinaJoy 在上海成功的因素

ChinaJoy 在上海的成功归因于上海这个城市综合的条件和优势，即它的硬件、软实力、人才、文化传统的底蕴。

1. 上海当时是中国游戏产业的高地

游戏是人类与生俱来的消遣，由原始游戏到网络游戏，经历了漫长的过程。我国的电子游戏业最早由旅居日本的王子杰等先生引进任天堂单机板游戏开始，它以电视机为显示屏，曾风靡一时。2000 年后，陈天桥和朱峻两位网络游戏的先驱，先后创办盛大游戏和第九城市，引进了韩国等地以网络、多人互动为特点的网络游戏《传奇》《奇迹》。

它们的特点是难以盗版,同时陈天桥的盛大创造了玩家买点卡上网付费玩的模式,一时全国玩家四起,《传奇》同时在线人数曾达65万之多,上海很快成为网络游戏的中心,占当时全国80%以上的市场份额。

2004年上海游戏业发生了三件大事:(1) 5月13日盛大游戏在美国纳斯达克证券交易所上市,股价11美元,募集资金15 239万美元(次年陈天桥以超出100亿元人民币的身价名列中国首富)。(2) 12月15日,第九城市在美国纳斯达克证券交易所上市,发行价17美元,当日开盘价21美元,全球轰动。(3) 11月18日,上海巨人网络成立,史玉柱出任CEO,首款民族游戏《征途》正在开发中。除了以上三大公司,当时上海还活跃着久游、世纪天成、邮通等一批实力雄厚的网络企业,所以上海当时作为我国的游戏高地是实至名归的。

ChinaJoy的展会内每个大公司的展台搭建投入约500万~1 000万元。除了场租、搭台、设备安装,还要大量的明星、Showgirls和服务人员,所以把展会移到上海,一个重要原因就是方便上海的大企业就近参加。

2. 上海展会的硬件领先全国

上海是个国际化的大都市,其航空、酒店、地理位置、人才优势,在当时客观上居于一流水平。除此以外,上海一直在打造中国、亚洲甚至世界的会展中心,展会条件也是更为先进的。

(1) 上海新国际展览中心规模大,展厅宽畅,观众流线好,后来又通了地铁9号线。新国际服务意识很好,配合展会主办机构做好各项服务,包括参展商的设备及技术支持。

(2) 科技设备先进。ChinaJoy现场需要很多巨大显示屏,数以万计的电脑和设备同时开动起来,要求很大的无线网络支持流量。而上海率先建成信息公路即宽带技术,可以满足展会大流量的需要。当时,全上海的LD视屏都被借来现场,技术上只有上海等少数城市做得到。

3. 政府服务到位不越位

ChinaJoy台前的热闹,背后有强大的政府支持。一是部市领导重视,政府部门一直担任主办机构(到2014年),分管领导都至高峰论坛或展览现场讲话、指导工作。政府在安保、内容检查等工作上也全力配合。比如ChinaJoy的现场游戏,很难做到事前依法审查,上海市新闻出版局与国家新闻出版署音像司组成的一个审查小组有15人之多,一直在现场查看来自海内外的节目,最多时达数千款,确保内容安全。ChinaJoy人流量最多时达30余万,最多一天十几万,现场十分拥挤,防踩踏、防火灾等安保工作十分重要。各级政府部门也与承办机构合作,确保现场安全。上海市新闻出版局和市委宣传部一起,组织上海媒体加大对ChinaJoy以及游戏业的报道和引导,倡导绿色游戏、民族游戏,抑制游戏的凶杀、暴力、色情内容,反对一面倒地引进外版游戏,呼吁家长防止青少年沉迷网络游戏,等等,起到了积极的作用。

ChinaJoy成长的这十几年,作为指导单位的上海市新闻出版局始终身体力行为ChinaJoy提供优质服务,并且到位不越位。

4. 我国网络游戏业持续发展，上海持续"三分天下有其一"

展会宣布永久落户上海以后的十余年，我国科技、金融和文化高度融合的文化产业主要是网络游戏业，后来随着移动手机发明、青年人创新创业以及各省数以百计的创意园区等的推动，这个行业一路高歌猛进，2018年营业收入2 100多亿元，极大地拉动设备业、电信业的消费力度，成为无烟工业。很多上市公司、亿万富翁、创新人才出自游戏业。市场需求一直推动着ChinaJoy稳健发展。

随着上海游戏业超额利润对各地的吸引，广东、北京、成都等地的游戏业也展示出后发效应，上海的市场份额也由初期占比75%逐年下降，但仍占1/3的份额。腾讯、网易、完美世界等公司也将游戏分公司设在上海。上海还有相当的竞争力和综合优势。这也一直支撑着ChinaJoy在上海的存在。

5. 好的名称及定位

ChinaJoy定名为"中国国际数码互动娱乐产品及技术应用展览会"，成了世界上最大的游戏展，不仅是网络游戏，家庭游戏机等也纳入了；不仅展览内容，各种设备制造商也来参展了。

ChinaJoy起步阶段功能定位在B2C上，因为当时还做不到B2B的专业展览。但通过B2C展览造成声势、规模，再吸引全球游戏商和相关产业链的供应商进入，到条件成熟时再开辟B2B的商务展区。ChinaJoy从中国实际出发，先发展游戏商与观众的互动，使之成为玩家的嘉年华、狂欢节，而后开放B2B，两个展区时间是并行的，分成两大展区同时展开，顾客(玩家)凭门票一般不可进入商务区。这是非常成功的安排。

6. ChinaJoy的三大板块构成了实力和吸引力

成熟期的ChinaJoy包括了B2C玩家互动娱乐区、B2B商务洽谈区、论坛三部分。

一是B2C互动区。由最初的一个半厅，发展到最近几年8个展厅约10万平方米，致力于为玩家服务，让玩家体验新产品和获得现场感。除了玩，还有很多人自发地COSPLAY，在现场秀自己的服饰和创意，是中国少有的年轻人的嘉年华。从中国游戏到近年国外游戏，从100多种游戏到近年的4 000多款游戏，让玩家有更多的选择。参与和体验还体现在一届比一届红火的COSPLAY全国比赛。在展会期间进行现场总决赛，很多年轻人都是自费从各地赶来上海参加这一年一次的盛会。

二是B2B综合商务洽谈区。中国巨大的游戏市场以及ChinaJoy在国际上数一数二的地位，吸引了海内外游戏商、电子设备商前来参与。2018年，600余家企业(含外商350家)入场进行专业交易，其间达成意向商务合作850多项，意向合作产品1 600多款，现场意向版权交易达5亿多美元。很多游戏商通过ChinaJoy平台走向海外，或进入中国。

三是ChinaJoy的高峰论坛以及相关会议。会议持续三四天，而且呈现多元化。以2014年的论坛为例，就有9个会场200多位嘉宾到场演讲，信息量巨大，能满足各类专业人士的需要，很多新理念、新技术、新方法在此地公布以及交流，1 000余家媒体蜂拥而来现场报道和采访。

7. ChinaJoy 的主题与时俱进

ChinaJoy 旺盛的生命力和吸引力还来自其时时追踪国内外游戏界、玩家以及社会各界关心的热门话题,探索解决的方法和政策,引导人们向未来看齐。怎么引导民族国产游戏、怎么开发绿色健康的游戏、移动游戏的未来、家用机进中国、AR 技术在游戏上的运用、游戏的全球合作等,基于这些热点问题,ChinaJoy 每年的主题都不同,第十一届"游戏演绎梦想,移动畅想未来",第十二届"塑造世界游戏产业新格局",第十六届"新科技、新娱乐、新价值",第十七届"健康新娱乐、游戏新价值",等等。

8. 有一个强有力的执行机构

ChinaJoy 成功是多元的,它整合了中央政府、地方政府、中国音像协会和民营会展机构以及业界专家的力量而成,与东京电玩展、洛杉矶 E3、科隆游戏展相比,它更具有中国的特殊性。作为承办方的北京汉威公司是一个坚强的会展团队,他们的创意、努力以及持之以恒的精神,是展会成功举办至今的保障。

资料来源:根据互联网资料整理

会展的立项策划是指通过市场调查掌握的各种信息,对即将举办的会展的有关事宜进行初步规划,设计出会展的基本框架,它是展前策划阶段的工作。立项策划一般根据所获取的市场信息对会展项目和所要进入的行业进行选择,确定会展题材,即举办何种类型的会展。本章着重针对会展项目立项策划的综合信息调查收集、会展题材选定方法等内容进行练习。

第一节 会展立项策划的工作步骤

一、选择展览题材

所谓展览题材,就是举办一个展览会计划要展出的展品范围,即让哪些商品在展览会上展出。展览题材的选择是一项细致和专业的工作,涉及产业的专业分类和专业设置。在某个地方举办某类题材的展览一般会考虑三个方面:一是该地区是否为某个产业的聚集地,如果该地区某产业发达,依托当地产业举办展览,组展就方便很多;二是该地区是否为主要消费市场,这里的消费市场包含终端零售市场、产业集聚购买和转口贸易市场等三种含义;三是展会是否能得到当地政府的支持。有些地区可能三方面条件兼而有之。以下从产业的角度对题材选择进行分析。

(一) 项目题材选择的社会环境因素

社会环境因素包括政治、经济、社会文化等。其在市场调研中是必须获取的信息,也是会展项目选择过程中必不可少的决策依据。会展项目是为地区某一热点问题或热门行业提供交流或贸易平台的,所以,项目主题必须与当地的政治局势和区域经济状况相契合,从而实现会展的经济目标和社会目标。

(二) 项目题材涉及的行业因素

无论是专业性展览还是专业交流会议,会展项目成功的一大前提就是在对行业有充分了解的前提下进行市场定位。中国国际光电博览会(中国光博会,CIOE)创办于 1999 年,每年 9 月在深圳举行,是目前全球最大规模的光电专业展览,通过国际媒体认证机构(BPA Worldwide)权威认证,并为国际展览联盟(UFI)成员。目前,每届 CIOE 会展总展出面积超过110 000 m^2,约 3 000 家国内外知名光电企业参与展出,光通信展、激光红外展、精密光学展、LED 技术及应用展、中国智慧城市创新产业大会等专业展览同期举行。中国光博会在深圳如此成功与其市场的成功定位有着密切关系。以下结合光博会的案例,对项目所涉及的行业因素作具体分析。

1. 会展项目题材涉及的行业发展现状

行业发展现状包括该行业在产业链中的地位和位置,相关产业的市场结构、竞争状况、目前利润分布状况和市场的开放度等情况。行业规模大,发展前景好,处于生命周期的成长期和成熟期,盈利能力强,企业数量多,自然参与交流和交易的主体也多,展会规模可以做大。光博会创办之初,发现展会所涉及的光电子行业在世界范围内都处于上升时期,其技术应用几乎涵盖了所有的行业。光电企业已成为深圳的支柱产业,深圳光电企业不仅规模大,而且相对集中,中国最主要的光通信、光显示、光存储、光电子器件以及光学材料和加工等都在深圳研发和制造。其中以华为、中兴通讯、长城、华强、朗讯、特发光缆等龙头企业为代表的企业群,正在形成稳固的深圳光电子产业的光通信、光信息产业链。2004 年全球第二大光纤企业英国波科海姆在深圳建立其在亚太区最大的光通信产品生产基地,波科海姆公司是全球领先的光纤及 RF 零件、配件及子系统的设计、生产及销售商。2005 年,世界著名高端芯片生产商美国德州仪器在深圳建立实验室。中国光通信元器件 60% 在深圳销售。

2. 相关行业或产业是否具有发展潜力

市场潜力的大小通常可以通过现有市场规模、市场发展水平和竞争程度、市场辐射力等指标反映出来,如组织者可以考察该行业产品购买者的需求结构、购买动机和行为、购买决策方式、销售渠道,从而来判断其潜力。

会展项目的市场空间,决定了会展的规模和参展商、观众的数量。深圳的中国光博会市场分析指出信息高速公路的发展、光纤通信、互联网、有线电视网、时间激光数码技术、多媒体技术等都是光电子行业发展的产物。广东省用三年时间完成全省的楼宇宽带改造;深圳是中国经济比较发达的地区,工业和民用对光电产品的需求充足,具有许多该产业的下游企业和其他行业。

3. 举办地产业导向

举办地的相关产业政策,对举办地该产业的发展有着举足轻重的作用。往往是产业政策越支持,该产业中的企业就越容易聚集。

中国光电展的成功,得益于深圳政府对光电产业的扶持。深圳正在巩固其作为中国光电器件制造中心的地位,2011 年深圳市政府颁布了《深圳新一代信息技术产业振兴发展规划(2011—2015 年)》,试图把深圳打造成光电产业的创新技术中心,以及全球光电产业的主要研发与制造中心。为了实现这个目标,深圳市政府通过在地铁和高速公路等公共场所安装 LED 努力加快普及速度。LED 也被用于一些地标建筑,如深圳会展中心和深圳第 26 届世界大学生运动会场馆。政府每年拨款近 1 500 万美元,用于研发项目、保护知识产权

(IPR)和收购产业标准以及推广市场活动。为了加快产品开发,当地政府帮助深圳大学和清华大学分别建立了深圳大学光电子学研究所和清华大学深圳研究生院半导体照明实验室。深圳有大约1 000家企业从事这个产业,目前占中国总数的40%。在液晶产业方面,深圳市政府帮助相关企业建立了TFT生产线,在从TN/STN向TFT-LCD的升级中追上了北京、上海和江苏昆山等地的脚步。

(三)举办者的资源

会展项目的举办是一项需要经验积累且耗时费力的工作,因此,会展项目的选择还取决于企业各项资源的匹配程度。办展机构还必须清楚认识自己的优劣势,明确办展目标是更注重经济效益还是社会效益等。对自己机构的长处与缺陷要有足够的认识,主要通过以下几方面进行分析。

1. 财力因素

财力因素是指举办者是否有充足的资金支持所举办的会展项目。组织会展从市场调查、展馆租赁、招展招商到宣传推广等,每个环节都需要资金。因此,需要合理安排会展活动每个阶段的资金,保证项目工作的开展。

2. 人员因素

人员因素是指项目团队成员的素质是否能达到会展项目的要求。特别是一些专业的展览或会议活动,需要办展办会人员熟悉该产业和产品的特点。因此,在考虑人力资源的调配时,主办者不但需要考虑能否在短期内为各项工作配备充足的人力资源,还需要考虑人力资源的专业素质,通过培训使其具备相应的专业知识和技术能力。

3. 时间和精力因素

展览或一些国际大型会议的周期一般比较长,前期筹备工作需要充足的时间,主办方要留有充分的时间做准备,并尽量保证工作人员的持续性。

4. 管理因素

管理因素是指组织者是否具备举办所选择会展项目的管理经验和水平。在考虑管理因素时,所选择会展项目的级别和规模要与自身的管理水平相适应,超越自身管理能力而举办级别高或复杂的会展项目,会导致实施过程中各种问题的出现,不但不能保证品质,还有可能亏损或失败。

除此之外,还要分析行业已有会展的竞争力,如果在同一地区的同类会展竞争性很强,就应该考虑与之互补的产业会展题材的可能性。

二、确定展览题材

办展机构在发现值得进入办展的行业后就要选择具体的展览题材,一般有四种方法。

(一)新立题材

即选定一个办展机构从来没有涉及的产业作为举办新展览会的展览题材的一种方法。由于是新市场,故对于信息的收集要尽可能全面,对自身优劣要充分评估。好处:新题材往往是暂时被市场忽略的题材,竞争会相对小一些;新题材很多是市场的新兴产业,早进入,成功机会大。风险:新题材是一个崭新的领域,存在风险;办展机构缺乏对该题材有所了解的专业人员,对该产业的企业、行业协会等的数量和分布缺乏了解等。

(二)分列题材

即将办展机构已有的展览会的题材再作进一步细分,从原有的大题材中列出更小的题材,并将其办成独立的展览会的一种选择展览题材的方式。当然,分列是有条件的:第一,原有的展览会已发展到一定的规模,某一细分题材在原有的展览会中已占有一定的份额;第二,由于场地限制等原因,某一细分题材在原有的展览会中的展出面积很难扩大。好处:由于是从原有展览会题材中分列,故办展公司对市场和客户较为熟悉;由于该细分市场分列,对原有题材和新分列题材的发展都有利。风险:分列的时机及对原有展览的冲击很难把握;办展机构对分列题材的独立办展能力要慎重考虑。

(三) 拓展题材

即将现有展览会中没有包含的,但与现有展览会的题材密切关联的题材,或是将现有展览会展览大题材中暂时还未包含的某一细分题材列入现有展览会题材的一种方法。拓展题材也需满足一定条件才可拓展:第一,计划拓展的题材与现有题材有密切相关性;第二,计划拓展题材的加入不会给现有题材的操作带来不便;第三,现有题材的专业性不会被计划拓展的题材破坏。好处:拓展题材可扩大展览会的招展展品范围,增强现有题材的专业性;也可扩大参展企业数量和观众来源。风险:拓展的题材一旦与现有题材相关性不大,则会出现"大杂烩,拉郎配"现象,失去专业性;拓展题材的加入可能会影响展览会的现场布置和管理。

ChinaJoy 的题材拓展

(四) 合并题材

即将两个或两个以上彼此相同或有关联的展览题材的现有展览会合并为一个,或是将两个或两个以上有一定关联的展览题材剔除出来,放在另一个展览会里统一展出。这个方法是小展览会常用的策略。好处:将有关联的题材合并一处,有利于集中精力,做大做强该题材的展览会;如合并题材是在两个不同办展机构中进行,可有效消除市场竞争;可以更好地安排展览日期和划分专业展区,方便参展企业和观众。风险:合并题材往往涉及不同办展机构,如利益分配不均会导致失败;合并题材选择不当,会形成"大杂烩"局面。

汉诺威工业展中的"分列"与"合并"

三、撰写会展立项策划方案

在确定了展览题材、基本收集到了上述各种信息并初步分析后,就可以进行会展项目立项策划了。所谓会展项目立项策划,就是根据掌握的各种信息,对即将举办的展览会的有关事宜进行初步规划,设计出展览会的基本框架。因此,这一阶段的方案通常被称为"总体方案"或"框架方案"。一般,此策划侧重从定性的角度来规划即将举办的展览会,而不是详细地对即将举办的展览会进行定量分析。这一方案既是指导下一步工作开展的统领性方案,又是用以进行项目报批的方案。

关于会展审批,相关文件是有这样几种规定:对于在中国境内举办的展览,《国务院关于进一步促进展览业改革发展的若干意见》(国发〔2015〕15号)规定"按照属地化原则,履行法定程序后,逐步将能够下放的对外经济技术展览会行政审批权限下放至举办地省级商务主管部门,并适时将审批制调整为备案制"。对于出国举办展览,《出国举办经济贸易展览会审批管理办法》(贸促展管〔2006〕28号)规定"出国办展须经中国国际贸易促进委员会审批(会签商务部)"。组展单位应当向中国国际贸易促进委员会(简称"贸促会")提出出国办展项目申请,项目经批准后方可组织实施。对于在华举办国际会议,《在华举办国际会议管理办法》(中办发〔2006〕10号)规定实行国务院和省部级两级审批制度。

会展立项策划书的格式和内容有以下几部分。

(一) 导语

导语是会展活动项目策划书正文的引言部分,应简要介绍会展活动的举办背景、目的、宗旨、理念、方针等。导语应提纲挈领,统揽全局。

(二) 会展定位和确定主题

会展定位就是会展主办方根据自身的资源条件和市场竞争优势,通过建立和发展会展的差异化竞争策略,使自己举办的会展在参展企业和观众心目中形成一个鲜明而独特的印象的过程。会展定位主要明确会展的目标参展商和观众、办展目标、会展的主题等。会展的定位就是要清晰地告诉参展企业和观众会展将会为他们带来什么。会展的定位和主题确定有着直接的关系。

展览主题是会展活动项目策划的灵魂,应定位准确、思路清晰、口号响亮,并对主题思想进行必要的诠释。展会每一届的主题都会随着产业发展趋势和市场环境变化而相应变化。如开篇导读中 ChinaJoy 展览,每届主题都有所不同,第十一届"游戏演绎梦想,移动畅想未来",因为那一年移动端游戏得到很大的发展。2021 年在疫情和国际贸易形势的双重影响下,广交会的主题定为"促进国内国际双循环",展会把很大一部分精力放在了国内买家的邀约上。

(三) 会展名称

会展名称一般由基本部分、限定部分和行业标志(补充部分)三方面内容组成。如 2023 北京国际汽车展览会中,基本部分:展览会;限定部分:北京,2023;行业标志(补充部分):汽车。

基本部分用来表明会展的性质和特征,常用展览会、博览会、展销会、交易会等表示;限定部分用来说明会展主办的时间、地点和地域范围,常用××年、××季、××届、××地区、中国、国际、世界等表示;行业标志(补充部分)用来表明展览题材和展品范围,表示会展的基本属性,如建材、消费电子、汽车等。行业标志通常是一个产业的名称,或者是一个产业中的某一个产品大类。

(四) 举办单位

举办单位是指负责会展的组织、策划、招展和招商等事宜的有关单位。会展主办方要求是具有独立法人资格的企事业单位、行业协会、政府部门和新闻媒体等。

根据各单位在举办会展中的不同作用,会展举办单位分为主办单位、承办单位、协办单位、支持单位等。在后面的典型案例中,还有指导单位和执行机构。这都是由会展举办时各个单位的作用和职责来决定的。

主办单位:拥有会展举办权并对会展承担主要法律责任的办展单位。主办单位在法律上拥有会展的所有权。

承办单位:直接负责会展的策划、组织、操作与管理,并对会展承担主要财务责任的办展单位。

协办单位:协助主办或承办单位负责会展的策划、组织、操作与管理,部分地承担会展的招展、招商和宣传推广工作的办展单位。

支持单位:对主办或承办单位的策划、组织、操作与管理,或者是招展、招商和宣传推广等工作起支持作用的办展单位。

(五) 举办时间

包括时间点和时间段概念,例如展览时间、展会对专业观众和普通观众开放的时间、展会布展撤展时间、展会开幕时间、展会相关活动时间等。一般最早确定下来的时间是展览时间和布展撤展时间。如××届北京国际服装定制展时间安排：

布展时间：××××年11月23—24日

展览时间：××××年11月25—27日

撤展时间：××××年11月27日15:00

因为展览规模和内容不同，展览持续的时间和布展撤展所需要的时间也是不同的。在安排展览时间时也需要考虑参考展览的观众是专业观众还是普通观众，如果是专业观众，就需尽量安排在工作日举办；如果是普通观众，就要考虑休息日的时间。比如为了方便展会的目标观众即15~25岁的玩家有时间来参与，ChinaJoy把展览时间安排在暑假期间。

（六）举办地点

指会展活动项目的举办国家、城市、展馆、主会场、分会场以及相关活动的举办场所。

展会在哪个展馆举办，就是要选择展会举办的具体地点，即具体选择在某城市的哪个展馆举办展会，这要结合展会的展览题材和展会定位而定。此外，在具体选择展馆时，还要综合考虑使用该展馆的成本大小如何、展期安排是否符合自己的要求以及展馆本身的设施和服务如何等因素。

（七）展品范围

会展主办单位在策划举办会展过程中的一项关键任务就是能有效地界定展品范围，并将其清晰地呈现给参展商和观众。展品范围直接决定着会展将要展出什么商品和技术，间接地决定着会展的参展企业和观众范围，也影响着会展的长远发展。

展品范围根据会展的定位、会展主办方的优劣势和其他多种因素来确定。展品范围可以包括一个或几个产业，或者是一个产业中的一个或几个产品大类。一般来说，"博览会"和"交易会"的展品范围很广，如"广交会"的展品范围就超过10万种，而德国"法兰克福国际车展"的展品范围涉及的只有汽车产业。

CBME 展区布局

深圳文博会展区布局

（八）会展频率

会展频率受会展题材所在产业和会展产品生命周期所制约，产业内产品的生命周期长，一般来说会展的办展频率不会很高，办展周期会长一点，如德国国际工程机械、建材机械、矿山机械、工程车辆及零部件博览会（BAUMA）每三年一届，这是与工程机械产品的更新换代的频率相关的。有些产品的更新换代非常快，产品生命周期比较短，会展的办展频率就比较高，如法国国际面料展（Texworld）分春秋两季，春季一般在2月，秋季一般在9月，每半年办展一次，这是与服装面料更新速度有关的。

当然，展会的办展频率还受到市场需求因素的影响，比如曾经红火一时的房地产展，一开始是一年一届；随着房地产热，变成一年四届，出现了嘉华四季展；再后来甚至出现一年八届，除了春夏秋冬，又推出了别墅展、养老旅游展、海外置业展等。虽然一年八场，仍然场场爆满,一个标准展位甚至高达10万元,出现了一展难求的局面,这都归因于巨大的房地产需求。随着市场需求的变化,展会间隔期可以拉长,也可以变短,甚至消失。比如,随着房地产市场的低迷,目前的房地产展已大大萎缩,再也难觅当年的盛况。

(九) 会展规模

会展规模包括三个方面的含义:一是会展的展览面积大小及参展单位数量;二是参观会展的观众人数;三是会展成交额。在策划举办一个会展时,对这三方面都要作出预测和规划。

(十) 会展初步预算

会展初步预算是根据制定的会展价格对会展所需要的各种费用和举办会展预期收入进行初步预算(表3-1)。会展价格主要是为参加会展的参展商(主要是展位费)和会议代表(如果需收会务费)制定一个合适的价格。展位价格包括室内展场的价格和室外展场的价格,室内展场的价格又分为光地价格和标准展位价格。

表3-1 会展收支预算表

	项目	金额	占总收入的比例(%)
收入	展位费收入		
	门票收入		
	广告和企业赞助		
	其他相关收入		
	总收入		
成本费用	展览场地费用		
	会展宣传推广费		
	招展和招商的费用		
	相关活动的费用		
	办公费用和人员费用		
	税收		
	其他不可预测的费用		
	总成本费用		
	利润		

(十一) 人员分工计划、招展招商计划和宣传推广计划

人员分工计划、招展招商计划和宣传推广计划是会展的具体实施计划,其策略、措施和办法、要点必须在立项策划时形成基本的思路与框架,以确认该会展的项目策划工作已具备实施的条件与基础。

(十二) 会展进度计划、现场管理计划和相关活动计划

会展进度计划是在时间上对会展的招展、招商、宣传推广和现场管理工作进行统筹安排。现场管理计划是会展开幕后对会展现场进行有效管理的各种计划安排,它一般包括开幕计划、展场管理计划、观众登记计划和撤展计划等。相关活动计划是对会展期间同期举办的各种相关活动作出的计划安排,最常见的活动有技术交流会、研讨会和现场演出等。

在会展立项策划时,对于上述计划的基本要求和整体框架应当进行规划,并考察其可行性。

在项目的具体实施过程中,为了控制工作进度,很多会展企业比较喜欢用甘特图来表

示工作计划完成的时间节点。甘特图(Gantt chart)又称为横道图、条状图(Bar chart),以提出者亨利·L.甘特先生的名字命名。甘特图内在思想简单,即以图示的方式通过活动列表和时间刻度形象地表示出任何特定项目的活动顺序与持续时间。基本是一条线条图,横轴表示时间,纵轴表示活动(项目),线条表示在整个期间上计划和实际的活动完成情况。它直观地表明任务计划在什么时候进行,及实际进展与计划要求的对比。管理者由此可便利地弄清一项任务(项目)还剩下哪些工作要做,并可评估工作进度。甘特图在后期具体实施的工作计划中特别有用,能够对工作进度一目了然。我们可以通过 Excel 和 Project 软件来制作甘特图。图 3-1 为一简单示例。

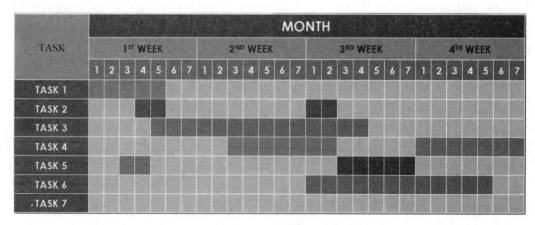

图 3-1 项目甘特图示例

第二节 会展项目的可行性分析

完成会展活动的立项策划并不意味着会展活动项目就可以举办了。项目立项只是对举办什么题材的会展和如何举办该会展提出了一个初步的意见,制订了一套初步的方案。至于该会展是否真的可以举办和该方案是否真的可行,还需要对会展项目及方案进行深入的可行性分析,即进入会展活动项目的可行性研究阶段。根据项目的投资和大小,可行性分析的深度也有所不同。

会展项目的可行性分析是在决策之前,在仔细研究各种信息的基础上,对拟开展的会展项目进行全方位地、系统地、深入地调查和分析,并对拟建项目的各种备选方案从运行可行性、经济合理性等角度进行详细地比较论证,最终形成对会展项目经济效益和社会效益的预测和评价。

一、会展项目市场环境因素分析

会展活动项目可行性研究的第一步就是对会展项目市场的宏观环境和微观环境进行分析。在立项策划之初,策划者也会对环境进行各种分析,在可行性研究阶段,则是对立项时的分析进行进一步的讨论和验证。

(一) 宏观营销环境分析

会展宏观营销环境是指对举办会展产生影响的各种社会因素，包括政治法律环境、社会经济环境、科学技术环境、社会文化环境等。

(二) 微观营销环境分析

会展微观营销环境是指对会展活动产生直接影响的组织和行为的力量和因素，包括会展主办方内部环境、参展单位、竞争企业、媒体、金融、营销中介等服务机构。

二、会展项目生命力分析

会展项目的生命力受到多种因素的影响，既要考虑会展所处行业的生命周期阶段，也要考虑会展项目本身的生命周期阶段。具体来说要考虑的方面有：

项目发展空间：即分析举办该会展所依托的产业空间、市场空间、地域空间、政策空间等是否具备。

项目竞争力分析：包括会展定位的号召力、会展主办方的品牌影响力、参展商和观众的构成、会展价格、会展服务等。

内部优势、劣势分析：包括企业经济实力、人才储备、客户关系、资源整合能力等。产品生命周期各个阶段的特征、市场营销策略包括各种促销手段的灵活运用。

在进行会展项目生命力分析的时候，可以借助一些分析工具来理清思路，导入SWOT分析。

三、会展项目执行方案分析

会展项目方案的分析主要是分析总体(框架)方案及其相关的工作计划等内容是否完备，相关措施是否能够保证会展目标的顺利实现。

(一) 会展项目总体(框架)方案

会展项目总体(框架)方案是会展活动项目可行性研究的核心内容，也是衡量一个会展活动项目是否可行的重要基础。其主要关注以下几方面：

- 会展名称、会展定位、会展题材、展品范围之间是否有冲突；
- 办展时间、办展频率是否符合展品范围所在产业的特征；
- 举办地点是否适合举办该展品范围所在产业的会展；
- 在会展展品范围所在产业里能否举办如此规模和定位的会展；
- 会展主办方在计划的办展时间内能否举办如此规模和定位的会展；
- 会展主办方对会展展品范围所在的产业是否熟悉；
- 会展定位与会展规模之间是否有冲突；
- 现实资源条件和组织措施能否保证会展预期目标的实现。

(二) 招商、招展和宣传推广计划

招展、招商和宣传推广计划是会展筹备期间十分重要的三个执行方案。招展方案关系到参展企业的质量；招商方案关系到专业观众的数量；宣传推广方案既关系到参展企业、专业观众、普通观众的参会意愿，又关系到会展活动的社会声誉和反响。因此，招展、招商和宣传推广计划应明确会展与目标对象的沟通。在对计划进行评估时要评价其沟通对象是否正确，沟通的信息是否合适，沟通的途径和方法是否有效。

（三）会展项目进度计划

进度计划是对会展从筹备到结束的整个期间内的各项工作进行统筹安排。为了会展工作有条不紊地进行，它明确规定了会展各方的工作职责，在什么时间完成什么任务，达到什么目标。会展进度计划方案是一项系统工作，必须根据实际情况科学地制订，不能不切实际求快求全。因此，在对计划方案进行评估的时候要考虑工作进程的顺序、工作目标的合理性、工作安排的适度以及工作之间的相互衔接。

（四）现场管理和各种活动安排

现场管理计划是对会展开幕现场、会展现场进行管理和安排以及在会展主办期间的各种研讨会、交流会和评奖、演出等活动的安排。在对立项策划的框架性方案进行评价时，要考虑方案在现场实施的可控、可执行以及对现场氛围营造的贡献。框架性方案在日后的实施过程中需要非常细化，形成现场执行方案。

四、会展项目财务分析

会展项目的财务分析是在财务预算数据的基础上进行的营销目标分析、费用成本分析、盈亏平衡分析、现金流量分析等。通过财务分析，尤其是盈亏平衡分析，可以从经济上来判断会展活动项目的可行性。

（一）营销目标分析

展览项目在营销目标上的定位不同，其财务目标也不一样。有的展览是以利润最大化为目标的，有的展览是以收支平衡为目标的，一些培育期或公益性的展览项目是以社会效益最大化为目标的，更有展览希望在经济效益、社会效益以及环境效益方面均兼顾。

（二）盈亏平衡分析

所谓盈亏平衡，就是办展机构举办会展所得到的所有收入恰好能弥补其为举办会展所支出的所有成本费用，即总收入正好等于总成本。

进行盈亏平衡分析，最重要的是要找到能够使会展达到盈亏平衡的"盈亏平衡点"。所谓盈亏平衡点，就是能够使会展达到盈亏平衡的会展规模或会展价格。

如果会展是以单位标准展位来定价的，那么，会展的盈亏平衡价格可以按照以下公式计算：

$$\frac{盈亏平衡价格}{（单位展位）} = \frac{会展总成本}{会展总展位数}$$

按此计算的盈亏平衡价格是保本点，低于这个价格出售展位，会展就会亏本。

如果会展是以单位面积来定价的，那么会展的盈亏平衡价格可按以下公式计算：

$$\frac{盈亏平衡价格}{（单位展览面积）} = \frac{会展总成本}{会展展览总面积}$$

相应地，会展的盈亏平衡规模也有两种表示法：一是通过计算能够使会展达到盈亏平衡的标准展位数量来表示；另一种是通过计算能够使会展达到盈亏平衡的展览面积来表示。

能够使会展达到盈亏平衡的标准展位数量可以用以下公式求得：

$$\frac{盈亏平衡规模}{（标准展位数量）} = \frac{会展总成本}{单位标准展位价格}$$

能够使会展达到盈亏平衡的展览面积可以用以下公式求得：

$$\frac{盈亏平衡规模}{(展览面积)} = \frac{会展总成本}{单位展览面积价格}$$

会展盈亏平衡点不仅对评估会展项目是否可行具有极大的参考价值，它也要求会展的各种执行方案须在财务控制的范畴内。

（三）现金流量分析

现金流量分析是指一定会计期间现金流入量与现金流出量的结构分析，现金流入量与现金流出量的差额为现金净流量。只有当现金流入量大于现金流出量的展览项目才值得举办。

现金净流量可能是正数，也可能是负数。如果是正数，则为净流入；如果是负数，则为净流出。现金净流量反映了企业各类活动形成的现金流量的最终结果，即企业在一定时期内，现金流入大于现金流出，还是现金流出大于现金流入。现金净流量是现金流量表要反映的一个重要指标。

一些大型会展项目需要几年的培育期，投资回收期很长，主要依靠银行贷款，项目投入运营后可能若干年内都很难盈利，但是项目本身有充沛的现金净流量（包括固定资产折旧），营业收入足以缴纳税金、支付人员工资和银行利息等基本费用，企业现金流量活跃，这样的项目也是值得投资的。

典型案例分析

案例一

智玩星球——2020新型智力运动、学习、娱乐展

第一部分：策划背景

据调研，杭州 ADM[①]、圈圈节等潮流展主要受众群体为 90 后、95 后等年轻群体，排在消费人群的中端，而现今以亲子体验类消费为主的新业态成为各展览活动的"标配"。本项目以教育、亲子、娱乐为主线，主要面向受众为广大青少年，亲子类消费为现今社会消费的主要类别，因此项目受众具有一定带动消费优势和社会基础。

区别于棋博会（专业性博览会）和智力运动会（专业赛事），2020新型智力运动、学习、娱乐展定位面向青少年，旨在推广亲子教育和数字潮玩的活动项目。引入"新型智力运动、学习、娱乐"元素作为创新概念，规避棋博会专业性强、受众面窄的不利因素，开展面向青少年的娱乐、益智性活动和大众比较关心的教育类、亲子类活动。

第二部分：项目优劣势分析

（一）优势机遇

1. 场地优势：西博会、智博会作为我公司自主运营项目，项目期间场地国博中心可调控使用，且可借力西博会现场配套资源。

---

① ADM，即 Asia Design Management 的简称，原义指亚洲设计管理论坛，现在特指亚洲设计管理论坛暨生活创新展（简称 ADM 展）。

2. 经验优势:西博公司具备衢州智博会办展经验,对同类型展会组织举办过程比较了解。

3. 客户积累:在衢州智博会、杭州文博会中积累了一定的客户资源和专业单位关系,可以直接嫁接到本项目,免去了一部分寻找客户和沟通的成本。

4. 媒体资源:与杭州本地多个平台媒体常年建立合作关系,在项目宣传推广方面较有优势。

5. 政策支持:体育和智能是本市近年来扶持力度较大的两大产业,且亚运会逐渐临近,本项目无论从主题还是内容上都比较容易获得官方支持和资源注入。

(二)劣势挑战

1. 资金支持:本项目为首次举办,目前仍处在培育阶段,完全由公司独立运营存在困难且难以保证项目高质量运行,如果有意向长期举办需要一定资金支持。

2. 时间周期:目前距离本届西博会、棋博会时间比较紧迫,如果想要作为西博会、棋博会配套活动举办,项目整体规模和质量存在缩水风险。

3. 疫情影响:疫情导致今年众多展会无法如期举办,有关主管部门对大型会展项目审核较为严格;且市场环境动荡导致许多企业对市场拓展持观望态度,招商方面存在阻碍。

4. 多方配合:校方和青少年资源是本项目进一步扩大规模的重要条件,根据以往经验,近几年教育局对学生课外活动把控比较严格,获得教育部门支持难度或沟通成本较大。

第三部分:项目概况

(一)基本要素

1. 展览名称:智玩星球——2020新型智力运动、学习、娱乐展

2. 展览时间:2020年10月16日—18日

3. 展览地点:杭州国博中心1C馆

4. 组织机构(拟)

主办单位:杭州亚组委、国际智力运动联盟

承办单位:杭州市商贸旅游集团

支持单位:中国棋院杭州分院、浙江广播电视集团、杭州文广集团、杭州市青少年官、浙江省棋类协会数独专业委员会、江南名师汇、19楼[①]

执行机构:杭州西湖国际博览有限公司

5. 规模:1万m^2,300个标准展位

(二)主题定位

1. 主题:智力至上,不止智玩

2. 主题诠释

立足智力运动、智能教育、数字娱乐、潮玩设计等多产业领域,贴合泛智力运动行业趋势,融合展览、活动、赛事等互动模式,搭建联动智能、教育、娱乐之间的社交互动平台。

依托西博会、智博会品牌,创新智玩模式,整合数字教育及智力运动等产业资源,用"智玩星球"品牌概念全新打造智力文化和潮玩精神的跨界融合和无穷魅力。

[①] "江南名师汇""19楼",是杭州当地的两个社群平台。"江南名师汇"是搜狐设计网杭州站借助优秀的平台资源,为了汇聚江南优秀的设计师群体,展现江南设计师风采而特别开设的一个栏目;"19楼"是杭州日报下的一个机构。

贴近生活,放眼未来,将目光更加聚焦于我们生存的环境和社会,通过4大展区、1大互动区和超过60家参展品牌企业,创造脑洞大开、尽览幻想带来的无限可能。

展览将以全新的品牌概念,打造一个充满智能科技、互动交流的盛典,现场将带来最IN①的亲子品牌尖货、最具性价比的教育课程、最前沿的黑科技产品、最好玩有趣的电子娱乐体验,激发青少年对智力运动、数字教育本身之外进行思考和想象,更多地去探索智能化教育和数字生活背后的故事和参展品牌的奇思妙想,享受"学习+娱乐"的双重乐趣。

3. 特色亮点

(1) 打造全新亲子教育理念

不同于传统教育展会,"智玩星球"旨在打造深度体验、汇集名师讲堂、塑造品牌博览的大型体验式数字教育体系。通过沉浸式互学互玩项目,前来参观的小朋友和家长可以亲身参与到各个体验项目中,真正激发孩子的学习兴趣。

(2) 推出数字潮玩互动平台

为烘托"智玩星球"现场互动氛围,以展会增加人气为基准,现场将打造中心区域为互动舞台区,引进电子娱乐项目(电竞、COSPLAY、潮玩电动等),打造展会整体开放、互动的大氛围。

(3) 网红大咖线上直播互动

展会现场搭建直播间,邀请数字教育领域大咖以及潮玩电动届网红现场直播、线上互动,听先驱者诠释趋势,看创意人演绎脑洞,感受一场灵感与深知的碰撞,打破思维界限,挖掘思维潜能,与你所推崇的创造者一起见证智力碰撞的力量。

(4) 专辟沉浸式互动体验区

本届"智玩星球"将给现场参观者增加更多的智能体验感和互动性。以虚拟课堂模式,打造沉浸式全景体验,让参观者走进智能教育智力运动的主题理念,体验数字行业的最新技术和最新产品。

(5) 凸显智力智能大主题

随着人们对亲子、教育、科技等方面愈发地重视,"如何在学习中获得乐趣"成为人们不断探索的话题。"智玩星球"也将从智力运动和智能教育概念和产品入手,重新定义亲子教育、数字娱乐的理念,开启人们对智力运动的全新认知。

第四部分:展区布局

打造四大全新展区和一大互动区(图3-2),在这里你可以抢先一睹最新的教育理念、感受到最新最IN的智力运动、体验灵动无限的互动装置、参与最具创意和最具活力的电子娱乐活动等。

CBME 孕婴童展
展览内容策划

1. "FUTURE KIDS"少儿智能教育展区

展区集深度体验、名师讲堂、品牌博览为一体,旨在让0~15岁的孩子通过科学、艺术、体育等领域的深度体验激发兴趣,获得更为贴合自身的素质教育。

展区内容包含少儿编程、机器人、3D打印、思维训练、幼儿早教、艺术体育、创客教育等。孩子可以在展区中尽情体验,极大程度开发自身探索欲和求知欲。

---

① IN,是英文 IN FASHION 的简称,译为流行,处于时尚潮流尖端的意思。

2. "BRAIN MADE"智运文旅展区

展区将立足智运,集结多种类智力运动内容,展示内容既有传统棋牌,也有智能设备、桌游、玩具等潮流元素内容。在展示智力运动发展历程、为相关企业提供亮相平台的同时体现智力运动的多元性。

同时市集还将把智力运动和文创、旅游、出版等行业联系起来,带来一大批智运特色周边产品,为观众创造关于智运的新鲜体验和多种可能。

3. "DREAM DESIGN"智慧家居展区

展区以当代都市生活为载体,融合家电控制环境监控、信息管理、影音娱乐等内容,倡导将智能家居作为美好生活刚需,帮助拓宽智能家居市场前景。

展品类别包括智能家庭安防、智能灯光控制、智能家电控制、智能门窗、家庭影院系统、综合布线系统、系统集成产品及应用软件等。

4. "HANGZHOU FUN"数字潮玩展区

展区以数码互动娱乐软件和智能娱乐硬件为两大主要路线,配合相关智能衍生产品汇集国内外知名一线品牌,共同打造科技发展下的娱乐新生态。

展示内容包括电脑、手机、智能电视、耳机、音响、存储设备、游戏机等多种数字娱乐业态领域,全方位展现数字娱乐产业发展的互联新形态。

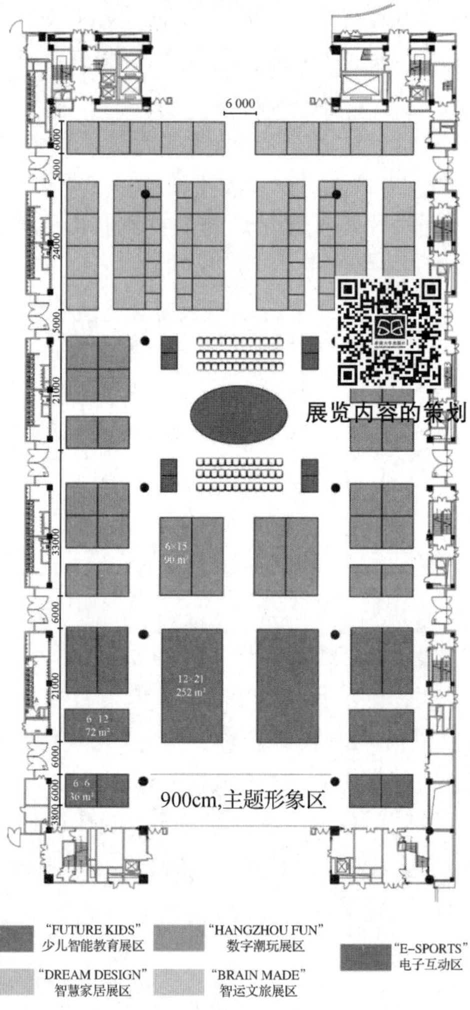

5. "E-SPORTS"电子互动区

在场馆中央打造互动舞台区并在舞台周边设立直播间,引进电竞、COSPLAY、潮玩电动等电子娱乐活动,结合线上线下,全方位打造电子互动竞技娱乐,全面展现展会整体互动、开放的大氛围。

图 3-2 展区布局示意

第五部分:活动内容

本届"智玩星球"设置了展览、活动、赛事等板块内容,主要受众为青少年。多品类的活动可以让更多人深入参与智运项目,了解智玩文化。同时,活动还将与教育、时尚、科技等元素进行融合,进一步丰富智力运动的文化内涵。

1. 杭州市青少年围棋擂主挑战赛

(1) 参赛人群:杭州市中小学生

(2) 合作单位:中国棋院杭州分院

(3) 赛事介绍:比赛采用现场报名制,面向现场参观中小学生开放。展会现场报名后即可参赛攻擂,最终守擂成功者成为总擂主,获得主办方颁发获奖证书及奖金。

2. 浙江省青少年数独表演赛

(1) 参赛人群:数独专委会会员团体、学校

(2) 合作单位:浙江省棋类协会数独专业委员会

(3) 赛事介绍:与浙江省棋类协会数独专业委员会合作举办,赛制分为分区选拔赛与现场表演赛两部分,由各市专委会会员团体、院校进行分区角逐后晋级现场总决赛,在展会现场按学龄段进行决赛。

3. 杭州中小学校魔方团体表演赛

(1) 参赛人群:杭州市中小学校学生

(2) 合作单位:杭州市青少年宫

(3) 赛事介绍:引入魔方项目改变智力运动刻板印象,增加智玩节赛事可看性。由杭州市青少年宫邀请杭州各中小学校魔方社团,以城区为单位选出区范围内小学、初中、高中冠军团体各一支,在展会现场按学龄段进行决赛。

4. 数字产品网红测评赛发布会

(1) 参赛人群:数码产品爱好者,相关行业协会会员

(2) 合作单位:杭州盛星传媒有限公司

(3) 活动介绍:为聚集现场人气,改变对原有数码产品静体验的印象,展会现场将组织头部网红,通过带货形式,对新型数码产品进行现场评测,并且通过B站、斗鱼、虎扑等热门直播平台直播。

5. ＊＊杯英雄联盟电子竞技大赛总决赛

(1) 参赛人群:电竞爱好者

(2) 合作单位:腾讯电竞

(3) 赛事介绍:在展会现场组织＊＊＊杯英雄联盟电子竞技大赛决赛场次,聚集人气,烘托馆内氛围。

第六部分:商务合作

1. 首席冠名合作伙伴:品牌将作为"智玩星球"独家冠名商,与智玩星球品牌紧密结合,获得全面宣传推广支持。

(1) 冠名权:"××·智玩星球——2020新型智力运动、学习、娱乐展";

(2) 荣誉权益:由亚组委、中国棋院杭州分院颁发合作单位匾牌;

(3) 展位权益:展会1个交钥匙展位(36平方米);

(4) 宣传权益:各大赛事平台LOGO露出、场馆内外导引牌LOGO露出、会场内会议袋LOGO露出、8家媒体专题报道、活动主背景支持单位露出。

2. 子活动赞助商:赞助相应配套活动宣传推广。

(1) 冠名权:"××"活动;

(2) 荣誉权益:由中国棋院杭州分院颁发合作单位匾牌;

(3) 展位权益:展会1个交钥匙展位(36平方米);

(4) 宣传权益:场馆内外导引牌LOGO露出、6家媒体专题报道、活动分背景支持单位露出。

3. 餐饮赞助商:为智玩星球整体活动提供餐饮保障或搭建现场茶歇区。

4. 定制策划项目赞助商:根据频偏需求定制现场策划项目/装置,精准传达品牌概念。

5. 专项服务赞助商：赞助智玩星球相关服务项目，例如保险、物流。
6. 招展：与西博会统一展位价格及优惠模式，按光地与交钥匙展位进行招展。

第七部分：宣传推广

1. 官方主办，率先发声

借助亚运会、世界智联、西博会等官方平台和相关行业协会（组织）对展会进行宣传。

2. 专业媒体，精准触达

选择教育、数码、家居、体育行业的各个专业媒体渠道（杂志、网站、自媒体等），精准触达专业人群。

3. 全媒体营销，面面俱到

整合大众渠道媒体，实现各个媒体渠道的曝光和露出，持续提高展览的知名度，扩大宣传辐射圈，投放如户外广告、纸质媒体、电台媒体、电视媒体、网络媒体等。

（1）杭州主城区户外宣传

杭州主城区的主干道路拥有大量的人流、车流，选择流量较高的道路点位进行投放。

（2）公交车视频广告

公交车视频广告可以通过公交车车厢电视机覆盖杭州全城的公交车辆，形成较大、较广的覆盖面，形成全城流动的宣传载体。投放公交车视频广告，覆盖全城。

（3）纸质媒体

选择《都市快报》《钱江晚报》《杭州日报》《杭州城报》等作为主要合作纸媒，其他纸媒按照具体情况具体投放，投放侧重宣传展会主题内容、博览会招商等，将纸媒背后的媒体矩阵打包利用并投放，整合媒体资源，结合其线上APP、微信公众号、微博等渠道，发布信息。

（4）电视、电台、门户网站媒体

选择杭州、浙江本地的电视、电台和相关行业门户网站进行深入媒体合作，分重点渠道进行投放，投放重点集中于对展会的形象宣传、内容输出以及招商宣传，投放形式以硬广为主。

（5）社交媒体

投放社交平台广告；建立官方微博、抖音、微信公众号，输出展会相关内容；寻找教育、数码、家居、体育等行业关键意见领袖（KOL），与展商、支持商、观众进行互动，扩大社会影响力。

第八部分：工作计划（略）

第九部分：经费预算（略）

案例点评：

这是一份B2C的展会策划方案，展会策划案第一二部分对展会的目标群体和公司在项目运营上的优劣势进行了分析。展会规模不大，只有一个展厅，首次办展比较合适。展会策划内容有创新，比较符合青少年这一群体，同时智力开发的主题比较受家长的关注。展区布局合理，并且采用"交钥匙展台"，展会的整体设计感会比较强，很适合这类面向终端消费者的展会。因为是面向终端消费者的展会，展会相关活动没有策划会议论坛，只策划了一些赛事活动和现场测评活动。面向终端消费者的展会策划会更接近主题活动类的策划。如果撰写专业展会策划方案，在产业和市场需求分析、论坛会议策划、招展计划和专业观众组织等方面还要做详尽描述。

案例二

米奥兰特公司 HOMELIFE 展市场分析 PPT 节选

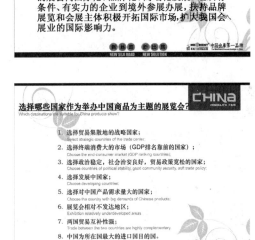

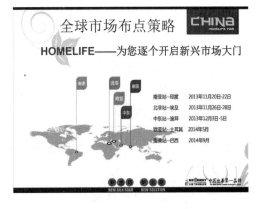

全球布局，五年战略

- HOMELIFE已发展成为高度专业化的全球系列展。从每年一个地点一场展会发展成为每年采购旺季将分别在波兰、土耳其、约旦、印度、埃及和迪拜举行的当地最大的国别展会。
- HOMELIFE组委会计划未来将逐步进军并带领更多的中国企业开拓巴西、南非、俄罗斯、墨西哥、尼日利亚等新兴市场。相信随着展会的连续巡回举办，可以让世界尤其是新兴市场客商更多地接触中国优质的家居品牌，了解中国家居产品的生产出口基地，进一步推动中国的对外贸易发展。

迪拜家居展
中国产品开拓中东市场的最佳机会
OPPORTUNITY FOR CHINA

阿联酋是中东经济最发达的地区，位于阿曼和沙特之间。

阿联酋耕地面积仅为0.61%，是个农业极度不发达国家，石油和天然气两大能源给当地带来取之不尽的财富。

阿联酋首都：阿布扎比
人口总数：500万
（本地人口不到20%）

主要产业：
石油和天然气、渔业、建材、纺织等

除了石油天然气以外，阿联酋主要出口鱼干和蜜枣。但最大的业务还是承担向多地区的转口。

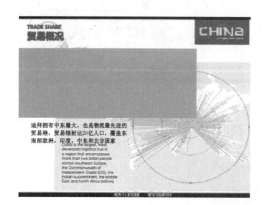

迪拜拥有中东最大，也是物流最先进的贸易港，贸易辐射达20亿人口，覆盖东南部欧洲、中东和非洲国家。

阿联酋五大进口国市场份额对比图
BMPORT SHARE OF TOP'S COUNTRIES

MAIOR IMPORT SOURCE
阿联酋主要进口来源国

INDIA	印度	19.80%
CHINA	中国	14.40%
USA	美国	8.10%
GERMANY	德国	4.60%
OTHERS	其他	53.10%

2012年，阿联酋总进口额达2 203亿美元，中国是阿联酋第二大进口来源国，对阿出口额超过300亿美元。

第三章 立项策划与可行性分析

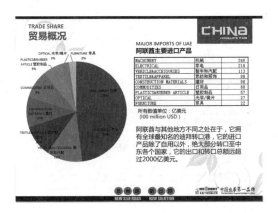

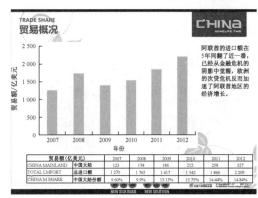

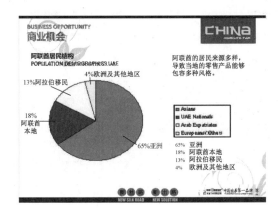

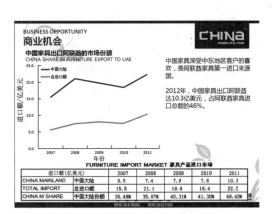

067

案例分析：

米奥兰特国际商务展览有限公司是以出境展作为其主营业务之一，不仅代理全球各大品牌展会，在波兰、印度、土耳其、巴西、迪拜、约旦等国开展名为"HOMELIFE"的自办展。以上案例是米奥兰特公司选择巡展国家的市场分析PPT节选，节选的展览是在迪拜举办的家居展，选择迪拜是因为迪拜是繁忙的转口贸易地和发达的家具零售业地。第一部分是对为什么要在国外举办展会进行分析，阐述了国家政策，分析了中国外贸出口情况，接着列出选择海外办展目的地的标准，对目的地举办以中国产品为主题的展会的综合评估，等等。第二部分对HOMELIFE展的全球布局进行介绍，根据中国对外贸易情况，分析了哪些国家可以举办中国商品展。第三部分是对举办国阿联酋的分析，分析了阿联酋的地理位置，绘制了阿联酋五大进口国市场份额对比图，指出中国是阿联酋第二大进口来源国，2012年对阿出口额超过300亿美元，并对阿联酋主要进口产品进行了分析，进而对迪拜作为阿联酋的经济中心进行了介绍，分析了迪拜家具市场的商业机会，包括对竞争对手迪拜家具展的深入剖析。整体分析运用了各种数字和图表说明，有市场数据也有政策分析，简洁明了，逻辑清晰。

情 景 练 习

（一）练习背景介绍

早期教育是指对从出生到进入小学之前的儿童进行一定的有目的、有计划的教育。早期教育是从胎儿期开始到学龄前儿童的教育，根据婴幼儿不同发育阶段的特点为其提供学前教育、心理教育等，以及为看护人（幼教工作者、家长）培训婴幼儿教育方法等。

目前，中国0～3岁婴幼儿约为0.7亿人，再加上中国多年的独生子女政策和刚放开的二孩政策，使得国内婴幼儿早期教育市场将非常活跃。随着人们早期教育意识的提高，对早期教育的投入也会逐年增加，中国婴幼儿早期教育市场每年将以8%的速度增长。目前全国各类幼儿园、亲子中心、妇幼保健院等机构就有30多万家。对正确掌握幼儿生长发育方面的知识，中国一直缺乏科学的方法，与发达国家相比，也有很大的差距。随着中国与国际接轨的步伐加快，对幼儿教育投入逐步加大。一项关于大城市儿童消费的调查显示，每个幼儿家庭平均每年为孩子教育投资超过3 000元。也就是说，中国幼儿市场投资回报在4 800亿元人民币以上。国内早期教育市场主要集中在经济比较发达的一线城市，例如北京、上海、广州、深圳等地。随着中国经济快速发展，早期教育正慢慢向一些沿海省份扩展。各类早教机构涌现，有智力启蒙教育、艺术培养、国学教育，也有早期英文教育；有民办经营，也有外资品牌，形式类型繁多。

（二）情景练习题

请就"××城早期教育展"的选题进行市场调查和可行性分析，在此基础上撰写立项策划方案。

（三）教学组织

学生分组，调查、收集资料并书写方案。由小组学生代表进行方案汇报，教师和其他学生进行提问，教师进行总结和点评。

学生分组，进行角色表演和场地布置，教师点评。

（四）练习所需器材和场地

会议室、会议桌椅、电脑、投影仪、打印机、纸张等。

知 识 巩 固

（一）不定项选择题

(1) 一般会选择行业或产业生命周期的_____时期办展会。
  A. 投入期 B. 成长期 C. 成熟期 D. 衰退期

(2) 在进行会展题材选择时要考虑_____方面的因素。
  A. 行业或产业   B. 相关产业及市场
  C. 政府支持程度   D. 机构自身资源及竞争

(3) 将办展机构已有的展览会的题材再作进一步细分，从原有的大题材中列出更小的题材，并将其办成独立的展览会的一种选择展览题材的方式是_____。
  A. 新立题材 B. 拓展题材 C. 分列题材 D. 合并题材

(4) 会展名称一般由_____组成。
  A. 基本部分   B. 限定部分
  C. 行业标志   D. 补充部分

（二）简答题

(1) 立项策划方案应包含哪些主要内容？
(2) 如果你是某会展公司总经理，请你策划一个会展题材，并说明为什么选择该题材。
(3) 在米奥兰特公司的案例中，为什么选择迪拜作为"HOMELIFE"办展中的一站？
(4) 会展的可行性分析包括哪几部分内容？

第四章 选择会展项目服务供方

学习目标

学生应当通过本章学习和练习达到以下目标：
- 掌握会展项目服务供方的服务种类；
- 掌握会展项目服务供方的选择方式；
- 了解不同服务供方的运作特点；
- 了解会展项目对于各类服务供方的管理方式。

开篇导读

优质会展供应商对展会经营的意义

会展活动中会展组织者把众多的会展供应商组织在一起，共同开展合作，为参展商和观众提供良好的会展产品和服务。作为供应链的源头，会展供应商的选择和管理对整个供应链的成本控制、过程控制以及系统之间的模块衔接起着决定性作用。

供应商是指向买方提供产品或服务并收取相应数量的货币作为报酬的实体。会展供应商则指为满足参展商和观众的要求而提供产品和服务的各类商家。会展供应商既可以为生产型企业，也可以为流通、服务型企业。服务质量既是服务本身特性的总和，也是消费者感知的反应。也可以说，服务质量是服务特性和服务支撑条件满足要求的程度。它具有全面性、主观性、互动性、异质性和整体性的特点。提升会展供应商的服务质量对展会有以下几方面的益处。

一、优化客户关系

某展会展后调查得知，近90%特装参展商对展台搭建商的工作感到满意。同时，展后评估报告中指出超过6%的特装参展商表示下届展会还会搭建特装展位。可见展台搭建商优质的服务不仅满足参展商的需求，而且树立了良好的企业形象，优化了客户关系，进而培养了客户的忠诚度。因此，会展供应商良好的服务可以满足顾客的期望水平，减少造成客户不满意的因素，改善并优化会展供应商和组展商、参展商、观众以及相关的利益主体的关系。

二、改善内部结构

会展供应商要为相关的客户提供所需产品和服务，就要依赖于员工的工作。没有员工高质量的工作，就无法形成高质量的产品和服务。因此，员工的工作质量会直接影响到顾客对于产品和服务的满意程度。为了提高员工的服务质量，会展供应商企业应调整和制定内部的人力资源管理战略,为员工营造良好的人际关系,提高员工的工作绩效,提高服务水平。同时,也会促使会展供应商根据需要制定完善、合理的组织结构。

三、降低运营成本

某展会展后调研得知,展会硬件环境满意度得分为81.23分;展会服务满意度得分76.59分;品牌与宣传满意度得分76.18分。硬件环境、展会服务、品牌宣传是展会满意度评价中非常重要的一部分,也是参展商和观众较为看重的地方,在一定程度上决定了展会的成功与否。会展供应商服务质量的提高,一方面使整个产品和服务的生产流程得到了优化,提高了服务效率和服务水平,降低了人、财、物的浪费,提高了资源的利用率,避免了不合理的损失;另一方面,会展供应商通过提高服务质量,与顾客建立了良好的合作关系,培养了客户的忠诚度,从而减少开发新客户和维护客户关系所投入的巨大费用。同时,通过与客户的沟通和反馈,了解和预测市场,降低开发市场的成本。此外,会展供应商提高服务质量,改善了内部结构,也会减少内部人员管理、设备设施维护的成本。

资料来源:改编自陈云妮《会展供应商服务质量提升对策研究》

会展项目供方是指为保障会展项目的顺利实施,满足参展商和目标观众参展的需要,而由会展主(承)办方指定的各类会展服务商。一般情况下,展览和会议对于服务供方的要求有所不同,展览一般包括展馆、展位承建商、运输代理、旅游代理、安全保卫服务、现场清洁服务、餐饮服务等;而会议一般包括会议酒店、环境布置、会务服务、车辆接送、设计制作服务等。上述的各项服务一般会展的主(承)办方会进行指定,每项供应服务都具有相对独立的评价体系和运作流程,在实际操作中,统一由会展的主(承)办方进行管理和协调。本章着重针对会展项目实施过程中服务供方的服务种类、评价选择、运作方式等系列内容进行介绍。

第一节 选择会展场馆

展览场馆是会展项目重要的服务商之一,展览项目的实现和产品的最终呈现与展览场馆的硬件条件和服务密不可分。

一、会展中心的功能布局

会展中心一般交通便利,环境优美,建筑体量大,业态丰富,涵盖现代服务业的所有要素。会展中心配有展览馆、会议厅,周边应有餐饮、住宿、展示、聚会、休闲、娱乐、购物等相关配套设施。展馆的建筑面积从几万 m^2 至几十万 m^2 不等(图4-1)。

展览部分:包括展览厅、展示厅、演示厅等。展览厅是会展中心的主体建筑,是举办展览会的主场馆,按照展厅方位可以分为A馆、B馆、C馆等,展馆的建筑有的是有楼层的,有的则是仓储式的大平层建筑。展示厅主要用于长期展览或陈列,场馆方可以用于长期出租或展期临时租用。演示厅面积比较小,可以用作会议厅、演讲厅等功能使用。展览厅也可以分隔若干个演示厅,供参展方在规定的时间段使用。

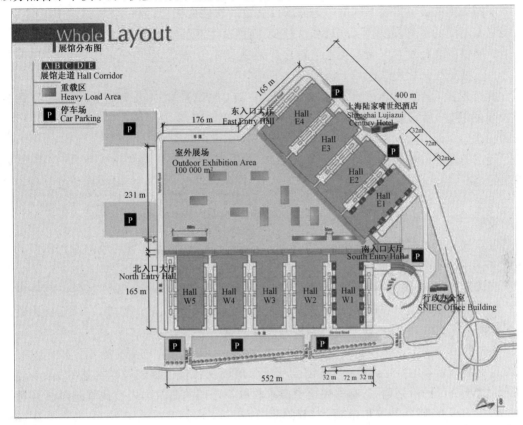

图 4-1 上海新国际博览中心布局

会议部分:包括多功能厅、中型会议厅、组合式小型会议厅、贵宾厅等。多功能厅一般与高星级饭店配套建设,高星级饭店的多功能厅既可以用于举办论坛、产品推荐、时装表演等,也可用于举行宴会和招待酒会等,有的还可以根据展览会需要进行大小分隔。

室外场地部分:包括室外展览场、室外广场、停车场(地面和地下)等。室外展览场一般以光地形式出租,价格相对便宜,但一定要在一定面积以上起租(如 36 m²)。地面、地下停车场建设非常重要,尤其是大型展览会必须预留足够的停车位。

展览辅助场地:包括主入口大厅、展厅门厅、餐厅和厨房、展览工程制作场所、展品仓库、商务用房、设备用房等。主入口大厅附近一般有贵宾休息厅,用以接待重要贵宾。展览辅助场地要尽量考虑充分、便利,尤其是展品仓库用房要尽可能满足参展需要。除了仓库,上海新国际博览中心的展厅与展厅之间也可用作仓储堆场。

会议辅助场地:包括接待大堂、茶吧区、休息区、工作间等。会议厅回廊要留有茶吧区的位置,方便与会代表会间茶歇、交流。

二、选择展览场地

不同类型的展览需要不同的市场需求及展馆的软硬件配合,而每个展馆对于不同类型的展览有不同的优势,展览主办单位应按照不同展览主题的需求而选择合适的举办城市与场地。展馆的选择对参展商及买家信心起着关键作用,是展览主办单位成功办展的重要因素之一。展览公司在展馆选择上会考虑以下几个因素。

展馆形象:展馆租金通常不是最重要的一环,展馆形象对办展则十分重要。若选择较差的展馆,所节省的费用根本不能补偿因参展商对展馆缺乏信心而少订摊位或参与的损失。

展馆的地理位置和条件:展馆的出入交通、地面的承重、最大最小出入口、展厅层高、给排水的情况、供水供气的地下槽位,甚至是否有光纤设备以方便互联网的连接都是需要考虑的因素。如举办机械展,应选择一些地面有足够承托的展馆,及有方便大型机械进出展馆的设施。

展馆的分割:展馆能够细分成较小的展厅,这可以减少场地空置的风险及控制空调费用成本。

展馆配套设施:展馆本身最好是有相应的配套设施,如会议室、餐厅、银行、商务中心等。如香港展览会议中心配套设施所占的面积是展览面积的三倍。另外,在展馆的附近建有星级酒店就更好,酒店的设施可弥补展馆设施的不足。

展馆服务和规定:展馆的职员要经过良好的培训及拥有良好的服务态度。展馆没有任何侵害参展商权益的规定,如一些展馆会禁止参展商携带任何食物及饮品进馆,参展商须在馆中付出高昂的价格购买;有些展馆更要求收取不合理的超时加班费或强迫参展商聘用展馆指定的承办商;在计算租电费、空调的超时费用时,最好是没有双价制;展馆业主或管理公司要有公平、公开的规则去处理同类展览的馆期。

展览场馆运营服务规范

采访新国际博览中心

第二节 选择展位承建商

展位搭建工作是设计和施工两个环节的结合,对展会来说是一项专业性很强并且关系到展览形象和声誉的重要工作。展位搭建的第一个环节是设计工作,展位搭建的第二个环节是施工搭建工作。无论公司参展目的如何,展位都必须要显示出公司的形象。

一、会展承建商的职责

展会指定承建商即主场搭建商(或官方搭建商),是为组展方搭建布置场馆内外的公共设施,如舞台、会议室、休息区、指示牌、背景板、指示牌等,以及铺设公共区域地毯、提供展具租赁等服务的供应商,同时承担场内所有标准展位的搭建。参展商如果需要搭建特装展位,可以选择主场搭建商进行搭建,也可以选择其他搭建商入场搭建。

主场搭建商负责会展展位的搭建,要同时对组展方和参展商负责。展示效果是观众对会展形象的第一印象,所以展位外观设计的好坏,在很大程度上会影响到会展的整体形象和参展商的展示效果,进而会影响参展商的参展效果。参展商很多时候都把主场搭建商所提供的服务看成是会展组展工作服务的有机组成部分,因此,组展方在选择主场搭建商时一定要全面考察,以确保其能够胜任展位搭建工作。

(一) 标准展位搭建

标准展位由大会指定主场搭建商统一搭建。标准展位的标准配置包括:三面展板(如参展商无特殊要求,拐角处为两面围板)、地毯、一张洽谈桌、两把洽谈椅、中英文楣板字(展位为两面楣板)、5 A/220 V电源插座一个、射灯两盏、纸篓一个。

楣板所示单位名称以参展商填写的参展回执为准,没有提供回执的以报名参展单位名称为准,要求临时更改的自行支付更改费用,一个以上标准展位要求不搭建围板的,不提供楣板。

参展商不得自行改变已搭建的标准展位,凡回执内容以外临时要求改变搭建方式的,应征得会展现场管理员同意后,由主场搭建商完成,参展商须自行支付改建费用。

需使用标准配置外水、电、气的参展商,向主场搭建商申请,填写水、电、气申请表传真至主场搭建商处。

标准展位搭建中须注意以下事项:

- 禁止在标准展板、铝料、咨询桌上刻画、按图钉、打孔,以免损坏展板;
- 禁止在标准展板、咨询桌上直接使用泡沫双面胶,可改用展板上先贴透明胶,后在透明胶上再覆泡沫双面胶的方法,也可以直接使用布基双面胶或挂钩;
- 标准展位内严禁私自拉接电线,严禁私自安装射灯、太阳灯等照明灯具,严禁私自改动标配射灯及插座的位置。

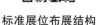

标准展位布展结构　　　　标准展位现场布置

(二) 特装展位搭建

特装展位指参展商委托搭建商在光地展位上施工搭建的特殊展台,会展对光地展位不提供任何地上展览设施和搭建服务。参展商在委托特装展位的施工搭建商时,首先,必须对其注册、施工资质、工程技术人员力量等情况进行审查,禁止无注册、无资质、无工程技术人员的皮包公司承揽施工。其次,要有详细的规范合同;要在合同内注明安全责任、火灾责任、搭建时间责任和工人的安全赔偿责任;网传合同不能以签字为准,须要盖法人章和公司合同印鉴。

在国外会展上,首先,要及早制订特装计划,避免不必要的损失。其次,区别于国内,中东地区特装企业都可替客人设计展台,而非设计与搭建分离。展台设计和搭建实施是搭建公司的左膀右臂，缺一不可。再者，特装搭建有一个基本的流程，在时间节点上要特别注意。很多中东展览项目主办方会要求特装企业在距离开展60天的时候递交设计图纸，对其进行审批。主要的审批内容包括展台的高度和封闭程度是否超过规定标准、展台的结构强度是否符合安全标准、是否存在违规违禁的图片和宣传资料等。对于展品简单的参展商来说，布展比较轻松。如展品需要开箱、安装、拼接，甚至要与特装展台融合的话，可提前协商，只要不涉及技术性和高难度的安装问题，一般搭建公司也乐意提供服务。有些参展商甚至还会与搭建商协调解决少量展品的展后运输和存放工作，在不影响搭建商日常工作和不增加费用的前提下，搭建商会乐意提供便利的服务，也能解决参展商的后顾之忧。

（三）交钥匙展位搭建

交钥匙展位（turn-key booth，简称 TKB）是一种由组展方负责统一搭建的特装展台，有别于标准展位，交钥匙展位统一规划搭建别具设计风格的特装展位，旨在为参展商提供犹如"精装商务公寓"般"拎包入住"的参展体验，展位配备展示墙、功能接待台、高级洽谈桌椅、专属餐饮和WIFI等配置和服务。

交钥匙展位意味着参展商不再需要支付额外成本进行展位策划与搭建，而将在统一的设计布展理念和周到的服务下，以全新形式与观众沟通交流。

交钥匙展位所在展馆布局灵感源自著名的米兰伊曼纽尔二世长廊（Galleria Vittorio Emanuele II）。整馆聘请知名设计师专业设计，并由照明设计师进行再生灯光设计，提供独立展位、宽带、展示墙、功能接待台、专属酒廊等服务。传统的展场通道也将发生革命性的功能变化，摇身一变成为参展商与观众相识洽谈的酒廊。

广州设计周是国内率先采用交钥匙展位形式的展会，广州设计周执行总监张宏毅介绍说："新的展览时代已经到来。随着微博微信带来的社交及传播模式的变革，参展商与观众之间情感互动与商务建立的模式也必然发生变化。交钥匙展位的理念正是我们对这一趋势的把握与实践。单向、生硬的展示变为亲切、活跃的商务社交，这是核心质变所在，相信无论是参展商还是观众，都将有全新感受。"

因此，交钥匙展位不仅让参展商省去了搭建展位的繁琐工作，更重要的是在组展方的统一布局下，空间利用会更充分，展会主题会得到进一步彰显，并创造良好的商务社交氛围。对于面向终端消费者的展会来说，统一谋划的展位和分区，会带来更好的主题体验，参观展会就像"逛公园"一样。

交钥匙展位效果图

二、考察展位承建商

如何选择承建商是参展商面临的重要问题，通常来说主要从以下几个方面进行考察。

（一）具备较为全面的知识和技术

展位承建商应当具备的技术和知识包括室内设计与装潢技术、工程结构知识、制图和模型方面的知识、照明/给排水/电子机械方面的知识、图片和表格的布置、展架展具的布置、施工材料和展台施工的知识等。

展览服务（布展工程）
企业资质评估指标

(二) 要有丰富的经验

展位的部分承建工作特别需要经验的积累,如对展具展架的使用、对会展现场施工要求的理解、对会展观众人流空间的预估、对参展商展示要求的处理等。经验丰富的承建商能更好地处理设计方面的问题,保证展位设计的目的性和艺术性,例如,可避免忽视展位设计的功能而搭建出好看不好用的展台,或者是只考虑展台展示效果的华丽而忽视参展商的参展主题,造成华而不实的现象。

(三) 提供合理的价格

展位承建商的价格是组展方选择承建商时需要考虑的一个重要因素,他们提供的价格高低同时关系到组展商和参展商两者成本的高低,所以,要同时关注他们向组展商和参展商提供服务的价格。组展商要求展位承建商的价格应该合理,但并不是越低越好。一般展位承建商的价格与他们的实力以及提供的服务相关,实力强的公司,其工作质量及服务有保证并值得信赖,价格通常会高一些。这就说明在选择展位承建商时,价格是重要的因素但不是绝对因素。

(四) 要熟悉展览场地及其设施

展览会的布展和撤展时间有限,展位承建商要对展览场地及其设施有所了解,才能更好地考虑展位的空间设计布局,更好地安排人流的流向。除此之外,展位承建商还必须要了解展览场馆对展位搭建的限制性要求,如展位的限高以及展具展架使用的限制、通道和公共用地的限制、消防和安保方面的限制和要求等,只有这样才能保证展台搭建的顺利进行。

(五) 可以提供展位维护保养服务

展位承建商搭建好展位以后,还要对展位承担维护和保养的义务。会展开幕后,如果有需要,参展商和办展机构要很方便地就能找到承建商,承建商要能及时地提供服务,能很好地完成参展商对展位进行改进和调整的要求,只要这些要求是合理的和可行的。

(六) 有专业工厂作支持

在国内选择搭建商时还应注意搭建公司是否有专业的工厂,有专业工厂支持的搭建公司在工程质量上会更有保障。

三、指定展位承建商的方法

在举办会展时,组展方基本上都要事先选择一到几家展位承建商来具体负责这项工作,通常把组展方选定的承建商称为会展的"指定承建商",也被称为是主场搭建商,由他们来负责大部分参展商的展位搭建工作。具体可以通过招标和专家推荐的方式选定展会承建商,展位承建商通常是与组展方签订合同,由组展方对其进行监督和管理。招标选定展位承建商是较为常见的方式,招标一般可分为公开招标、选择招标、两阶段招标三种形式。

公开招标:是一种无限竞争的招标方式。即会展主办方在国内外有关报纸和杂志等传媒上公开刊登招标广告,凡是对该会展展位承建有兴趣的承建商都可以参与投标,会展主办方再按标准择优选取。公开招标一般用于规模较大的会展项目。

选择招标:是一种有限竞争的招标方式。即会展主办方根据会展的基本情况,只对有限几家承建商发出投标邀请,然后再根据投标单位的资质和投标价格等进行选择。选择招标对规模不是太大的项目较为合适。

两阶段招标:是将无限竞争的招标方式和有限竞争的招标方式结合起来的一种新的招标方式。会展主办方先公开开标,开标之后再从中选择几家单位,邀请他们进行第二次投标报价,会展主办方从第二次投标报价中择优选取承建单位。两阶段招标对那些首次投标价格与预期价格相差较大的招标项目比较实用。

不管采用哪种招标方式,投标单位都要根据会展主办方的要求,提供以下基本资料:公司概况、标准展位搭建的价格及基本配置、光地展位的搭建要求、可提供租赁的展具及租赁价格、可提供租赁的电器及租赁价格等。

第三节 确定会展物流服务商

由于运输有它自己的行业操作规范和工作技巧,国际展览运输协会(International Exhibition Logistics Association,IELA)对会展运输代理的工作提出了以下两个方面的要求:第一是会展运输代理的工作准则,第二是报关代理的工作准则。也就是说,在选择会展运输代理时,不仅要考虑到运输能力,还要考虑其海关报关能力。参展商要求货物能够安全准时地到达目的地,因为会展的时间只有几天,货物运输的延误或损坏会造成参展商不可估量的损失。物流服务商的选择可以从展品运输经验、服务规范性、价格等几方面来考察评估,具体可以从以下几方面来评价物流服务商服务的专业性。

一、报关代理服务

海关报关对国际参展商来说是非常重要的工作。国际展览运输协会对出口代理的海关报关工作主要有六个方面的要求:联络、展前客户联系、单证办理及通知、最佳运输、现场支持和展后处理(回运)。

(一)联络

为了有效联络,国际展览运输协会要求会员能够使用英语进行联络;有常设的国际直线电话、传真设备;必须有一个明确的邮政地址。

(二)展前客户联系

这是最关键的部分。出口代理要努力将报关要求全面清楚地传递给参展商。全面是指把报关所需的单证文件、包装和标识、截止期以及报关特别要求和审查等都告诉参展商。

(三)单证办理及通知

货物启程时必须将展品情况和搬运细节通知现场运输代理,如参展商的展台号、展品运到展台的时间要求、箱数、尺寸、毛重、净重、体积、CIF(Cost、Insurance和Freight)价格等,及运输细节如航班号、提单/空运提单号、卡车货车/集装箱/铁路货车号等。出口代理必须保证按基本规定提供正确、完整的单证,确保不延误海关手续。

(四)最佳运输

考虑到货物的特性、预算和时间限制,出口代理应向参展商建议最佳的运输方式和路线。

(五)现场支持

现场支持主要目的是保证客户在运输和装卸两个方面获得国际展览运输协会的专业标准服务,并帮助和支持现场运输代理使其顺利完成现场搬运工作。

要达到现场支持的目的,出口代理可以作为客户和现场运输代理的协调人员,处理有关运输的事务;出口代理应迅速安排空箱运出和运回,协助现场运输代理的工作。另外,在会展期间出口代理还要巡视所有客户,收集展品处理或回运的要求,整理成准确简明的图表交给现场运输代理。

(六) 展后处理(回运)

出口代理应将货物的展后处理和回运的有关要求明确地告知现场运输代理,并监督其现场搬运工作,如果是进口货物,还要协助办理当地的税务事宜。

展品成为进口品,出口代理要办理相关税务事宜;展品改变流向,出口代理应通过现场运输代理办理,交代交货条件、交货地点和销售条款,以便安排运输;回程运输通常由出口代理自行办理运输手续。

国际展览运输协会对会展运输代理和报关代理的工作准则是针对其会员单位的,对我们选择会展运输代理有很大的参考价值。

有些会展只指定一家运输公司作为代理,统一负责海内外的运输事宜。但对于国内运输和跨国运输来说,差别非常大。所以,有些组展机构通常分别指定国内运输代理和海外运输代理。

二、国内运输代理服务

国内运输代理主要负责国内参展商的展品及相关物资的运输工作,有时也作为海外运输代理国内段运输的代理。国内运输代理主要分为来程运输和回程运输。

(一) 来程运输

来程运输是指将参展商的展品及相关物资自参展商所在地运至会展现场,主要有以下几个环节。

1. 展品集中和装车

参展商将展品和相关物资按要求的日期集中到统一指定的集中地点,由国内运输代理进行理货并安排运输路线和方式;确定后再将展品和相关物资装上运输工具,运往车站、机场和码头。

2. 长途运输

根据运送物品的特点,结合最佳运输路线和方式,长途运输可能会采用水运、空运、火车和汽车运输。如果是汽车运输,最好是安排从运输地到会展场馆的"门到门"运输,以减少装卸次数;如果是空运,要注意提前订舱;如果是火车运输和水运,则要注意出站和出港以后的运输衔接。

3. 接运和交接

对于空运、水运和火车运输,都存在一个中途接运的环节。例如,物品从船上卸下后再由汽车运到场馆等。接运要注意安排好时间,尽量减少接运次数。货物运到会展现场,要交接给指定的展台工作人员。交接中要注意列出相关工作和货物清单以便工作衔接。

4. 掏箱和开箱

掏箱是指将展品箱从集装箱或其他运输箱中掏出或卸下,并运到指定层位的过程;开箱是指打开展品箱取出货物。掏箱工作要准确有序,时间和人员要安排合理;开箱工作一般由参展商自己负责,要注意清点和核对货物。

经过以上运输环节,货物安全准时到达会展现场后,参展商就可以按照计划安排布展工作了。会展结束后,根据参展商的计划,有些货物需要运回参展商所在地,有些需要运给经销商等,这样就涉及回程运输的问题。

(二) 回程运输

回程运输是指在会展结束后,将展品和相关物资自展位运至参展商指定的其他地点的运输工作。回程运输的目的地可能是参展商所在地,也可能是参展商指定的地点,如经销商和代理商的所在地或另一会展所在地等。

回程运输的基本环节与来程运输相似。回程运输的时间要求虽然不高,但办展机构和运输代理应该提早筹备回程运输,以免引起撤展现场的混乱。

(三) 其他注意事项

办展机构在指定国内运输代理时,还要考虑以下几个因素。

1. 时间安排

展品和相关物资的运输时间要提早安排,并向参展商公布。时间安排包括交箱日期、办理手续日期、发运日期、抵达目的地日期、到达会展场馆日期、回运期等。

展品到达时间过早,会产生额外的仓储费用;到达过晚,会延误展览日期。权衡来看,运输时间通常适当留有余地为好,多花仓储费总比耽误布展要好。

2. 运输路线和方式

办展机构有必要督促运输代理为参展商安排最佳运输路线和运输方式,尽量使用集装箱等安全的运输方式等。此外,一定要明确不同运输方式的到达目的地。

3. 包装要求

由于在同一个大型展馆可能同时举办多个会展,为了在展览现场搬运和装卸方便,办展机构可以和运输代理一起安排好会展物资的运输包装要求,如包装标志要注明会展名称、展位号、收货人名称和地址等。

4. 费用问题

办展机构有必要让运输代理向参展商提供合理的运费和杂费的收费标准,防止运输代理收取的费用过高。要和运输代理谈妥陆运、水运和空运的基本费率,以及迟到附加费、早到存放费、码头/机场费等附加费率、自选服务的费率,并明确告知参展商。

5. 保险

办展机构要督促运输代理提醒参展商在安排运输时需要投保的险别。

三、海外运输代理服务

如果举办的会展是国际性的,那么就应当再指定海外运输代理来负责海外参展商的展品及相关物品的运输工作。尽管运输也是分为来程运输和回程运输,但其运输环节和手续的办理,要比国内运输复杂得多。跨国运输和国内运输最大的不同主要表现在以下三方面。

(一) 运输方式

跨国运输基本上都是国际联运,整个运输过程基本要经过陆运—海运—陆运,或者是陆运—空运—陆运等几个环节,参展的货物要从一个国家运到另一个国家才能完成。因此,海外运输代理必须要清楚了解会展举办地所在国的海关规定、海关手续和进口税率,了解当地对展品进口的处理办法和规定,了解当地是否有免费进口宣传品和自用品的规定等,以免展品报关受挫。

(二) 有关文件

由于跨国运输的货物要从一个国家运到另一个国家才能完成,所以,运输过程中涉及的有关文件要比国内运输多得多,也复杂得多。一般来说,跨国运输需要准备的有关文件主要有会展文件、运输单证、海关单证和保险单证。对于这些文件,运输代理要明确告诉参展商提供各文件的具体时间和最后期限,以便及时办理有关手续。

1. 会展文件

会展文件是有关展品和相关物品的证明和文件,主要有展品和相关物品清单、展品安排指示书、需送海关审查的特殊物品样本和清单、发票等。有些国家可能还要产地证书、商品检验证书等文件。其中,展品及相关物品的清单最重要,一定要完整准确。

2. 运输单证

运输单证是办理货物运输所需要的证明文件,主要有装运委托书、装箱单、集装箱配装明细表、提单、运费结算单等。如果货物需要回程运输,还需要有委托回运通知书。

3. 海关单证

海关单证是办理货物海关报关时所需要的证明文件,主要有报关函、报关单、清册、进口许可证、发票等。

4. 保险单证

展览所涉及的保险险别比较多,在运输过程中,一般办理投保"一切险",有时还会投保一些附加险。展览涉及的险别比较常见的还有展品的盗抢险和道具的火险、第三者责任险、展出人员险等。保险单证主要是保单,另外还有受损报告书等。运输代理有必要了解会展是否有指定的保险公司,如果有就尽量按规定办理。

(三) 海关报关

如果有回程运输,海关报关手续就有两次:一是来程运输时的货物进口报关,二是回程运输时的货物出口报关。相比较来看,来程运输时的货物进口报关对参展商来说更加重要。在实际操作中,货物进口报关一般有以下四种办理形式。

1. ATA 形式

ATA 形式报关是一种准许货物免税暂时进口的报关制度。国际海关合作理事会制定的《关于货物暂准进口的 ATA 报关单证册海关公约》(简称《ATA 公约》)和《货物暂准进口公约》是这项海关制度的法律基础,中国国际商会是我国 ATA 单证册的出证和担保单位。ATA 单证册项下的暂时出境货物,由中国国际商会向海关总署提供总担保。使用 ATA 形式报关可以大大减少通关工作量,缩短报关时间,简化报关手续,还不用交关税,并且 ATA 临时进口证在一年的有效期内,可用于一个以上的国家。ATA 形式只有在 ATA 公约的成员国之间才能使用,在会展结束后货物必须回运。中国已于 1993 年加入《ATA 公约》。

2. 保税形式

如果会展是保税形式的会展,货物报关就可以采用保税的形式。保税形式报关手续要比一般报关手续简单,货物可以在会展现场再进行检查。需要检疫的动植物物品不适用于这种报关形式。再者,采用这种形式报关的物品不能带出保税现场。

3. 再出口形式

再出口形式报关是提供相当于展品等物资进口关税相同金额的保证金,再办理报关手续使货物通关展出。这种形式是以展品等货物的再出口为前提条件,展品等货物再出口时必须与进口报关时完全一致。因此使用这种形式报关,检验十分严格,展览时货物不能随便出售或处理。再出口形式报关手续较多,比较费时。

4. 进口形式

进口形式报关是将展品等货物当成一般货物办理进口手续,缴纳关税。采用进口形式报关,会展结束后可以自由处理,采用这种方式须缴纳的关税可能较高。

四、会展运输注意事项

会展运输不当,可能出现未运到、途中损坏、丢失等情况,会导致很严重的后果。

展览运输中的包装问题

(一) 全部或部分展品未及时运到

有时会因为展品还在途中,或在途中丢失,或还在海关仓库里,或海关手续还未办完等原因导致会展开幕了,但展品全部或部分未到展场,以致无法正常参展。

(二) 展品因包装不好而破损

由于展品没有进行适当包装而在运输途中破损,这会给展品参展带来负面影响,也可能会出现额外费用以及延误事件。

(三) 缺少单证

缺少单证是指缺少产地证、检疫证等,这会导致额外费用甚至导致扣货、罚款等麻烦和损失,也会造成运输延误。

(四) 包装箱出现问题

拆箱野蛮,造成包装箱破损,回运时无法再使用;包装箱储存不善、丢失等。

(五) 运输方式选择导致的问题

每种运输方式都有自己的优缺点,运输方式选择不当会给展览带来影响。例如,铁路运输会省却转运的麻烦,但费用比较高昂,周期比较长,给前期的准备工作造成了很大的压力,而且一般参展商由于参展次数有限,对整体流程的把握不是很到位,所以容易造成展品不能按时到达的现象。公路运输时间短,价格低,灵活性高,但道路情况的好坏直接影响到展品是否会损坏,中途转车无法监控展品。还有,公路运输意外情况发生的几率远高于铁路运输。

(六) 巡回展的运输

巡回展是一类特殊的展览,由于要"转战"各地,能否按时保质地将展品运到是最关键的问题,至于运费倒成为其次的问题。一般为了保险,都要通过不同的途径向同一地点发送两套展品物资。

五、对运输代理商的现场管理

绝大多数情况下,展览会主办单位都对运输代理商实行《运输车辆出入证》管理。常见的规定有:需要进入装卸区或展馆的车辆须事先到展馆物业管理处办理《运输车辆出入证》,凭证装卸货物;如果参展商自备货车运送展品到现场,应提前与大会指定运输代理商联系卸货进馆事宜;存储和运送展品的纸板箱、板条箱、包装材料和集装箱等不得存储在展馆内,参展商应和展会指定运输代理商联络存放事宜。

第四节 确定会展旅游代理

旅行社掌握了酒店、餐饮、交通等企业和部门的资源,在对参展商、与会人员及参观者提供旅游接待服务方面具有先天的优势。因此,把会展旅游活动委托给旅行社则减轻了会展组办者的工作压力,又可以得到相对专业的服务。在旅游社的选择方面应当注意以下两方面的问题。

一、产品设计的专业性评价

会展旅游者的需求与一般的旅游者需求有所不同,会展旅游服务应当既围绕会展活动展开,为会展活动的旅游属性服务,又进行游、购、娱等外围活动。旅行社可以在服务上,将会展期间的酒店、接送、餐饮等基本服务做成主体产品,将其他配套服务及产品做成菜单,由客户根据需要灵活选择;在形式上,旅游产品应广泛采取半包价、小包价等形式,以中短线为主,组团灵活;在内容上,既可包括为客户度身定做客户拜访、商务考察等旅游产品,又可安排短、平、快的城市周边游。会展主办方或参展商在选择旅行社的时候要考察旅行社在产品设计上的思路和采取的服务形式是否能够满足会展客人旅游的需要。

二、旅行社的服务能力评价

会展旅游者商业意识强、文化素质高、时间观念强,在专项事务活动的安排上,旅行社要根据会展旅游者的客户拜访和参观要求,以及某地/国的交通、礼仪习惯等作出时间、顺序上的调整,安排细节,提出建议并最终确认。旅行社安排应既有集体活动又有分散活动,可以随时根据情况改变行程,临时增减内容,帮助参展团体或会议人员提高工作效率。因此,在指定旅游代理时要选择资质好、能力强、在办展或会议当地较为成熟的旅行社。

典型案例分析

案例一

中国(杭州)国际文化创意产业博览会服务供方管理框架

1. 项目概况

展览时间:××××年10月26—28日

周　　期:1年/届

展览地点:浙江世贸展览中心

展览规模:10 000 m²,500个展位

参展商数量：200家

观众数量：8.5万人次，其中专业观众6万人次

媒体报道：200多家境外媒体、国家级媒体、省市级媒体进行了采访和报道

荣　　获：中国行业品牌会展"金手指"奖最具成长性展览会

　　　　　××年度中国商务会奖旅游创意榜最具创意展览会

　　　　　第×届中国杭州西湖博览会项目奖

展览简介：

由杭州市人民政府和中国美术学院联合主办的××年中国（杭州）创意产业博览会于10月26—28日在浙江世贸展览中心举行，博览会为期三天，会展规模10 000 m²，国际展位的比例达到40%，共分为5个场馆和2个广场区域。

1号馆——"创意杭州"工业设计大赛作品展区；

2号馆——"设计的力量"高校设计作品展区；

3号馆——"创意生活"精品家居设计展区；

5号馆——"设计的潮流"创意国际展区/"设计的应用"创意品牌展区/"设计的城市"杭州创意园区展区/"设计与生活"西湖创意市集展区/知识产权保护服务区/博洛尼创意生活馆（论坛区）等展区；

6号馆——收藏版芭比&乐高中国巡回展；

1个广场区域——西湖创意市集系列广场活动区域；

1个广场区域——联想集团奥运体验车体验区域。

三天内展览会接待了来自国内外的观众达到8.5万人次，其中6万人次为专业观众，共举办了15场主题各异的演讲和论坛，请到了来自法国、德国、中国台湾等国家和地区的设计师和专家，吸引了国内外媒体200多家，接待了共计300多位记者朋友。

2. 供方种类

根据会展的实际需要和展览场馆的特点，在了解了参展商和专业观众的情况之后，确定了如下的服务供方种类：

基础搭建供方

——提供展览所需要的标准展位的设备配置与搭建服务。

特装搭建供方

——提供展览主题形象区域的设计和搭建服务；

——为有需要的参展商提供特装展位的设计和搭建服务。

休闲区域供方

——展览中休闲服务区域的饮品供应和现场服务。

基础配套供方（电力/保安/保洁）

——展览所需的电力配备服务；

——展览所需的安全管理；

——展览所需的保洁服务。

3. 供方权责

上述的服务供方应具有如下的责任和权益：

（1）服从展览主（承）办机构的统一管理；

(2) 保障所提供服务的质量;
(3) 根据展览的实际需要制订服务流程和实施计划;
(4) 展览主(承)办以合适的方式向参展商和观众推介各服务供方。

4. 供方选择

供方的选择将按照正常流程进行,可分为接触阶段、计划阶段、比选阶段、确定阶段、服务阶段等,主办方应收集相关借方信息,填写供应商评价表(表4-1)。

表 4-1 布展搭建供应商评价表

基本信息	单位名称		法人代表	
	法定地址		注册资金	
	网　址		传　真	
	项目负责人		邮箱		联系方式	
相关信息	企业资质			
	主要业绩			
以下内容由我方填写				
设计方案的评价:				
制作报价的评价:				
评价人	项目负责人		日　期	
	总　经　理		日　期	

案例点评:

该案例给出了展览会对供方管理的总的框架方法,在此基础上对不同供方的评价过程中还需要针对专业的评价细则进行进一步评价。

案例二

南京国际车用灯具及照明展览会物流供应商的服务方案

1. 项目概况

参展时间:××××年9月23—25日

周　　期:1年/届

申请截止:××××年8月1日

展出地点:南京国际展览中心(龙蟠路88号)

展馆名称:南京国际展览中心

批准单位:江苏省人民政府、南京市人民政府

支持单位：江苏省人民政府、南京市人民政府、江苏省对外经济贸易合作厅
主办单位：中国南京金秋经贸洽谈会组委会、新加坡 KAS
承办单位：上海卡思企业管理咨询有限公司、南京国际展览中心

会展概况：

由江苏省人民政府和南京市人民政府共同主办、江苏省对外经济贸易合作厅和南京国际展览中心共同承办的"第××届中国南京金秋经贸洽谈会暨南京车用灯具及照明展览会"于××××年9月23—25日在南京国际展览中心举行。本届洽谈会分国际招商经贸洽谈区和各博览展示专区，共设约2 200个国际标准展位，本届博览会中省、市各级政府邀请的贵宾、驻华使领馆官员、项目投资商、合作商、国外企业代表、友好城市代表、贸易商、代理商、专业观众等预计达15万人。展览会将立足于为业内企业及海内外同行搭建一个科技交流、合作发展及市场拓展的有效平台。

目标观众：

汽车、工程车辆整车企业；

摩托车、电动车整车企业；

跨国采购组织，国外整车企业驻华办事机构；

车灯经销商、代理商、贸易商；

车灯生产企业、科研机构、专业协会与媒体。

展览目标：

(1) 为参展商提供一个充分展示产品、宣传企业以及与跨国采购商接轨的平台；

(2) 为参展商和采购商提供一个调查市场的良机；

(3) 为参展商与整车企业建立一个沟通的渠道；

(4) 为参展商开发销售渠道，寻找经销商及代理商；

(5) 为采购商提供更多的选择空间与性价比。

2. 物流供方

1) 展览会主办者指定展品物流供应商：××国际货物运输有限公司

××国际货物运输有限公司成立于1992年12月，是商务部批准的内地口岸最早经营国际货物运输代理的企业之一，也是××省商务厅唯一直属货代企业，具有独立法人资格。

2) 物流服务要素

(1) 参展商展品集中时间、地点

参加本届展览会的第一期的参展单位请在9月19日(周五)前将唛头清楚、外包装完整的展品集中送至下列指定仓库(可直接与××国际货物运输有限公司联系，该公司提供上门取货服务)：

① 省直外贸(工贸)公司展品送至：

××××××××××××仓库

地址：××××××××××××××××

电话：××××××××

联系人：×××

② 外资企业展品送至：

××××××××××××仓库

地址：××××××××××××××××××××××××

电话：××××××××××

联系人：×××

③ 外地市展品也可直接送抵展馆集中。

(2) 展品包装与唛头

① 外包装坚固耐用，以适应长途运输及反复包装。大件展品用木箱包装，一般展品用纸箱包装；

② 精制易碎、贵重物品应在箱内附有牢固可靠的衬垫，并在箱外加注明显标记；

③ 包装箱至少两面刷有不易脱落的唛头，由参展单位自行刷唛，格式如下：

A. ××××年南京—国际车灯展

B. 单位名称

C. NO：(箱数和箱号)

D. 展位号

E. 注明第一期新旧馆

F. 联系人及电话

(3) 运输方式

① 本地区参展商展品运输请直接联系主办者指定的展品运输公司，采用门到门宅急便运输方式。

××国际货物运输有限公司国内部　联系人：×××

② 外地含国外参展商展品运输将由主办者指定运输物流商承办，采用多式联运结合门到门宅急便运输方式。空运、班轮海运、铁路公路运输报价由主办者指定运输物流商统一定价。

××国际货物运输有限公司国际部　联系人：×××

(4) 国外展品来程回程操作流程(含海关商检)

××国际货物运输有限公司国际部对本届展览国外展品来程回程操作流程特别说明：

① 关于展品来程

A. 向主办单位或国外代理征求《展品运输指南》，以便了解会展名称、到港时间、操作及运输报价、承办会展的运输代理名称及联系方式。

B. 向主办单位或参展商了解参展展品的件数、重量、体积、外包装、出货时间等情况。

C. 根据掌握的会展信息、展品的情况，向国外同行代理咨询：是否可以操作展品运输？是否了解 ATA 单证册的操作步骤？是否了解当地海关对于展品入境的单据要求？如果可以操作，综合报价是多少？

D. 了解主办单位或参展商关于展品出境的海关单证情况：是否以 ATA 单证册的形式出入境？或是凭批文在海关展览科备案的形式出入境？同时，尽可能详尽了解展品参展完回运的数量及留购事宜。

E. 如果主办单位或参展商未办理 ATA 单证册，并同意以此方式办理海关相关手续，我公司可依照相关规定代为办理 ATA 单证册手续。

F. 主办单位或参展商也可委托我公司持会展批文、运输报关代理委托书，到海关展览科办理参展展品的海关备案手续，并提供报关、订舱、运输等一系列服务。

G. 展品出境报价包含两个内容：一是国外代理所报的当地费用，包括从港口到展台的所有费用；二是我公司根据主办单位或参展商的委托内容所代为办理的手续费、提货费、查验费、海关监管车运费、航空运费、海运费、地面操作费、报关费、港口杂费等一切费用。两项费用的总和为展品去程的综合报价（包干费）。

H. 我公司所报的所有费用应为优惠报价，包括航空运价和海运价。

I. 所有费用应在展品出境前，一并向主办单位或参展商收齐。

② 关于展品回程

A. 为了保证展品回运工作的顺利完成，首先将我公司在国外代理的联系人及联系方式通知参展商，同时将参展商的联系人及联系方式通知我公司国外代理联系人。

B. 将出展的展品清单、发票、装箱单附一份给参展商。

C. 我公司国外代理联系人提前与参展商联系，根据展品清单或装箱单，认真核对回运展品的件数及留购件数，确认回运的运输方式是空运还是海运，并将结果及相关的发票、箱单、展品清单传真给我司。同时，将当地的费用及运输费用、航班、班轮情况及时通知我司。

D. 通知国外代理联系人，回程展品的收货人为：××国际货运代理（北京）有限公司

E. 展品到港后，我司应及时办理展品的入境手续。

a. 以 ATA 单证册的形式出境的展品，入境时，凭 ATA 单证册在口岸直接办理海关手续。

b. 以展品在展览科备案的形式出境的展品，入境时，先到展览科办理入境关封，然后持关封到口岸办理相关手续。

F. 展品在完成入境工作后，所有手续必须办理核销手续。

a. ATA 单证册在口岸直接核销，然后到商务部办理核销手续。

b. 展品在展览科备案的，需到展览科办理核销手续。

G. 回程的所有费用在展品运抵厂家之前，一并收齐。此条款在《展品运输指南》中要明确指出。

H. 如遇特殊情况，海外代理的账单滞后，可与展商协商解决。

(5) 展品运输保险和所需单证书统一说明

所有保险均由展览主办者指定的运输代理全权委托中国人民保险公司制定的海运、空运、铁路公路方式的货物（含展品）的运输保险条款及附加险条款为准。

案例点评：

展品运输物流供应商的选择一定要找有资质的正规公司，尤其是国际展，要对展品的运输包装等具体事宜预先策划好合适的材料，以免展品在运输途中破损。特别要注意不能因报关的延误影响展台展品的布置而赶不上开幕式。

案例三

某集团五十周年庆典服务供方方案

1. 项目概况

会议时间：××××年10月5—7日

会议地点：某度假酒店

会议规模：共有200人参加此次会议，其中嘉宾100人，某集团代表100人。

活动流程:
10月5日　报到入住(接机、接站),晚上安排自助餐。
10月6日　早上会议,下午旅游观光,晚上安排在某饭店就餐(答谢晚宴),后赴某场馆观看演出。
10月7日　到工厂参观,中午安排在某餐厅就餐。
10月7日下午—8日　根据要求安排送机、送站。
会议服务种类:
主办方自行承担项目:会议资料准备、部分现场会务服务。
服务供方承担项目:气氛营造服务、资料配备服务、部分现场会务服务、旅游观光服务、全程礼仪服务。

2. 服务供方具体工作项目

1) 气氛营造服务——包括会议场地的外围、公共空间、会场内的气氛设计、道具制作和现场布置工作

(1) 索菲特世外桃源度假酒店

酒店外广场沿路设置升空气球和彩旗

梯形花坛造型

酒店门口横幅

酒店大堂背景

签到墙

酒店大堂灯箱

酒店各个出入口、楼梯口、过道、休息室放置导向牌

(2) 中国杭州黄龙饭店

门口布置

大堂布置

大堂—水晶宫走道布置

晚宴背景

晚宴休息室

2) 资料配备服务——包括会议证件、会议资料、参会指南、会议影像资料的设计和制作工作

(1) 设计制作各类证件(证件上注明座位编号,在会议期间对号入座;证件包括嘉宾证、代表证、工作证和采访证等);

(2) 设计制作活动指南(以书册的形式,向所有与会代表提供与会议以及会议举办地有关的各种信息,指南最后有消防预案、防恐预案等突发事件处理应急预案);

(3) 设计制作活动专用的手提袋;

(4) 设计制作活动单页,内有活动流程、通讯录、注意事项等。

3) 现场会务服务——包括会议车辆调度、与会代表接送、住宿餐饮安排、现场礼仪服务、专人摄影摄像等工作

(1) 接送服务

——10月5日,在火车站、汽车站、飞机场设置接送巴士,可在其里面挂置一些企业LOGO的吉祥物,并设置休息接待室,供先抵达的参会人员休息。在机场下机通道和大厅

出口处分别安排工作人员,在大厅同时设立工作点,确保准确、及时接到每一位来宾。同时发放单页,告知每位嘉宾在本次活动期间各自的联络人(根据要求将100位嘉宾分组,并设立联络人),其中重要嘉宾安排一对一专人接待。

——10月7日下午—8日,按班次送往飞机场、火车站、汽车站。乘坐飞机的嘉宾由贵宾通道进入。如有特殊情况,安排专车送往。

(2)现场服务

——协助主办方协调酒店的各项事宜;

——协助主办方登记与会代表,发放房卡;

——协助主办方发放会议证件,其中会议资料及礼品在10月4日晚—10月5日早间安排送至代表房间;

——协助主办方落实欢迎晚宴的各项事宜,主要负责现场布置、宾客协调、酒店配合、礼仪服务等;

——提供台签制作、资料摆放等会议细节服务(全部嘉宾安排座位编号,会议期间对号入座);

——提供会议全程的礼仪服务;

——提供会议全程的速记服务;

——提供会议全程的摄影摄像服务(包括会议集体照的拍摄);

——主办方需要的其他事宜。

4) 旅游观光服务——包括策划、组织和实施与会代表的旅游观光活动。

5) 全程礼仪服务。

案例点评:

该方案对会议服务供方的职责、任务和内容进行了详细阐述,为选择供方和服务定价商洽打下了基础。

案例四

会议承办代理合同(样本)

甲方:

乙方:

经友好协商,甲乙双方就乙方承办/代理甲方之_____会议事宜达成如下协议,双方共同遵守执行。

一、甲方主办的_____会议全部交由乙方承办。

会议地点:_____

会议时间:___年___月___日至___年___月___日

主会场是_____

二、乙方提供如下会议服务:

礼仪及接待　　　　　　　会议秘书服务

会议交通　　　　　　　　会务考察安排及夜间娱乐安排

会场布置　　　　　　　　　　返程票务服务及站场接送
会议餐饮安排　　　　　　　　住宿安排
会议秩序维持　　　　　　　　财务协助
各项服务分叙如下：

1. 礼仪及接待

（1）乙方提供_____名礼仪小姐,汽车站、火车站、机场分别安排_____名礼仪,设立标识(甲方提供企业或行业标识,乙方制作),引导甲方人员报到及安排商务车辆前往下榻酒店。在下榻酒店大堂设立专用接待台(乙方负责设立),乙方提供_____名工作人员协助甲方会务组人员进行代表签到、房间安排、发放会议指南(甲乙双方共同拟定)、告知代表会议注意事项,编制会议名录。礼仪工作时间为_____月_____日_____时至_____月_____日_____时,下榻酒店接待人员工作时间为_____月_____日_____时至_____月_____日_____时,乙方提供一条接待热线电话,热线电话开通国内长途、国际长途,费用按酒店商务电话收费,记入甲方会议支出——除非甲方工作人员许可,乙方人员不得使用热线电话。

（2）会议名录制作要求为:开本_____,_____色印刷,内文纸张为_____纸,封面为_____,制作_____份,单价为_____,交货时间为_____月_____日前。会议名录资料要求在_____月_____日前以_____格式上传给_____网站。

（3）会议发言材料制作:开本_____,_____色印刷,内文纸张为_____纸,封面为_____,制作_____份,单价为_____,交货时间为_____月_____日前。

2. 会议交通

（1）站场接送

① 根据实际需要,乙方必须于_____月_____日_____时至_____月_____日_____时安排_____辆_____座空调巴士、_____辆7座面包车、_____辆5座轿车至_____机场(汽车站、火车站)。

② 按照先到集合、统一运输的方式,安排与会代表前往下榻酒店。

③ 双方同意所有费用按运输趟次结算,其费用结算标准如下:如果由于甲方原因使得预订的车辆空驶,甲方按照大巴_____元、面包车_____元、轿车_____元结算。

④ 所有交通工具的运行命令由甲方发出,并在行驶单上签字。

⑤ 送站场费用同上述约定。

⑥ 双方应在_____月_____日前,确认需要送站场的名单。

⑦ 甲方应该在本协议签署前告知乙方此部分费用的分摊方法(会务组支付或者个人支付),甲方确认:下列人员由会务组承担送站场费用,除此之外,均由个人承担。或者甲方确认:所有与会人员的送站场费用由会务组承担,或者全部与会人员的送站场费用均由个人承担。甲方确认:需要会议期间提前送离的人员,具体时间是_____月_____日_____时,乘用车标准为_____座_____车。

（2）会务交通

① 乙方必须于_____月_____日_____时至_____月_____日_____时安排_____辆_____座空调巴士、_____辆7座面包车、_____辆5座轿车至_____酒店,用于接送会务人员至会场。甲方(或者乙方)负责通知并集合需要乘坐商务用车的人

员。用车行程为(往返/单程,选择)。

②乙方必须于_____月_____日_____时至_____月_____日_____时安排_____辆_____座空调巴士、_____辆7座面包车、_____5座轿车辆至_____酒店,用于接送会务人员至晚会/宴会现场(地点为:_____)。用车行程为(往返/单程,选择)。

③费用按以下标准结算:乙方于_____月_____日_____时至_____月_____日_____时提供_____吨货车_____辆,负责运输会议材料,行程为_____至_____,包括装卸,费用合计为_____元。

3. 会场布置

(1) 乙方应在_____月_____日前预订_____会场,并于_____月_____日_____时前按甲方要求完成布置。

①主席台要求鲜花_____盆,_____色地毯,绒布主持台,主席台设_____席位,背景为_____材料,投影帘要求(_____×_____),投影仪要求_____流明,配备激光指示笔(或者伸缩式教鞭)、有线/无线麦克风_____个。

②主席台配置茶水杯(或者瓶装矿泉水),一侧放置饮水机(配瓶装矿泉水时可不用饮水机),主席台配备电工一名、会务服务小姐一名。

③双方确认:投影仪为(甲方自带/乙方提供甲方租赁/第三方提供),当甲方自带时,乙方仅有义务提供技术支持,不负责保证仪器正常工作;双方确认,投影仪租赁价格为_____元/天,茶水提供及服务人员支持包含在会场租赁成本中。

(2) ①乙方必须于_____月_____日_____时前完成会场布置——U型、课堂式、围桌型、剧院式等供选择,安排席位不少于_____个,其中前排布置需要_____,各排间距不得小于_____厘米;在会场安排固定摄影点_____个,需要提供饮水机_____台,提供小型会晤室_____个,会晤室摆设桌椅不得少于_____套。

②会场悬挂横幅_____条,内容为_____。

③会场内/外提供资料/样品展示台_____个。

④双方确认:展示台为全新制作/租赁,规格_____×_____×_____,单价为_____元/个。饮水机由乙方免费提供,饮用水由甲方提供(乙方可代办)。

(3) 氛围支持

乙方应在_____月_____日_____时前完成_____个气球条幅悬挂,条幅内容为_____,规格是_____米×_____米,拱形气模_____个,规格是_____×_____,会场内/外摆放花篮_____个。同时在_____月_____日××报纸预订××版面发布相关信息(内容甲方提供)。会场布置与氛围支持费用总计为_____元。

(4) 同声翻译系统

①乙方必须于_____月_____日_____时前调试好同声翻译系统,提供_____声道翻译(语种为_____),_____月_____日_____时前甲方应将发言大致领域及特点告诉口译员,并告诉口译员发言者国别与大致语言习惯。

②乙方提供的口译人员必须在_____月_____日_____时前熟悉所需翻译的

专业领域,作同声翻译时,错误率不得超过2%。甲方发言者语速不得超过_____节字/分钟。同声翻译支持费用总计为_____元。

4. 餐饮安排

双方确认,会议期间与会人员就餐地点为_____酒店_____餐厅及_____餐厅。其中,中餐就餐人数不少于_____人次,西餐就餐人数不少于_____人次,穆斯林餐不少于_____人次。早餐餐费标准为_____元/人,正餐(中餐及晚餐)餐费标准为_____元/人,宴会餐费标准为_____元/人,早餐、正餐及宴会餐(包括西餐及穆斯林餐)食物见附件(菜谱)。会议提供的餐饮不含酒水(或者含酒水),时间是_____月_____日_____餐至_____月_____日_____餐止,其中_____月_____日_____餐为宴会餐。会议人员凭_____证件(或者餐卡)就餐。早餐形式为自助餐(或者团餐),正餐为围桌式(或者自助餐)团餐,具体就餐时间由乙方制作水牌告知甲方与会人员。商务考察旅程用餐另计。

宴会餐/商务酒会要求

时间:_____月_____日_____时至_____月_____日_____时。

内容:① 自助餐/围桌宴会;② 演讲系统;③ 娱乐节目;④ 服务/交通。

餐饮费用总计为_____元。

5. 会议秩序维持

为便于保密及会议正常举行,双方确认_____月_____日至_____月_____日_____会议室设立_____位工作人员,工作人员由甲方/乙方负责指定(委派),主要职责是核查进入会场人员身份。进入会场人员一律凭证件进入。此项服务费用_____元/免费。

6. 会议秘书服务

双方确认,会议期间乙方为甲方提供如下服务:

① 速记员_____名,工作时间为_____。

② 翻译员_____名,工作时间为_____。其中英文_____名,日文_____名,德文_____名。

③ 会务勤杂人员_____名,工作时间为_____。

④ 保健医生_____名,工作时间为_____。

⑤ 摄影师_____名,工作时间为_____,录制媒介为_____,规格为_____,后期编辑由乙方/甲方完成。

⑥ 旅行顾问_____名,工作时间为_____。

⑦ 签约司仪(礼仪)_____名,工作时间为_____。

⑧ 其他:指示牌制作,_____块,内容_____,放置地点_____。以上会议秘书服务费用共计_____元。

7. 会务考察安排及夜间娱乐安排

(1) 会务考察

双方确认,会议期间甲方与会人员进行商务考察,线路及行程如下:

线路1　　　　　　　　　　线路2

D1:　　　　　　　　　　　D1:

D2:　　　　　　　　　　　D2:

人数:_____人　　　　人数:_____人　　　　总人数为:_____人

车辆要求：

乙方提供旅行责任保险、专业导游、陪同服务，费用每人计_____元。

（2）夜间娱乐安排

双方确认，会议期间如甲方人员举办各类酒会或者联谊会的话，乙方将负责代理安排。此部分费用由甲方统一支付或者参加人员自行支付。具体方案见附件。

8. 返程票务服务及站场接送

双方确认，甲方人员返程事宜由会务组织统一安排/与会人员自行支付。乙方提供返程票务代理服务（在签到会场酒店大堂提供咨询及预订处，时间为_____月_____日_____时至_____月_____日_____时），收取_____元/张的服务费。

9. 住宿安排

双方确认，甲方预订客房数共计_____间，其中_____饭店_____级标准间_____间（_____元/间），商务套间_____间（_____元/间），行政套间_____间（_____元/间）；_____饭店_____级标准间_____间（_____元/间），商务套间_____间（_____元/间），行政套间_____间（_____元/间）。基于与会人数有一定的机动性，双方约定乙方预留_____间客房至_____月_____日_____时，其中标间_____间，套房_____间。截至_____月_____日_____时甲方实际用房如果低于预订，则按预订客房数量结算，超过的按实际结算（在预订总量的10%范围内），乙方承诺超过部分按预订价格计算。_____月_____日_____时以后按实际用房计算。所有用房时间为_____月_____日至_____月_____日_____时。超过_____月_____日_____时，如果甲方人员需要继续使用客房，可提前通知乙方，乙方可以与酒店交涉，尽量（但不保证）按协议价格结算。双方确认，乙方必须在_____月_____日_____时前获得酒店预订房间钥匙牌，按甲方指定名录登记分派房间，同时完成入住登记。

10. 财务协助

（1）双方确认，甲方与会人员签到时，乙方提供_____名财务人员协助甲方收取会务费用，提供验钞设备，并协助甲方人员统计核实相关应收费用（此条款为非一次性收取会务费用组织机构适用）。

（2）乙方在自有网络上发布会议预告信息，制作回执表单，供甲方相关人员下载填制，同时指派固定人员统计回执信息，定期向甲方报告。此项服务免费提供。双方确认，以上预订及服务属于不可撤销约定。自双方签字、盖章且甲方按本条款支付预订金之日起协议立即生效。甲方于协议生效后_____个工作日内支付人民币_____元作为预订金。

（3）变更及核算原则

① 甲方确认除非发生以下几种情况，否则甲方不存在撤销或变更本协议理由——如果撤销或变更，乙方将有权要求甲方支付撤销或变更给乙方造成的预期损失：

◇ 战争或政治事件；

◇ 甲方进入破产程序；

◇ 甲方实体进入重组变更程序；

◇ 由于政策或法律变化导致会议不可能举行。

② 甲方可以在预定的期间内变更会议时间，但变更通知必须于预定期限前_____天

抵达乙方,乙方接到甲方通知后应在_____个工作日内以传真、电邮、公函方式回执确认,甲方在接到乙方确认文件后即表示甲乙双方就会议时间的变更达成一致,双方间的协议除会议日期外,其余不作变更。

③乙方服务的变更除非发生如下情形,否则乙方无权变更服务:

◇乙方签约的下游服务商出现法律规定的破产、停业或者其他人力不可抗拒的服务中止事件,同时乙方更换的下游服务商不能满足甲方要求;

◇会议地点出现重大自然灾害(包括急性传染病);

◇会议地点出现重大政治事件(包括政府征用会议场所)。

如果不是由于上述原因,乙方要求变更服务,将赔偿甲方由于服务变更而导致的预期损失。出现本条款所列事项时,乙方应该在第一时间内以书面形式通报甲方,并在甲方收到通知后作出变更预案供甲方选择——乙方保证变更的服务应当不低于原来协议水准。基于友好合作的精神,所有变更事宜双方同意协商解决。同时双方约定:

◇甲方变更或取消会议应当在协议生效后会议正式举办前_____个工作日前通知乙方,除乙方已经支付的成本外(在甲方的预付款项中抵扣,不足部分乙方有权要求甲方补足,多余部分乙方同意返还甲方),乙方放弃预定收益的索赔;

◇甲方变更或取消会议的决定如果在会议前_____日通知乙方,甲方应赔付乙方预期利益的_____%,并不退回预付金;

◇甲方变更或取消会议的决定如果在会议前_____日通知乙方,甲方应赔付乙方预期利益的_____%,并不退回预付金;

◇乙方由于非本条款原因要求改变服务或者取消的,于会议举办前_____日通知甲方的,必须全额退还甲方预付款;

◇乙方由于非本条款原因要求改变服务或者取消的,于会议举办前_____日通知甲方的,除退还甲方预付款外,还必须赔付甲方本协议总金额的_____%;如在_____日前通知甲方,乙方必须全额赔付。

④双方约定,本协议规定的服务及费用核算原则如下:

◇住宿、餐饮及车辆——按协议标准结算,基于可以理解的原因,允许实际费用总量下浮5%,即如果甲方需要的服务低于预定的_____%,按_____%结算;高于_____%的,按实际服务费用结算。

◇除协议规定的服务总量以外,乙方同意按协议标准提供服务预留空间,但不超过总量的_____%(指各单项服务)。甲方如果需要超过预定的服务,在_____%范围内可享受协议标准,超过部分乙方尽量但不保证提供协议标准服务。

◇双方确认,所有服务费用在_____月_____日前由甲乙双方核算认可,甲方保证一次性将款项支付给乙方——如果超过约定期限,乙方有权要求甲方支付滞纳金,标准为总量的_____%,按日计算。

⑤仲裁双方约定,如果对本协议执行出现争议,将首先协商解决;如果协商不能解决,双方将申请仲裁解决,仲裁地点为_____。

⑥协议自双方共同签章且甲方提供规定的预付金后生效。

甲方负责人:　　　　　　　　　　乙方负责人:
盖章:　　　　　　　　　　　　　　盖章:
日期:　　　　　　　　　　　　　　日期:

案例点评:

这是一份非常细致的会务服务合同,共涉及会务服务的10个方面,把服务的详细要求和承诺都在合同中进行了表述。有些合同在正文描述上会比较简单,而把涉及服务的具体细节内容放在附件中加以阐述。

情 景 练 习

(一) 练习背景介绍

××××中国(长沙)国际木材、竹木制品及加工设备展览会

会展日期:××××年5月18—25日

会展地点:长沙·湖南国际会展中心

会展类别:国际性会展

主办单位:中国国际贸易促进委员会、泰国竹木制品行业协会、湖南省政府、中国木材行业协会湖南分会、湖南省林产工业协会、中国国际商会湖南商会、湖南省家具协会、湖南省竹产业协会、湖南省地板协会。

协办单位:湖南省各地、州、市、县林业局,广东、四川、福建、江西、安徽、贵州、云南、河南、湖北、广西林业产业行业协会,中南林业科技大学,湖南省林业科学研究院,中华地板网,中国林业资源网,东方家园(长沙)建材家居连锁超市。

展出范围:

原木类:本土原木、东北材(桦木、松木、杨木、水曲柳、柞木、榉木、榆木)、红木、进口原木等;

板材类:人造板、胶合板、集成材、细木工板、饰面板、建筑模板、纤维板等;

地板类:实木地板、强化木地板、实木复合地板、强化复合地板、多层实木地板等;

木制品类:生活木制品、工业木制品、园艺木制品、户外木制品、木制工艺品等;

竹木类:竹胶板、竹地板、竹制品(竹凉席、竹菜板、竹筷、竹垫)、竹制工艺品;

机械加工类:人造板设备、家具制造设备、木工刀具、涂装设备、检测设备、二手设备、成套设备、木工设备、人造板配件、板材机械、人造板机械等;

木业辅料类:胶粘剂、防水剂、家具/地板涂料、木材防腐剂、木材染色剂、油漆、干燥剂等;

综合类:木材贸易公司、木材市场、林业机构、科研院校(木材、机械、家具、木制品等行业协会)。

参展细则:

标准展位:9 m²(3 m×3 m);国内企业:5 500元/个;外资企业:8 500元/个

(注:双面开口展位加收20%展位费;展位包括:三面展板、楣板一块、两支射灯、220 V电源插座、一桌两椅);

室内光地:国内企业:600元/m²;外资企业:900元/m²;

室外光地:国内企业:400元/m²;外资企业:600元/m²

(注:最低36 m²起租;参展商自行搭建特装展位;设备用水、用电,费用自理);

会务费:580元/人(包括:开幕晚宴、会议资料、证件、会期午餐、饮料、韶山/花明楼一日游、会务接待等),代订返程车票。

技术讲座:为更好地推广本行业新技术、新产品、新成果,会展期间将举办多场技术交流会。国内企业收费:3 000元/小时,外资企业收费:5 000元/小时;主办机构届时协助邀请行业主管部门、专业人士、经销商、代理商及广大用户参与交流。

参展须知:

1. 报名参展单位需详细填写《参展申请表》并加盖公章后,留存一份复印件,邮寄或传真至组织机构,参展费用于报名之日起,五日内汇至展览会指定账户,以表示对参展展位和广告的确认。参展单位在银行汇款后请将汇款凭证传真至组委会,以便查收。

2. 所有参展项目按"先报名、先付款、先安排"的原则确定,我司有权对未按时履行合同的展位和广告,不予保留。

3. 一经确定参展,将以书面形式予以确认。4月30日对已参展企业发放《入会通知书》,协助参展企业展品运输、住宿、接待等相关事宜。

(二) 情景练习题

请根据以上背景材料(教师可以根据以上材料结合当地的情况进行改编,与学生一起确定合适的展台搭建商和展品运输代理商及相关事宜,并充实相关内容),完成以下几项练习:

1. 请列出上述案例中所需的服务供方以及各自所承担的工作事项。

2. 请列出展览搭建供方在上述案例中的权利和义务,并从网上下载与展览搭建商签订的委托协议范本,尝试填写。

3. 请说明如何选择合适的展品运输代理商,并请网上下载以下涉及展品运输的单证:展品运输清册、展品多式联运提单、ATA通关证、保险单等。

4. 请列出国外参展商展品去程和回程运输的过程。

5. 本届展览泰国的一家大型竹木企业,在参展前与中国太平洋保险公司签订了展品保险合同,保单签订日期是××××年4月15日。部分展品在运输过程中发生了丢失和损坏严重影响了展览的实际效果。由于涉及国际运输,环节多,所以收集相关索赔证据直至保单签订两年后才完成。

问:该企业现在还能向保险公司索赔吗?如能(说明理由),罗列索赔的相关证明材料。

6. 请列出上述案例中的技术讲座和会议所需的服务供方的种类,以及各自所承担的工作事项。

(三) 教学组织

学生分组,讨论方案。由小组学生代表进行方案汇报,教师和其他学生进行提问,教师进行总结和点评。

(四) 练习所需器材和场地

多媒体教室、会议桌椅、电脑、相关电脑软件、各类展品运输单证、打印机、纸张等。

知 识 巩 固

(一) 不定项选择题

(1) 跨国运输与国内运输最大的不同集中表现在_____三个方面。
  A. 展览等相关文件   B. 运输单证
  C. 运输方式   D. 海关报关

(2) _____是海关报关时需要的证明文件。
  A. 保险单证   B. ATA 单证
  C. 海关单证   D. 运输单证

(3) 以下哪几项可以不由主场搭建商搭建完成_____。
  A. 标准展位   B. 特装展位
  C. 会场拱门   D. 指示牌及名录版等的制作

(二) 简答题

(1) 选择会展搭建商应注意些什么?
(2) 从哪些方面来评价旅行社会展旅游的服务能力?
(3) 请阐述 ATA 报关的具体内容。

第五章 会展相关活动策划

学习目标

学生应当通过本章学习和练习达到以下目标：
- 熟练掌握会展活动策划的基本流程和步骤；
- 根据不同的会展活动内容和侧重点进行合理构思，策划出富有新意的主题；
- 根据设定的会展活动主题，策划出富有特色和新意的活动内容；
- 掌握会中展以及小型展览的布置方法，能够用电脑制作展览效果图，对布展的材料及其成本有所了解；
- 能够根据活动策划的内容进行活动实施方案的策划。

开篇导读

精彩纷呈的亚洲宠物展览会

2013年8月，一年一度的亚洲宠物展览会（简称"亚宠展"）在上海世博展览馆召开，来自全球32个国家的近600家展商迎接了5万名业内人士和宠物爱好者。亚宠展围绕宠物用品展示、美容比赛、专业的猫犬展、行业发展高峰论坛等项目展开，为中国宠物行业带来了潮流的资讯、不同层次的宠物用品、最新的技术，以及先进的养宠理念。

宠物行业发展的峰会论坛是亚宠展促进行业交流的重头戏，上海宠物医疗学术研讨会、国际宠物业高峰论坛、全球宠物食品业高峰论坛、宠物医院管理层年会等重要会议纷纷在展会期间召开，来自日韩、欧美等各国的宠物行业从业人员，以及知名品牌厂商一同参会，为中国、亚洲乃至世界宠物行业未来的发展共同出谋划策，传递最新的资讯以及优质的理念。

各种宠物比赛、观众交流活动也在展览期间有序展开，"发育宝杯———中国犬赛"无疑是宠物职业爱好者的一次盛宴。大赛采用当前国际最受欢迎的AKC赛制。比赛为全犬种比赛，依照犬年龄分为四组：特幼犬组（Baby）（3—6个月）；幼犬组（Puppy）（6—12个月）；青年组（Junior）（12—24个月）；成犬组（Open）（24个月以上）。在第一天激烈的角逐后，全场总冠军由一头雪纳瑞犬获得，全场后备总冠军则由一头松狮犬获得。多年来，亚宠展中国犬赛一直秉承权威、公正、公平的原则。此次亚宠展中国犬赛展会更是邀请了AKC国际认证裁判Cindy Vogels女士和来自澳大利亚的著名裁判Anne Sorraghan女士来华执裁。Cindy Vogels女士现已取得犬组、运动犬组、玩具犬组、青少年指导手和全场总冠军的审查资格。Anne Sorraghan女士审查经验丰富,参加过世界各国的多场全犬种比赛及单独展。目前拥有犬组、玩具犬组、枪猎犬组和工作犬组等多个犬种和全场总冠军的审查资格。除了拥有雄厚实力的裁判之外,此次为期2天的赛事更有200余头具有纯正血统的世界顶级犬种参赛。据现场一头边境牧羊犬的犬主介绍,为了迎接此次比赛他专程送爱犬去苏州训练了一个月。亚宠展上"拜宠爽杯———狗狗全国运动会"是此次展会的另一大亮点。狗狗运动会上,天生就有运动细胞的狗狗们得以大显身手。跳高、短跑、俯卧撑、跳远……这些人类擅长的项目如今也成为了狗狗的强项。

亚宠展总能紧跟市场步伐,每年都带来新的话题和惊喜。2021年的亚洲宠物盛典重磅开启亚宠新锐品牌创新孵化计划,携手中国农业国际合作促进会发起,联合国内外知名行业协会、科研机构院校、行业领军企业举行亚洲宠物行业碳减排论坛一起提出世界宠物行业碳减排联合倡议;邀宠圈与跨圈大咖齐聚与未来对话——亚宠盛典年度论坛,在亚洲宠物行业零售增长峰会探索宠物零售增长新策略,在亚洲宠物行业消费电商新动能峰会探秘消费电商新业态;亚宠研习社为宠物行业人持续内容与知识输出,带来七个全新主题进阶课;盛典重磅巨献亚宠奇妙夜带来沉浸式极致狂欢互动体验。同时,更有First Time快社交、亚宠健康营、社交早餐会、董事长年夜饭等超多特色活动以及PFA AWARDS年度大赏颁奖典礼、品牌展区等聚焦品牌高光时刻,为亚洲宠物人带来一站式社交、商务、狂欢的极致体验。

亚宠展不仅仅要传递高科技、高品质、新型的宠物用品,也要带来美容、医疗、生产等技术的交流学习,还要把最新的、向善的、积极的思想理念传递给广大的宠物爱好者、宠物从业人员、饲主,不偏离养宠最本来的意义——陪伴和爱。

资料来源:吕绍锦,姜晶宇.精彩纷呈的第十六届亚洲宠物展览会[J].中国工作犬业,2013(10):65-66.

会展相关活动策划指的是与展会或会议相关配套的一系列活动。与会展相关的活动内容十分丰富,包括会展活动前的征集造势活动、赞助商征集活动、会议中的旅游活动、展会中的研讨会、技术交流会、行业会议、新产品发布会、产品推介会、表演、比赛等。不同内容的会展活动,其策划的主题思想也千差万别,各有侧重。但无论哪一项活动都是为了配合所举办的展会或会议的主题,丰富其内容,为其添光添彩。

第一节 展会期间的相关活动策划

一、展会中的会议安排

会议是展会期间最常见的相关活动。现代展会越来越讲究展览与会议的并重,办展机构在展览期间往往会组织各种与展览题材相关的会议,并邀请一些著名学者、专家、企业和政府官员参加。会议的举办丰富了展会的内容,提高了展会的信息交流量,提升了展会的服务品质。会议也是帮助展会加强行业信息交流、增进友谊、架设桥梁的友谊纽带。

展会期间的会议有办展机构(组展方)、行业协会主办的围绕展会主题展开的专业研讨会、行业协会年会,也有各种产品发布会、产品推介会等。虽然会议类型各异,在操办程序上大同小异,现就会议方案的拟定过程和内容进行阐述。

文博会的
会议策划

(一) 会议的主题、议题和形式

1. 产品发布会和产品推介会

产品发布会和产品推介会的主题自然是宣传新概念和推介新产品,产品发布会一般采用类似新闻发布会的形式举行;产品推介会则更多地采用用户座谈会、经销商会议等形式并伴以现场演示、示范等手段向人们推广产品。产品发布会和产品推介会的最终目的是相同的,都是将产品更好地推向市场。两者的主办者一般都是一些大型的企业,产品发布会和产品推介会对丰富会展贸易、信息、展示、发布四项基本功能都有一定的帮助,对吸引企业参展和观众参观、提升展会档次及扩大展会影响、活跃展会气氛都有一定的促进作用。

一般来说,产品发布会的主要策划方案是由有关企业或者行业协会完成的,但是在展会中的产品发布会,很多是由办展机构与发布新产品的企业或行业协会共同合作完成的。在发布会的策划和筹备过程中,办展机构主要是起一种穿针引线、提供展示平台和现场管理和服务的作用;发布会的主要实施方案则由发布新产品的企业或行业协会来策划和实施。所以,在策划发布会方案时,办展机构与举办会议的企业或行业协会之间的沟通和协调就显得尤其重要。如果协调不好,就可能出现发布会现场某些实施环节脱节、彼此连接不上、会议现场出现混乱等现象,干扰会议的正常进行。下面是两封信函,一封是广交会组织机构发布的有关参展商在展会期间举办会议事宜的通知;另一封是中国(北京)国际医疗器械展览会组织者给参展商在展会期间举办新产品发布会相关安排的确认函。

关于在交易会期间举办会议有关事宜的通知

各交易团(分团)、各商会:

为了更好地为参展企业服务,第××届交易会期间,我中心将根据注重实效的原则,围绕中国商品出口的热点问题继续举办研讨会和讲座,会议筹备情况计划于××年×月上旬通过广交会网站发布。为丰富会议内容,欢迎贵团(会)举办专题报告会或新产品发布会,我们将统筹安排馆内会议室和提供相关服务。请贵团(会)在3月8日前和9月8日前分别将春交会和秋交会举办的会议内容、时间安排、听众人数、主讲人姓名、职务等情况(中、英文)函告我中心对外联络处。如要在广交会网上宣传,请在来函中说明。今后,如无变化,不再另行发文。

特此通知

联系部门:中国对外贸易中心对外联络处

联系电话:020 - 86667291、020 - 26080916

联系传真:020 - 83335880

中国对外贸易中心
××年×月×日

关于新产品发布会确定地点、时间的函

××医疗器械公司市场部总监王××女士：

您好！

贵公司参加××××年中国（北京）国际医疗器械展览会并召开新产品发布会事宜。经本公司与展馆协商，拟定于×月×日（展览会开幕当日）下午举行，具体安排如下：

一、会议名称为"××医疗器械公司新产品发布会"

二、会议时间为××××年×月×日13:30—15:30（120分钟）

三、会议地点为中国国际展览中心（北京顺义）综合楼一层西W103号会议室（会议室面积106平方米）

如同意，请在5个工作日内复函确认。同时，请派员与本公司落实包括会场布置、现场服务等相关事宜。

本公司联系人：章××（运营部专员）　电话：010-67908756　13124555890

特此致函，请复。

北京亚新展览公司运营部

章××谨上

××××××年×月×日

产品推介会的主要内容是介绍产品的用途、性能和结构等实用性较强的、与最终用户关系密切的内容和知识，以求将产品尽快地推向市场。因此产品推介会对展示平台的要求基本上是以实用为主，对展示平台的设计和环境布置等要求也比产品发布会要低。会议的地点可以安排在展台现场举行，产品推介会所需要的场地面积往往要小于产品发布会（表5-1）。

亚宠展中的新产品发布会

表5-1　产品发布会和产品推介会的异同

名称	会议主题	会议形式	会议听众	会议目的	会议主办者
产品发布会	推出新产品或新概念及信息，如流行色、概念车	新闻发布会	新闻记者、产品设计、技术人员、企业管理人员	将产品更好地推向市场	具有市场某一领域领先地位的大型企业
产品推介会	已在市场销售的产品	用户座谈会、经销商会议	产品经销商、最终用户		

2. 专业研讨会和技术交流会

专业研讨会的主题偏重理论性的话题，最主要的目标是为听众开拓思路，启迪思维，开阔视野，加深他们对行业发展现状、发展特点和发展趋势的了解，会议的主要演讲人往往是一些科学研究机构、大专院校和专业杂志的有关专家，有时候也有来自企业的管理人员，听众的范围很广，可以是企业的管理人员、技术人员、一般工作人员，也可以是来自各种科学研究机构、大专院校和专业杂志的有关人员，涉及的议题较为抽象，不需要太多的设备和演示。

技术交流会偏重实用性的技术方面的问题。举办技术交流会的主要目标是促进技术的交流和传播，会议的主要演讲人往往来自企业技术部门以及科学研究机构、大专院校有

关技术人员,听众的范围相对较窄,涉及的议题基本都与技术有关,在会议中需要更多的操作示范和技术演示。

专业研讨会和技术交流会都是以会议的形式出现的,其组织形式和筹备过程也很相似,是对展会的有益补充。但是,要注意专业研讨会和技术交流会的主题和内容的选择要与展会的内容相契合,根据主题来确定会议的议题。会议的议题是会议将要讨论的具体内容,一个会议只有一个主题,但可以有多个议题(表5-2)。

表5-2　ChinaJoy 2021年同期会议

名称	时间	地点	会议安排
中国国际数字娱乐产业大会	7月29日 09:30—17:00	上海浦东嘉里酒店三层	上海大宴会厅2	中国国际数字娱乐产业大会
	7月29日 14:00—18:00		多功能厅1	中国元宇宙产业发展论坛
	7月29日 09:00—18:00		浦东厅2+3	中国数字娱乐投融资大会
	7月30日 14:00—17:00		上海大宴会厅2	全球电竞大会
	7月30日 10:00—17:00		上海大宴会厅3	全球云游戏产业大会
	7月31日 10:00—17:00		上海大宴会厅3	全球游戏产业峰会
	7月31日 10:00—17:00		上海大宴会厅2	中国数字娱乐与虚拟现实产业大会
中国游戏开发者大会	7月30日 10:00—17:20		浦东厅4	角色扮演游戏专场
			浦东厅2+3	策略游戏专场
			浦东厅5+6	Indie专场(第一天)
			浦东厅7	游戏运营专场
	7月31日 10:00—17:20		浦东厅4	动作游戏专场
			浦东厅2+3	休闲游戏专场
			浦东厅5+6	技术专场
			浦东厅7	Indie专场(第二天)

会议举办的形式可以有大会发言式、讲座式和论坛式等多种形式。大会发言式是设置几位主讲人作主题发言,每个主讲人的发言时间不宜很长;讲座式一般邀请一位主讲人作主题发言;论坛式是邀请几位发言人同时就某一议题发表见解,并与现场的听众进行讨论,形式比较轻松自由。这几种形式一般都会设主持人,其中论坛主持人更要有其专业、灵活应变的主持能力。会议主办机构可以根据需要确定具体形式。

(二)拟订会议主讲人和会议议程

会议主讲人对会议的成功举办起着举足轻重的作用。会议的主题和议题确定以后,要邀请一些对该主题有深入研究的人士作为会议的主讲人,还要对会议的议程进行安排,展会中的会议程序和其他会议没有明显的区别,要注意根据身份安排发言的顺序、主持人选择和时间安排等。在邀请主讲人时,要向主讲人说明会议的主题和主讲人将分担的具体议题、演讲的时间安排和要求、会议的日期和地点等。对于某主讲人员负责演讲的议题,会议的组织者至少应在会议开幕前的一个半月或更早通知他们以便其早做准备。

（三）组织和邀请听众

会议方案还要对会议的听众进行组织，确定听众的来源和范围、听众入会场的资格和方式、会议现场可容纳的观众数量等。同时，对会议通过多种形式进行宣传，确定有足够的听众参与会议。

（四）会议方案的其他内容

会议方案还包括会议资料的准备、会议发言人和主持人是否需要接送、会场布置、会议现场人员服务、会议预算等，这部分内容与正式会议的准备没有太大区别，根据会议的规模和出席人员的级别，在接待服务上会有所不同。

会议危机管理方案也是必须准备的，会议危机管理方案包括两部分内容：一是针对公共突发事件的管理方案；二是会议的备用方案，即一旦原会议策划方案因故不能全部或部分实施而制定的替代方案。

（五）会议经费

如果是展览主办机构的会议，其所需资金费用的来源主要来自三个方面：一是可以从会展收入中划出一部分作为会议筹备资金。二是可以向与会人员收取一定的会务费用，如2015年亚洲消费电子展期间举办的各项会议一共有28场，探讨了具有行业颠覆性、能为消费者带来重大改变的新技术。会议主题包括3D打印、物联网、机器人产品和可穿戴设备等。2015年亚洲消费电子展的会议部分是有偿的，专业观众需在注册亚洲消费电子展的过程中选择购买会议参观证，票价2 000元。三是可以寻求企业赞助。企业对会议的赞助可以有多种形式，如转让会议的冠名权，允许企业在会议的某些特定地方做广告，允许企业在会议期间作简短发言介绍自己的企业，让企业赞助会议现场使用的设备等。

二、展会期间的其他活动策划

在展会期间，除了举办上述各种会议以外，有时候为了活跃现场气氛，更好地吸引企业参展和观众参观，办展机构往往还会结合展会的需要，举办一些与展会有一定关联的表演、比赛以及其他相关活动。这些活动有些是在展会现场展开的，有些活动在展会开始前就已经作为展会的重要推广内容进行宣传和运作了，展会现场则是活动的高潮阶段。参展商也会在展会期间用各种促销宣传手段吸引观众的注意。展会期间的主要活动有表演、比赛和颁奖等。

（一）表演

表演可以烘托气氛，吸引观众。表演活动可以是参展商为提高展出效果策划的，也可以由办展机构组织。如果表演活动是由参展商组织的，那么，办展机构往往只是负责提供表演舞台、安排表演时间和场次、做好现场管理与服务的工作。

展会中心大舞台

展会期间的表演活动策划

办展机构在展会期间自己组织的表演可以分成两种:一种是与展览题材无关的表演,这种表演可以在展会现场也可以在现场以外举行,如开幕式或开幕晚宴上的小型演出;另一种适用于展览题材有关的表演,一般是在展会期间举行,地点也一般安排在展会现场,这样可以与参展商的展出计划紧密配合,也更能烘托出展会的气氛和主题。

(二) 比赛和颁奖

在展会期间,组织各种比赛也是一项比较引人注目的活动。展会期间的比赛活动有很多种,有些比赛是面向观众的,具有宣传推广、吸引观众到会参观、扩大展会影响的作用,这类活动具有征集活动的特点(见第二节)。有些比赛是针对参展商的,如有关于参展展品的比赛,或者关于展位设计和搭装以及展台布置的比赛。比赛一般都会评出获胜者和获奖者。在展会上,一些关于参展展品的评奖有时会引起行业和新闻媒体的极大关注。这既对宣传展会有利,也对参展商具有一定的吸引力。在行业展会中产品获奖,对于参展商来说是一份荣誉,也有利于产品的营销宣传。贵州湄窖酒1987年获德国莱比锡国际博览会白酒金奖,名声大噪。同样,天坛牌清凉油在1987年莱比锡国际博览会上获得金奖,年创汇1 000万美元。浙江省工艺美术展的参展商参展的主要目的之一就是展品获奖,原因是工艺美术展中获奖对身为艺术家的参展商来说是一份难得的荣誉,可以作为申请省工艺美术大师的业绩积累。

展会比赛策划要注意以下几个方面。

1. 提前进行比赛策划

比赛事先要做好策划,有的比赛宣传和初级选拔在展会前一二个月就开始启动了,在展览现场达到比赛的高潮。应事先邀请一个专家评审团,负责有关比赛的评比工作。一定要邀请有代表性的、有说服力的专家。比赛一般都会评出获胜者和获奖者。关于参展展品的评奖一般会引起行业和媒体的关注,活动对参展商有吸引力。对于一些公众参与性较高、具有一定风险的比赛活动,应提前做好危机管理方案。

2. 确定比赛范围和比赛规则

比赛范围、比赛规则和评奖方法要做到公正、公开和合理,要向所有参赛者公开。

3. 比赛时间和结果揭晓

组织比赛时,要事先让比赛的所有参加者知道评比结果的揭晓时间。比赛评比的揭晓时间一般会安排在展会结束的前一天,在比赛评奖结果揭晓时,一般需要组织一个公开的颁奖仪式,这样会使该项比赛更加正式和有影响力。

在展会期间,有时候还会举办一些其他相关的活动,如投资项目招商洽谈活动、项目或产品招标活动、公众人物与大众见面活动等,这些活动都是为了增强展会的吸引力,增加展会的专业化程度。无论是什么样的活动,在策划方案中一般都会有这几方面的描述:活动开展背景、活动目的、活动时间和地点、主办单位、活动内容、活动安排、工作分工、活动预算等。

(三) 主题陈列展

一些政府主办的展览会在展览同期举办宣传性质的专题陈列展(图5-1),陈列展的宣传主题与展会题材相匹配,在展会期间举办可以更好地传达到目标群体。如第四届中国国际进口博览会期间举办了"对外开放里程碑合作共赢新篇章——中国加入世界贸易组织20

周年专题展",专题展以图文并茂的形式再现历史,生动展现"复关""入世"谈判历程,以及过去20年特别是党的十八大以来,在党的坚强领导下,我国履行加入承诺、支持多边主义、参与世贸组织改革的重大事件和历史瞬间,彰显中方践行多边主义、维护多边贸易体制、完善全球经济治理、推动建设开放型世界经济、引导经济全球化朝着更加开放、包容、普惠、平衡、共赢的方向发展的决心和理念。中国加入世贸组织签字仪式的签字笔和主席锤、中国加入世贸组织议定书(图5-2)……一件件承载历史的展品生动呈现了加入世界贸易组织后中国风云激荡的二十年。

图5-1 专题展展厅一角

图5-2 中国加入世贸组织议定书

第二节 会展征集活动

一、会展征集活动的内容

所谓会展征集活动,是指会展或活动组织机构、政府机关和社会团体等,为了组织展览、会议和节事活动,保证会展活动的顺利进行,面向社会公众或特定的单位或个人,为达到特定的目的所开展的公开召集的社会活动。

征集活动多用于市场营销与宣传推广,是会展活动宣传推广最为有效的手段,更是会展活动造势策划最有效的方法。会展活动策划必须与征集活动相呼应。例如上海世博会和北京奥运会徽标和吉祥物征集,人们通过征集活动开始关注奥运会和世博会。征集的内容十分广泛,可以是各种形象标志(徽标、会标)、吉祥物等,也可以是方案设计、广告设计、口号、展品、项目活动征集等。

征集活动属于社会征集,是向社会公开征召对某项会展活动共同关注或者基本创意的集合,是凝聚社会共识的一项重要公关活动。征集活动一般带有商业性特征。征集活动的成果一般与奖励挂钩,征集作品一旦入围或被采用,被征集人既可以获得奖励,还可以借此机会出名。

广州设计周的
征集活动策划

展会期间的征集活动内容广泛,可以根据展览的题材来策划征集内容,因为征集活动开展的目的是获得目标群体的关注,所以征集活动的内容要在目标群体中能引起关注和共鸣,并激发参与的欲望。展会的征集活动大多面向观众举办,采用比赛的形式,最后的决赛或颁奖典礼一定会安排在展会开幕后举行。CBME孕婴童展每年都会举办面向母婴零售行业的营业员技能大赛,内容涉及婴儿护理技能、社团营销技能等多方面,比赛推动了母婴零售行业的发展,促进了该行业员工技能的提升,很受以母婴零售业群体为主的专业观众的欢迎。该比赛从初赛到决赛历时一年之久,从开设培训课程,全国海选,集训,到最后在展会现场进行决赛。通过征集比赛活动将展会的信息渗透到全国的母婴零售行业,可谓策划精妙。

CBME孕婴童展全国营业员技能大赛暨"王牌社群打造计划"比赛流程

• 2020年4—5月初赛:选手参与CBME云课堂"王牌店员"培训课(课程免费报名请添加时尚育儿微信:cbmexzs5),学习社群营销及专业育儿知识,通过在线答题接受考核。

• 2021年6月复赛:初赛晋级的选手将参加2天1晚的复赛集训营,与母婴门店的优秀运营老师面对面交流,并接受社群营销的培训及考核,由专家进行评分点评。

• 2021年7月决赛:复赛晋级的选手将在2021 CBME孕婴童展现场参与决赛,届时将通过知识问答、社群营销、社群爆款王三大环节,由专家评委评出最终的王牌店员。

二、会展征集活动的范围

征集活动从地域上来分,可分为国际征集、全国征集、地区征集。国际性会展活动一般面向国际范围,如奥运会、世博会等;全国性会展活动一般面向全国范围,以此类推。这是根据活动营销的对象来定的,如果活动的目标对象是世界范围的,活动的造势也要在世界范围内进行,如澳大利亚旅游局为宣传大堡礁,在世界范围内招聘守护大堡礁的人,发起了"世界上最好的工作"的活动。

三、会展征集活动的组织与实施

会展征集活动的目的是通过吸引社会各界和社会公众的广泛关注和共同参与,扩大会展活动的社会影响,提升活动品牌知名度。因此,征集活动应当经过详细的策划,有效实施,并做好后续的工作总结。

1. 征集准备阶段

征集活动的准备阶段是整个征集策划的重点,也是征集活动能否取得成功的关键。首先,要根据活动的主题确定征集活动的目的和内容。一些大型的会展活动并不是一次性完成征集,而是配合广告宣传,分阶段、多次性征集,以便不断掀起高潮,吸引社会关注。其次,要成立征集办公室和专家委员会,工作人员既要思路开阔,富有创意,又要踏实肯干,脚踏实地。同时邀请社会名流、专家教授等担任专家委员会委员,以提高征集工作的公信力。必要时,还可以邀请公证部门、主流媒体和群众代表参加。最后,要制订详尽的征集方案,在制订方案前,可以就开展征集活动展开调研,了解征集人群对征集活动的看法。征集方案必须明确征集的目的、征集对象、征集方式、征集宣传途径,并编制征集预算。征集方案拟订后,应组织相关工作部门和专家进行讨论,充分听取意见,保证方案和实施计划的科学可行。

2. 征集实施阶段

在征集方案的实施阶段要注意按照征集方案和实施计划所确定的时间进度推进;在征集活动过程中宣传推广是自始至终的,要把征集活动的理念持续不断地、不厌其烦地灌输给参与者。在征集活动宣传的整个过程中,要善于制造几个高潮,充分调动起公众的热情。当征集成为全社会关注的焦点时,离成功征集也就不远了。成功征集并不等于成功征集到作品,而是能够吸引社会各界和社会公众广泛的关注和共同参与。

3. 征集后续阶段

征集活动结束后,要对征集活动工作进行总结。对是否达到目标进行评估,征集作品和成果是否满意,征集活动效应如何,征集活动的费用是否在控制之内、效率如何。征集的某些部分的总结,以及征集过程发生的故事,都可以公之于众。因为大众活动很希望知道结果怎样,这既是提高透明度的表现,也是征集活动的延续,如澳大利亚大堡礁的征集活动,后续还是不断有新闻报道,吸引大众视线。而有些部分的总结可以帮助总结经验、改进工作。

征集活动结束后,还要与征集者保持联系,征集者总是希望参加活动后有信息反馈。因此,对于那些参加过征集活动的人,应与其保持联系,告知其征集结果,并感谢其参与。

征集活动的目的是为了宣传,扩大知名度。因此,对于一个大型会展活动来说,征集活动只是一个开端,正式的大规模的宣传活动都是在征集揭晓之后。征集公告、公示都是为了后续的广告宣传和商誉开发做铺垫的。必要时,还要对征集作品或成果进行知识产权保护和登记。

第三节 会议中的相关活动

会议中会安排一些社交活动,如文娱活动、宴会、小型餐会和酒会以及参观旅游活动,现在举办的会议中还经常有配合会议的展览活动。

一、休闲文娱活动

在紧张的会议之余,休闲文娱活动可以起到调整节奏和气氛的作用。休闲文娱活动可以单独安排,也可以作为宴会或其他活动的一部分。会议的举办者可以自己组织文娱活动,如主题沙龙;也可以考虑购买现成的休闲文娱产品,如当地的音乐会、文艺演出、戏剧、体育比赛、休闲茶馆、咖啡厅等。在设计、组织和购买文娱活动时,最好能考虑到会议的主题、与会者的文化背景、兴趣爱好、风俗禁忌、参与能力等因素。同时,也要给与会者选择的权利。

二、旅游观光活动

旅游观光活动是会议活动不可分割的部分。会议的举办者一般会委托旅游公司来设计和安排旅游观光活动,会议举办者应当早点选定旅游公司,将要求和与会者的情况告诉他们,并参与旅游公司旅游方案的设计和选择。会议的旅游活动要考虑活动时间、参与人员的文化职业背景等因素。会议举办者可以在会前发给与会者的会议材料中将旅游信息告知与会者。

三、展览活动

现在的学术会议、行业会议举办期间也会同时举办具有一定规模的展览,如中华医学会主办的骨科学术会议同期就有骨科医疗器械和医药的展览,中国金属学会和中国硅酸盐学会联合举办的国际耐火材料学术会议同期就举办了耐火材料及工业炉窑展览会。这些会议一般具备一定规模,从千人到万人不等,所举办的展会规模也会达到数万平方米,属于经贸展览的性质。参加会议的都是某个领域内的专家,也是所举办展览的专业观众群体。他们在参加会议的同时能看到该领域产业科技的最新技术和发展,也是对会议信息交流的生动补充。

当然,会议中有些展览活动并不大,主要形式为宣传性质的陈列展览,是为了配合会议的主题,为与会者提供一个展示的空间。

典型案例分析

案例一

杭州·国际设计管理大会策划方案

(一) 项目背景

秉承打造国际化美丽都市的城市规划目标,顺应全球产业发展潮流,以国际化为引领,以产业化为支柱,创新具备引入国际性专业性会展项目,计划依托MARK杂志/FRAME杂志/《设计管理》杂志专业媒体和建筑设计事务所资源、Andrew Martin在中国五年的持续发展和良好影响力、西博会在杭州强大的品牌资源、杭州文博会多年成功经验,共同创办××××年杭州·国际设计管理大会。同时,将××××年杭州·国际设计管理大会申报成为××××年中国杭州文化创意产业博览会子项目之一。

(二) 项目概述

项目名称:××××年杭州·国际设计管理大会
项目主题:设计领导力
项目时间:××××年11月8—10日
项目地点:杭州运河广告产业园/杭州JW万豪酒店
项目内容:1个大会、1个展览、1个颁奖
主办单位:杭州市人民政府、中央美术学院
承办单位:MARK杂志、FRAME杂志、《设计管理》杂志
　　　　　杭州西博文化传播有限公司
　　　　　杭州运河广告产业园
协办单位:杭州西湖博览会组委会办公室
支持单位:中国美术学院、杭州文化创意产业博览会办公室、清华大学美术学院、杭州市旅游委员会

媒体支持：

1. 大众媒体：中新社、新华网、凤凰网、新浪网、大浙网、《文汇报》、《东方早报》、Shanghai Daily、《浙江经视》、《杭州日报》、《都市快报》、都市周报、豆瓣、人人网、新浪微博、腾讯微博、Archello、西博会官网等。

2. 专业媒体：MARK 英文版、MARK 中文版、FRAME 中文版、《设计管理》杂志、中国建筑和室内设计师网、ABBS 建筑论坛、中国建筑协会、筑龙网、视觉中国、中国房地产网以及房地产领域的电视、报纸、杂志和网站等。

参会规模：参加大会 300 人，展览面积 500 m²。

(三) 项目内容

××××年杭州·国际设计管理大会将定位于全球设计领导力，以美丽活力的杭州为展示平台，融合城市深厚的文化软实力，以全球的视野和创新的思维，邀请并征集全球知名的建筑事务所、设计师、房地产企业、材料品牌商以及政府官员参加，中外结合，集中体现行业国际化水准，引领设计趋向。

本届大会由一个大会（两天论坛）、一个奖项、一个展览组成。大会通过国际版 MARK／FRAME 杂志等专业媒体的推介、精心设计的全国路演等宣传活动，积极整合国内以及国际的建筑设计资源，形成有效商业价值，并依托西博文化专业操作方式，转化利用本地优良资源，并融合 Andrew Martin 国际室内设计大奖资源，联合推广运营，提高核心竞争力，进一步拓展行业市场，凝聚行业专业化水准，面向全球传播本届盛典，同时推介全球优秀建筑设计作品，将其打造成为国际建筑设计业内的"奥斯卡"盛典。

1. 核心内容

1) 设计管理企业家酒会暨 FPA 跨界设计论坛

(1) 品牌管理和设计创新论坛

(2) 建筑设计和管理运营论坛

(3) 室内设计和管理运营论坛

(4) 产品设计和管理运营论坛

2) 室内设计"奥斯卡"Andrew Martin 颁奖典礼

2. 大会议程

第一天　设计管理战略大会

9:00—17:00 报道

嘉宾登记签到、分发大会资料、办理酒店入住，嘉宾在 LOGO 墙前拍照留念。

19:00—21:00 设计管理企业家酒会暨 FPA 跨界设计论坛

特邀工业设计师、建筑师、室内设计师等明星设计师，各企业家、管理者、设计及品牌公司相关人员，材料商、房地产开发商、政界代表等嘉宾 150 人出席社交酒会。

第二天上午　设计管理战略大会

10:00—10:20 开幕（2 人，每位 10 分钟）

大会主席和杭州市政府领导致辞

10:20—11:50 大会（每位 30 分钟）

中央美术学院设计学院院长　　王敏教授

IDEO 中国区总裁、首席设计师　　Charles Hayes

靳刘高设计顾问创始人、首席设计师　刘小康

第二天下午

第一分论坛：品牌管理和设计创新

14：30—16：30 主题演讲（6位嘉宾，每位20分钟）

清华大学美术学院设计管理研究所所长　蔡军
INTERBRAND中国区CEO　陈富国
早晨设计公司总裁　魏来
香港理工大学设计学院教授　Cess De Bont
大众（中国）生活用品投资有限公司　刘维东
中国长城集团品牌总监　李鹏

16：30—17：00 茶歇（30分钟）

17：00—18：00 对话环节（2位嘉宾＋2位杭州当地企业家）

奥美大中华区CEO　庄淑芬
和君咨询集团董事长　王明夫
麦肯锡公司全球资深董事兼大中华区总裁　高安德
杨特品牌同盟中国区董事、总经理　李怡静

第二分论坛：建筑设计和管理运营

14：30—16：30 主题演讲（4位嘉宾，每位30分钟）

凯达环球大中华区总裁、首席建筑师　Ken Wei Aedas
加拿大BLVD建筑顾问有限公司董事长、首席建筑师　杜昀
SPARK思邦建筑主席、首席建筑师　Jan F Clostermann
法国ROUSSELLE事务所创始人、欧洲青年建筑师金奖获得者　Christophe Rousselle

16：30—17：00 茶歇（30分钟）

17：00—18：00 对话环节（2位嘉宾＋2位地产企业家）

法国巴黎建筑学院副院长、AS建筑事务所创始人及总裁　Martin Robain
ZNA建筑事务所中国区总经理、设计董事　王旭
绿城集团董事长　宋卫平
今典集团董事长　张宝全

第三分论坛：室内设计和管理运营

14：30—16：30 主题演讲（5位嘉宾，每位20分钟）

著名跨界设计大师　陈幼坚
中国台湾著名室内设计师　杜康生
著名室内设计师　宋微建
金螳螂企业（集团）总裁　朱兴良
立和空间创始人、设计总监　贾立

16：30—17：00 茶歇（30分钟）

17：00—18：00 对话环节［3位嘉宾＋2位地产企业家（待定）］

金螳螂企业（集团）总裁　朱兴良
LBY室内设计和装饰集团、加拿大IBI室内设计集团总裁　刘嘉峰

Boloni 董事长　蔡明

第四分论坛：产品设计和管理运营

14:30—16:30 主题演讲(4位嘉宾,每位30分钟)

台湾亚洲大学校长　邓成连

联想集团副总裁、产品设计中心总经理　姚映佳

LKK 公司董事长　贾伟

中国家用电器研究院设计总监　兰翠芹

16:30—17:00 茶歇(30分钟)

17:00—18:00 对话环节[3位嘉宾＋2位杭州企业家(待定)]

中国美术学院设计学院院长　王雪青教授

亚振家具董事长　高伟

Stellar Works 董事长　堀雄一郎

第二天晚上　颁奖典礼及晚宴

19:00—21:00 室内设计"奥斯卡"Andrew Martin 颁奖典礼

Andrew Martin 主席、马丁奖创始人　马丁·沃勒

Andrew Martin 中国总经理卢从周致辞并颁奖

××××年度13位获奖设计师发表感言

第三天　国际设计管理大会闭幕大会

10:00—11:00

大会演讲(2位嘉宾,每位30分钟)

清华大学建筑设计研究院院长　庄惟敏教授

日本著名建筑师　隈研吾

11:00—12:40

AIM 国际青年建筑师颁奖典礼(40分钟)

AMA 国际建筑设计大奖颁奖典礼(60分钟)

评委：

国际评委：隈研吾、韦业启、Jan F Clostermann、Tristan Kobler、Martin Robain

国内评委：庄惟敏、张宝全、杜昀、海军

3. 专业展览

诚邀建筑材料、室内材料、相关制造等供应商和国际国内高端建筑事务所参加大会展览。

展览日期：××××年11月8—10日

展览地点：杭州运河广告产业园

展览面积：500 m^2

招展对象：全国乃至全球知名的事务所、建材品牌商

展览对象：设计师及行业专业人士

展览主题：设计领导力

展览类型：自助式的交流型展览

展览主旨：旨在营造富有活力的展示平台,强调正确的受众性引导和对当前群众积极

的培育,为文化的产业化发展推波助澜,并同时以此为改革创新举措,发挥市场号召力与竞争力,成为行业国际新趋势。

展览内容:此次展览一方面展示获奖作品与参展建筑事务所的代表作品,体现现代建筑设计的国际、华丽的趋势;另一方面展示高端建筑建材品牌供应商的产品,展示专业水准,吸引企业眼球。通过展览,建立起全球知名建筑事务所与高端建材品牌商之间的联系,并更好地向国内市场推广建筑新理念和建材产品新形式,向国际市场传播建筑设计的新层次,形成一次建筑的时尚体验盛宴。

展览形式:通过数字化多媒体展示手段、国际化的展成方式,并以创新的理念和富有创意的细节,创造一种地域特色鲜明、独具时代感的艺术空间,让观众沉醉其间,尽享杭州文化之典雅气息,领略现代设计的时尚多元,打造建筑设计的璀璨之星。

4. 奖项介绍

Andrew Martin 国际室内设计大奖至今已有 20 多年的历史,被美国《时代周刊》等国际主流媒体誉为室内设计界的"奥斯卡"。由英国王室成员、国际顶级设计大师、社会各行业精英人士等组成的评委团让大奖具有无可比拟的社会代表性、公正性和权威性。奖项设立基于为室内设计界推介设计明星,促进室内设计师的国际交流。目前,该奖项在中国受到越来越多顶尖设计师的推崇。2012 年全球数千件作品中,有 300 多件作品来自中国事务所的投稿,经过激烈角逐,最终中国区有 15 家入围,全球大奖第一次由华人设计事务所 One Plus Partnership 摘得。

(四)项目宣传

本项目中,我们将从专业杂志期刊、活动推广、新闻报道、网络营销等多种渠道进行宣传,以全球化的思维和国际化的市场,招募宣传行业顶尖资源,提升颁奖典礼的知名度和品牌效应。

1. 活动推广

本项目将在以下高校或展会中进行宣传推广,提高项目的知名度与参与度。

参与高校:清华大学建筑学院、中央美术学院建筑学院、同济大学建筑和艺术学院;

参与会展:8月大连设计节、9月上海游艇展、9月底北京设计周、10月深圳推广日、12月广州设计周、1—12月 FPA 4座城市全国巡回设计师论坛。

2. 杂志期刊

MARK 杂志、FRAME 杂志是面向国际的专业建筑设计杂志,通过合作,将设立项目专版,充分发挥其国际平台的优势,着力宣传,提升典礼的专业性和国际影响力。

3. 媒体宣传

新闻媒体的报道能增加典礼的官方性和权威性。根据项目筹备计划,并围绕项目的内容,由 MARK/FRAME 杂志设立专题,打开典礼的国际市场,长期报道宣传。拟邀请多家知名新闻媒体,开展项目亮点、热点的报道。同时,我们还将邀请浙江经视频道,以项目主题"设计领导力"为节目主题,对项目做专题电视深入报道。

专业媒体:FRAME 中文版、MARK 中文版、MARK 英文版、《设计管理》杂志

行业网站:筑龙网、视觉中国、中国房地产网、中国室内设计师网、中国建筑和室内设计师网、ABBS 建筑论坛、中国建筑协会

网络媒体:AIM & AMA 官方网站、西博会官网、新浪、搜狐、网易、腾讯、凤凰网、人民

网、新华网

社交媒体：新浪微博、豆瓣、人人网、腾讯微博、Archello

平面媒体：《中国房地产报》《文汇报》《杭州日报》《都市快报》《钱江晚报》

电视媒体：浙江经视

4. 视觉宣传

建立完善的VI设计系统，设计整体的LOGO，注重以简约、创新、国际的元素体现设计领导力的主题。宣传载体包括宣传海报、典礼手册、展馆内外场现场布置、公关关系设计等方面。

5. 网络营销

建设项目官方网站，把握"设计领导力"的内涵价值，从时尚、创新、精致、国际等方面入手，按照数字平台的需求，搭建多功能版块，最终实现整个数字平台传播、运营的架构，打造集信息发布、互动体验、在线服务管理为一体的网络展示与传播平台。同时，可以与西博会官网、新华网、新浪、网易合作，扩大宣传面，成为发布典礼信息的第一前线。

（五）项目时间安排

依据项目策划进度，拟定以下时间推进表：

1—7月：总体策划，含项目定位、展陈方式、招商引资、宣传拓展等内容，并签约项目，确定大会议程、内容策划、合作对象等。

8—10月：大会宣传启动，并于8月中旬召开杭州新闻发布会；西博文化开始整合本地资源进行招展及大会筹备相关工作；北京方开展全国巡回推广活动，并按议程推进嘉宾媒体等邀请洽谈工作。

11月：大会召开，奖项颁奖，同期开展展览与分论坛，综合协调，打造盛典。

案例点评：

杭州·国际设计管理大会是杭州文化创意博览会的子项目活动，由一个两天论坛大会、一个奖项、一个展览组成。活动策划的主题与文化创意博览会的主题非常契合，无论哪一个活动邀请的都是业界名流，在建筑设计、室内设计圈内备受关注，并将本地资源融合Andrew Martin国际室内设计大奖资源，联合推广运营。论坛设计形式多样，时间安排合理，颁奖及小型展览活动与论坛相辅相成，相映生辉。

案例二

ChinaJoy洛裳华服·新秀大赛线上活动方案

项目背景及简介：

ChinaJoy十多年来，越来越多的企业、产品加入，关注人数也不断增加。在这个数字游戏市场日渐蓬勃的时代，ChinaJoy展会给更多的数字化企业带来了机遇，也成了国内多元文化走向世界级舞台的最佳机遇。2020年ChinaJoy展会首次举办"洛裳华服·赏"系列活动，洛裳华服·新秀大赛是洛裳华服系列活动的重要组成部分。作为ChinaJoy系列赛事，新秀大赛通过形体、仪态、才艺等多角度选拔优秀的选手，为大家呈现属于中国审美的视觉盛宴。2022年洛裳华服·新秀大赛分线上和线下两部分，线上赛区与微博合作，线下赛区面向中国大陆地区采用招标形式，征集各分赛区的协办、承办单位及赞助企业。招标对象为：当地平面、广播、电视媒体或频

大赛方案
版面设计

道,汉服等文化机构,广告策划、展会或公关公司。线上和线下评选出的晋级选手在展会现场展开决赛。

活动口号:
倾国倾城　只等你来

活动时间:
2022年4月6日—2022年7月30日

组织机构:
2022 ChinaJoy组委会

参赛选手范围:
须年满16岁

奖项设置:
通过线上赛区晋级决赛的5位选手均获得CJ新秀大赛微博优胜奖,包含奖励如下:
1. 1 000元微博动漫现金奖励
2. 千万级微博曝光及账号扶持资源
3. "CJ新秀大赛微博优胜奖"专属认证,微博贴纸及获奖证书

参赛平台:
微博动漫 超话社区 微博直播线上赛区QQ群:241022251

赛程介绍:
比赛分三个阶段:线上预选赛、线上晋级赛、线下总决赛

预选赛:
赛段时间:
投稿时间:4月6日—5月30日
评审时间:5月31日—6月5日
公布时间:6月7日

参赛流程:
1. 通过CJ洛裳华服新秀大赛超话社区,带话题词♯CJ洛裳华服新秀大赛♯发布参赛作品;
2. 作品发布后需私信@ChinaJoy次元煲或@微博动漫回复"新秀大赛"填写报名表即可完成报名。

作品要求:
1. 参赛作品形式需为视频,时长不少于90秒;
2. 造型服饰为华服、汉服且妆造完整;内容可为才艺展示等。

评选规则:
1. 选手参赛作品的互动数(转发评论点赞)之和达到200及以上,即进入评审环节;
2. 评审环节评委打分综合作品互动情况前20位,即可进入晋级赛。

晋级赛:
直播赛段时间:
比赛时间:6月10—18日(具体时间另行通知)
公布时间:6月20日

直播赛段要求:

1. 造型服饰为华服、汉服且妆造完整;
2. 比赛内容需要为才艺展示,展示内容不超过180秒;
3. 自我介绍不超过120秒。

评选规则:

1. 20名晋级选手分为4组,以线上才艺展示的形式与评委连麦;
2. 综合评委进行打分和实时投票系统,分别选出4位选手直接晋级线下总决赛;
3. 未晋级的16位选手进入复活赛。

复活赛赛段时间:

比赛时间:6月21—30日20:00

公布时间:7月3日

复活赛作品要求:

1. 参赛作品形式需为视频,时长不少于120秒;
2. 复活赛作品不得与预选赛作品重复;
3. 造型服饰为华服、汉服且妆造完整,内容可为才艺展示等。

评选规则:

根据参赛作品微博的互动数(转发评论点赞),最高的一位晋级总决赛。

总决赛:

赛段时间:

7月29—30日

参赛方式:

1. 线上赛区晋级选手和线下赛区晋级选手共同参与上海总决赛,并根据总决赛流程和评选标准参赛;
2. 线上赛区晋级选手将在上海总决赛现场颁奖,并获得微博动漫提供的独家奖励与资源。

参赛须知:

1. 本活动不收取任何费用,切勿轻信来源不明的其他渠道消息;
2. 发布作品后还需微博私信@ChinaJoy次元煲或@微博动漫,获取并如实填写报名表,否则视为参赛无效,参赛时间以报名表提交时间为准;
3. 预选赛阶段每人不限作品上传数量,评选数据仅按单人最高数据博文统计;
4. 选手报名后直到比赛结束,不允许修改微博昵称;
5. 如晋级选手在预选赛结果出炉前已在线下赛区晋级,则晋级名额顺延至下一位;
6. 最终互动数据以后台筛选真实数据为准;
7. 参赛作品微博需遵循《微博社区公约》并禁止包含转发抽奖、敏感内容、外部链接、商业信息等内容;
8. 严禁刷票、买票等行为,一经发现取消参赛资格;
9. 如因疫情等导致赛事有相关调整,请随时关注@ChinaJoy次元煲与@微博动漫发布的信息,也请大家参与活动时注意防护,保持安全;
10. 禁止穿着过度改良的旗袍、少数民族服装、影视剧仙侠古风服饰、影楼古风服饰、舞

台古风服饰等;

11. 参赛选手表演内容必须健康、积极向上,不能涉及色情、血腥暴力等不健康或反动的内容;

12. 参赛选手的才艺包括但不限于歌舞、乐器演奏、情景表演、朗诵、书商表演等,视频需要确保画质、音质清晰;

13. 参赛选手视频,均需要为单人(报名参赛选手)本人出镜,个人微博账号上传,不得代替他人上传,均需要完整露出五官脸型;

14. 作品需确保原创不得侵及到的艺术、电影、照片、音乐或肖像、表演等,参赛者必须在提交作品前,即获得合法的使用权和许可,不受原创人或原著的限制,否则因此造成ChinaJoy组委会及微博的一切损失由参赛者承担;

15. 参赛选手一经参赛,所产出的图像、影像以及相关资料,无论其是否获奖,其所有权、著作权属于ChinaJoy组委会、微博动漫和参赛者共同共有。

案例点评:

这是ChinaJoy展会一项新开发的活动,适应了近年来年轻群体中掀起的国潮风、汉服热,与展会的目标群体偏好相匹配,活动创意能够引起年轻群体的关注,进而关注展会,增加观众黏性。活动跨度4个月,通过线上和线下赛区的组织,覆盖全国,具有非常好的宣传推广效果。该线上活动与微博合作,方案阐述完整,在晋级赛中还设计了复活赛,使比赛的热度持续升级。该方案是对外发布的方案,发布时版面设计精美,排版层次分明,非常吸引人阅读。

案例三

"千年运河·千味小吃"拱墅遗产日非遗促消费活动方案

根据文旅部非遗购物节举办要求和浙江省文化和自然遗产日活动通知,结合运河·百县千碗特色美食文旅小镇建设要求,帮扶文旅企业有效复产,促进文旅市场复苏,特制定××××年遗产日促消费活动方案。

(一)活动时间

线上主题月:6月12日—7月11日

线下集市:6月12—14日

(二)活动地点

线上平台:百度小程序拱墅文旅、百度百家号

线下地点:锦鲤中心广场外沿和地下一楼

(三)活动组织

指导单位:浙江省文化和旅游厅

主办单位:拱墅区文化和广电旅游体育局

承办单位:拱墅区非遗保护中心

百度杭州首屏公司

杭州锦鲤中心

(四)活动方式

1. 从6月12日起至7月11日止,通过百度拱墅文旅平台及百家号杭州频道设置专区活动,利用平台流量优势、技术生态、线下结合等形式,获取百万曝光、千万消费。

2. 计划从6月12日起线上专区开始预热。6月12—14日,在胜利河美食街锦鲤中心配合线上专区打造非遗小吃集市,同步线上拱墅各级商企共同围绕非遗月主题展开宣传。

(五)活动内容

1. 线上活动安排

(1)百家号话题专区:由百度百家号杭州频道设置主题活动话题专区,利用头图置顶发布此次非遗月活动,预计产生内容曝光200万以上。从6月12日上线,包括游记、心得等话题内容。6月12日线下非遗市集将通过直播形式进行曝光,对参加集市的商家进行现场引流。

(2)拱墅文旅平台:① 通过城市名片设置非遗主题月引导入口,小程序平台开篇视频更换为非遗月展示,小程序首页置顶非遗月专区链接。导航栏设置非遗月活动专区链接、资讯及活动页面置顶活动页链接。非遗月新闻及通稿类在栏目页置顶。② 平台非遗专区页面设置头部轮播置顶宣传、预定领券和消费、地图导览三个主功能键以及参加活动的商企分类、区块展示等部分。

2. 线下活动安排

(1)为参与活动企业线下投放宣传物料,设置二维码开通商城,并给予活动相关配置。

(2)6月12日在胜利河美食街锦鲤中心地下一楼举行非遗小吃体验活动,集中展示省市区35家非遗小吃。

(3)6月12日在锦鲤中心广场南面道路区举办非遗集市,以招商的方式邀请30家非遗商品企业(包括中医养生、传统体育)参加。

(4)征集胜利河美食街商家、大兜路餐饮企业、锦鲤中心商家、遗产日非遗展销商户和锦鲤中心的优惠举措,利用百度拱墅文旅平台扫码派发第一期拱墅文旅消费券。

(六)招商政策

本次活动充分融合互联网优势,打造线上线下结合的方式,利用优势互联网平台及政府公信与活动参与,为入驻企业进行宣传推广、品牌曝光。期间通过直播、攻略以及线上线下的企业文宣,让更多的消费者参与其中。

此次线下活动报名企业需提供相应资质、图片或视频、介绍文字、销售产品名称、价格以及银行账户。

入驻线下及线上企业需同意此次活动的宣传推广主旨,接受优惠政策。

案例点评:

这是一个以非遗为主题的宣传促销活动,核心是结合文化和遗产日,以提振在疫情期间备受冲击的文旅消费。活动的目的是通过本次活动为商家引流宣传,期望以此形成一个消费热潮。活动亮点是线上为期一个月的造势宣传,包括可以预定领券和消费,线下则打造一个非遗集市,吸引消费者的线下体验,也为商家提供一个线下宣传的平台。方案思路清晰,目的明确,简洁明了。

案例四

中国科技与信息产业周"品质杭州·产业博览"考察走访活动方案

(一)时间:××××年10月15日9:00—15:00

(二)地点:杭州市青山湖科技城

(三)人数:22人

(四)活动安排(表5-3)

表5-3 "品质杭州·产业博览"考察走访活动详细安排

时间	内容	地点
09:00—10:00	出发前往青山湖科技城	世贸君澜大饭店
10:00—11:00	青山湖科技城最新招商引资项目介绍	青山湖科技城
11:00—12:00	青山湖科技城最新科技研发成果展示企业考察走访	
12:00—13:00	午餐	
13:00—15:00	青山湖科技城及周边考察	

(五)工作安排

1. 全程30座左右空调大巴车接送达目的地;

2. 制作会议相关引导牌、车牌等;

3. 全程工作人员陪同,负责协调工作。

案例点评:

这是展览会后的一个考察活动,安排的考察地点与参会人士的需求相符合,前去参观考察的应该都是行业内的专业人士。考察人数不多,活动也比较单一,因此相对比较简单。考察方案简洁明了,一目了然。

案例五

第九届世界休闲大会配套展览展示方案

(一)时间

日期:××××年10月15—20日

展位搭建:××××年10月15日22:00—24:00(开幕酒会后)

布展:××××年10月16日7:00—8:30

撤展:××××年10月20日

(二)地点:中国杭州世界休闲博览园热带雨林广场

(三)相关人员安排

责任人:×××

联络员:×××

展览公司负责人:×××

展览公司展商联络负责人:×××

展览公司展位搭建负责人：×××
展览公司现场管理负责人：共2人，名单略
志愿者：共6人，名单略

大会执行组将与杭州××展览服务有限公司签订合作协议，××会展公司以优惠条件为大会配套展览提供全程服务。

（四）主要内容

1. 展览规模：6个展位
2. 展位提供：配套展展位免费提供给世界休闲组织会员和国内机构使用
3. 展馆规划在第一世界大酒店热带雨林广场位置布置6个配套展展位

配套展览平面图见图5-3、效果图见图5-4。

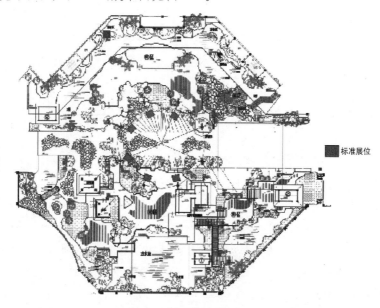

图5-3　配套展览平面图

图5-4　配套展览效果图

4. 免费提供的服务项目

(1) 免费提供 3 m×3 m 展位配置:含搭篷式标展、背景板(木质,3 m×2.4 m)、一个展示牌(0.67 m×1.67 m)、一张洽谈桌、4 把折椅、一个 5 A 220 V 电源插座;

(2) 免费提供定时展场清理,24 小时展场保卫等。

5. 参展商职责

(1) 参展商需负责布展;

(2) 参展商需自行安排工作人员;

(3) 参展商需自行管理自己的展览;

(4) 参展商住宿自理;

(5) 参展商负责撤展。

6. 可提供的收费服务项目

(1) 展位设计、布展服务、展位装修;

(2) 代聘临时工作人员。

提醒:如需要以上收费服务,请于××××年10月1日前联系大会当地组委会,并附函说明。

7. 参展商管理

(1) 参展单位于××××年10月1日前向大会组委会提交参展资料;

(2) 大会组委会根据参展商资料确定展位安排;

(3) 10 月 15 日 22:00—24:00,进行展位搭建;

(4) 10 月 16 日 7:00—8:30,参展商布展;

(5) 10 月 20 日下午撤展。

(五) 环境布置

在热带雨林入口处(古堡桥进入热带雨林处)布置配套展览指引牌1组。

(六) 进度要求

1. 9月第4周前确认配套展览方案,签订配套展览合作展览公司;

2. 10月第1周前完成参展单位注册及展位安排;

3. 10月第2周前完成各展位的通水、通电,展览配备提供保安、保洁的协调管理;

4. 10月15日晚开幕式后搭建展位;

5. 10月16日8:30以前完成布展;

6. 10月16—20日完成展区管理;

7. 10月20日完成撤展管理。

案例点评:

这是一个会议期间的小型展览,只有6个展位,免费提供给需要展示的与会企业。项目虽小,但整个方案的服务细节缺一不可。从布展、现场管理到撤展的各环节都很明确,并绘出了展览平面图和效果图。

情 景 练 习

练习题一 ××××年文化创意产业高峰论坛方案练习

(一)练习背景介绍

"××××年文化创意产业博览会"在某城市展览馆举行,作为展会的一项重要活动,"文化创意产业高峰论坛"也将同时进行,文创大会以"文化创新·数字赋能"为主题,以"文化科技融合"为主线,突出创意经济和新国潮。主办方为某市委宣传部,承办方为某市文化创意产业协会,论坛为期2天,其中半天为某城市文创产业园考察,1天半为会期。论坛拟邀请来自政府、文创产业界及学术界人士参加,来宾规模约300人,分别住宿在市区的3家宾馆内。

(二)情景练习题

请根据以上背景材料(教师可以根据以上材料结合当地的情况进行完善和改编),策划论坛的议题、组织形式和服务内容,并请设计该次论坛的日程和现场考察活动方案。

(三)教学组织

学生分组,书写方案。由小组学生代表进行方案汇报,教师和其他学生进行提问,教师进行总结和点评。

(四)练习所需器材和场地

多媒体教室。

练习题二 美容化妆品展览的活动策划

(一)练习背景介绍

目前,全国各地的美容化妆品展有200多个,请选择2~3个美容化妆品展进行分析,分析展会的举办地优势、展会特点、展会活动特色及其对展会主题的贡献等。

(二)情景练习题

选择美容化妆品展的一个活动,根据其背景进行模拟策划,如美甲美睫文化节、抗衰老科技论坛、彩妆设计大赛等。

(三)教学组织

学生分组,书写方案。由小组学生代表进行方案汇报,教师和其他学生进行提问,教师进行总结和点评。选择其中一个比较适宜的方案,制订执行方案,在现场进行模拟演示。

(四)练习所需器材和场地

活动教室,有舞台佳。

知 识 巩 固

(一) 不定项选择题

(1) 在展会中举办相关活动的目的是_____。
　　A. 活跃现场气氛　　　　　　　　B. 丰富展会功能
　　C. 提升展会档次　　　　　　　　D. 增强展会吸引力

(2) 展会相关活动的类型有_____。
　　A. 会议　　　　B. 节庆活动　　　C. 各种表演　　　　D. 比赛

(3) 采用新闻发布会形式,邀请大量媒体到现场的是_____。
　　A. 产品发布会　　　　　　　　　B. 产品推介会
　　C. 专业研讨会　　　　　　　　　D. 客户恳谈会

(4) 会展征集的内容可以是_____。
　　A. 会标
　　B. 吉祥物
　　C. 故事
　　D. 任何能引起目标群体关注和共鸣的事物,包括前三项

(二) 简答题

(1) 会议在展会期间举行的好处是什么?
(2) 活动策划方案的基本要素有哪些?
(3) 展会征集活动组织的目的是什么? 有什么特点?

第六章 会展广告与赞助

学习目标

学生应当通过本章学习和练习达到以下目标：
- 理解展览会广告与赞助工作的重要意义；
- 从赞助商的角度理解赞助的作用，以便明确定位目标赞助商；
- 了解展览会广告与赞助的主要形式；
- 掌握赞助方案的结构、基本原则和写作技巧。

开篇导读

南京泛成：通过赞助 In-Cosmetics 成功推广公司品牌

由励展博览集团主办的 2012 年欧洲化妆品原料展览会（In-Cosmetics）于 4 月 17—19 日在西班牙巴塞罗那成功举办。此次展会吸引了来自世界各地的 590 家参展商及 7 152 名观众，全球最好的供应商、研发人士、成品生产商、采购人员及营销专业人士汇聚于此，共同探讨化妆品科技突破潮流趋势及新产品开发等。经过 20 多年的发展，欧洲化妆品原料展览会已经成为行业内首屈一指的贸易平台以及企业推广品牌和产品的首选渠道。在本届欧洲化妆品原料展览会上不难看到中国企业的身影。据悉，有 45 家中国企业参加了此次展会，展出面积约 622 平方米，其中一家中国企业在展会注册区随处可见的 LOGO 吸引了众多参展商和观众的注意，"Fenchem Visit us at Stand T60"（注册区赞助单位：Fenchem 展位 T60）。

南京泛成生物化工有限公司（Fenchem）无疑通过这种方式成功推广了自己。这已经是泛成连续第四年参加欧洲化妆品原料展了。南京泛成生物化工有限公司总裁范淑峰开门见山地说，这是一个全球性的专业化展会，有助于品牌推广，提升泛成的知名度。

泛成每次参展都能取得良好的效果，对其发展起到了推动性的作用。据介绍，本届展会上泛成展位面积达到 33 平方米，比上年有所增加。公司产品展位形象至关重要，直接影响采购商对企业的选择。泛成派出四位优秀的销售人员鼎力加盟展会宣传。展位位置较偏、面积小、布置简单，往往给采购商和观众留下企业实力不强的第一印象。一个设计独特的特装展位会直观地提升企业的参展形象，吸引更多潜在客户，从而达到更好的参展效果。泛成一直很重视展位形象，此次搭建了特装展位，突出了泛成的优秀企业形象和质量，其过硬的产品吸引了众多客户来咨询。

参加展会不仅仅是为了拿单，还有一个重要方面是推广本企业的品牌和形象。泛成很早就意识到这一点，一直推崇品牌推广并选择赞助展会的方式来扩大在展会中的影响力。据范淑峰介绍,2011年泛成在展会上赞助的是原子笔,2012年则选择了赞助注册区。2012年展馆观众登记台前,循环滚动播放的LED屏,注册区的指示牌都有泛成的LOGO。同时,泛成还利用登记台分发公司产品宣传册,这使参展商和观众进入展馆更能注意到泛成,并进一步引导他们去泛成的展位。除此之外,泛成本次展会还约请了60位客户来访。通过提供赞助,泛成在本届展会上达到了预期的效果,一方面推广了自己的品牌,提升了企业知名度;另一方面收到了近30位潜在客户的主动联系,与往年相比有较大增长。

资料来源:李前.南京泛成:通过赞助In-Cosmetics成功推广公司品牌[J].进出口经理人,2012(6):36.

广告和赞助是展览会的主要收入之一。这里的"广告"是指参展商借助展览会的多个平台资源,如官方网站、微信公众号、会刊、邀请函、门票、展会现场等,进行宣传推广的行为,是办展机构为参展企业提供的宣传渠道,同时获取收入;展会赞助的本质与广告相同,但是两者实现的方式有很大差异。

第一节 会展广告和赞助的类型

赞助是指对可获取商业回报的体育、社会或政府活动、艺术、某种事业、个人或广播所进行的投资,是为某一所有权(比如某一活动)所支付现金和/或实物酬金作为对此所有权相关的可开发的商业潜力的回报。赞助和回报,双方各得其所,实现共赢。

一、赞助的作用

1. 恰当的赞助是赞助企业与办展办会机构的双赢

赞助是一种商业交易行为。从赞助商的角度看,活动赞助是企业营销战略的重要组成部分。从被赞助活动的展会角度看,赞助是其主要的资金来源和物质基础。会展活动和企业赞助之间是一种互惠的交换关系。赞助商为大型活动提供资金、场地、设备、服务等多方面的支持,提高了大型活动的规模和档次,保证了大型活动的顺利举行;会展活动凭借其影响力和吸引力提升了赞助商的企业形象、品牌认知,并增加了赞助商产品销售的潜在机会。

2. 赞助形式多种多样,具有广告公关性质

赞助具有广告公关性质:企业赞助具有广告的特征,它是一种软性广告。看起来不像广告那样具有明显的商业性,比较含蓄,但是效果也许比广告更好,具有独特的传播魅力。企业从赞助中获得的回报最终对企业的利润产生积极而深远的影响。赞助是博得社会好感的公关手段。对赞助商而言,赞助可以帮助他们实现以下目标:

- 迅速进入特定目标市场
- 树立或提高企业或品牌的形象
- 与分销商建立良好的关系
- 获得销售机会

- 展示产品特性

从2003年起,米其林成为上海车展新闻中心的独家赞助商,而从2006年开始,米其林又成为北京车展新闻中心的独家赞助商,由米其林赞助的新闻中心总面积达800多平方米,再次将米其林的服务精神传达给世界各地的媒体朋友们。

米其林车展负责人表示,"米其林将在车展期间为与会媒体提供周到的服务,使他们能够及时、高效地完成报道任务,而这也正是米其林在北京车展的主要任务之一"。米其林在车展上也收获了与车商的合作机会,2017年在北京车展米其林与上福特汽车达成了战略合作,为旗下性能车家族车型打造极致性能的轮胎;宝马的最新网红车M2也在北京车展出现了,包括M4GT,还有之前在日内瓦车展展出的最新商务运动旗舰M760Li xDrive,均装备米其林高性能Pilot Sport系列产品。宝马的M部门,一直都与米其林保持紧密的研发合作。

赞助的形式是多种多样的,赞助可以表现为直接的现金,还可以是非现金形式的服务或产品。赞助的回报形式种类繁多,因项目的不同而丰富多彩。赞助种类如冠名、指定产品、产品供应商、服务提供商等,再通过各种媒体和活动现场参与者予以关注和曝光,获得声誉宣传,取得回报。

二、会展广告的类型

无论是会议还是展会,都是某一群体高度聚集的场所,也是某类产品广告的目标受众集中之地。因此,会展举办机构可以利用一切面向参会参展人群的曝光机会征询广告。比如生产医疗器械的厂家可能对在骨科医生大会中做广告感兴趣,因为参加会议的骨科医生是他们产品的最终用户;这些厂家对在医疗器械展览中做广告也很感兴趣,因为展会的专业观众是他们客户。展会或者会议都有着巨大的广告空间,主办单位要结合展会和会议的特点来挖掘合适的曝光机会,销售给合适的企业或机构。常见的广告机会有观众邀请函、门票、官方网站、官方微信公众号、官方微博、官方邮件、会刊(表6-1)、会议指南、展会或会议现场(包括广场广告牌、气球拱门、新闻中心广告、场馆内悬挂广告牌、视频播放、会场内横幅等)。除了热闹的现场广告和会刊广告之外,运营良好、专业粉丝众多的官方微信公众号也成为展会广告的理想渠道。

表6-1 某展会会刊广告方案

项目	广告位	价格(RMB)
展会会刊——请勿错过在展会会刊登广告的机会。通过展会会刊中的广告,贵公司和产品概况将展现在全球及国内各地潜在客户面前。位置有限,价值无限。	(1) 封面内页(整版,彩色)	10 000
	(2) 内页——任何一页(整版,彩色)	5 000
	(3) 书签——一面(整版,彩色)	8 000
	实际尺寸:140 mm(宽)×210 mm(高)	
	出血尺寸:146 mm(宽)×216 mm(高)	
规格说明: ◆ 请提供菲林片:阳片,药膜向下,正读及四色分色打稿(彩色广告才需要)。 ◆ 请提供最大尺寸2 cm×2 cm,可冲晒为菲林片的高解像度的JPEG格式标志/司标文件(仅供标志于广告用)。 ◆ 恕不接受数字格式的光盘用于广告排版,建议阁下提供现成的菲林片。 若需要分色处理,将额外收取人民币1 600元/页的制作费。若需其他额外的服务,请告知详情以便询价。		

三、会展赞助的类型

(一)赞助形式类型

现金赞助:指赞助商以现金的形式向展会或会议的组织者提供赞助。

实物赞助:指赞助商以实物形式向展会或会议组织者提供赞助,主要有展会用品,如胸卡、胸卡带、资料袋、礼品等,还可以是组展所需要的办公用品等。

服务赞助:指赞助商以向展会提供某种服务的方式,为展会组织者提供赞助,如招待宴会、新闻中心、展会接送车、会议茶歇等。

(二)赞助商数量类型

独家赞助:指展会组织者只接纳一家企业对展会提供赞助。在通常情况下,独家赞助要求赞助商不仅具有很强的资金实力,能够为展览会组织者提供数额较大的赞助费用,还要具有相当的知名度以凸显展览会的地位。当然,展会组织者也要给独家赞助商很高的赞助回报,如参与展览会行业论坛、多渠道帮助赞助商进行品牌推广等。

多家赞助:指展会组织者同时接纳多家企业共同为展览会提供赞助(表6-2、表6-3)。

表6-2　中国国际船舶工业博览会展会赞助项目

1. 展会官方赞助商(1个名额)—RMB 500 000元	10. VIP休息区(独家)—RMB 25 000元
2. 铂金赞助商(2个名额)—RMB 300 000元	11. E-Newsletter赞助商(多个赞助机会)—RMB 25 000元
3. 晚宴独家赞助商—RMB 100 000元	12. 新闻发布会赞助商(多个赞助机会)—RMB 25 000元
4. 礼品赞助商(多个赞助机会)—RMB 20 000元	13. 参观门票赞助商(多个赞助机会)—RMB 15 000元
5. T恤赞助商(独家)—RMB 20 000元	14. 网络服务区(多个赞助机会)—RMB 10 000元
6. 买家挂绳(多个赞助机会)—RMB 15 000元/10 000个	15. 展会同期会议资料袋赞助商(多个赞助机会)—RMB 10 000元
7. 买家胸卡(多个赞助机会)—RMB 15 000元/10 000个	16. 穿梭巴士赞助商(多个赞助机会)—RMB 10 000元
8. 展会提袋赞助商(多个赞助机会)—RMB 10 000元	17. 展会现场矿泉水(多个赞助机会)—RMB 25 000元/10 000瓶
9. 新闻中心(独家)—RMB 25 000元	18. 预登记观众礼品(多个赞助机会)—RMB 25 000元/10 000份

表6-3　中国国际船舶工业博览会论坛赞助项目

1. 全场论坛冠名赞助 RMB 200 000元
2. 单场论坛冠名赞助商 RMB 100 000元
3. 演讲赞助 RMB 20 000元
4. 茶歇赞助 RMB 10 000元
5. 会议文集赞助 RMB 10 000元
6. 会场易拉宝 RMB 3 000元/个
7. 论坛手提袋 RMB 8 000元
8. 其他宣传方式具体商谈,根据企业需求

第二节 会展赞助方案和合同设计

赞助方案是在招募赞助商时提供的文件,文件详细阐述了赞助级别、赞助形式、赞助回报等内容,并且这些内容也要体现在赞助合同中。

一、赞助方案的设计原则

赞助商利益导向原则:赞助作为一种特殊的"服务产品",最终是要销售给潜在赞助商的。因而,赞助方案能否满足赞助商的需求,是决定赞助商是否会赞助展览会的重要因素。因此,设计展览会的赞助方案,一定要从目标赞助商的需求出发,具体研究他们期望从赞助活动中获得哪些"回报",并把这些需要最终体现在"赞助产品"中。

实事求是原则:赞助方案一定要从主办方能够控制的资源条件出发,不能为了迎合赞助商的需要而夸大回报。如果赞助设计的过程中对赞助商的回报许诺超出组展商的资源控制能力,最终会因为不能实现所描述的回报而引发赞助商的不满,并为以后各届的赞助工作留下隐患。

相关性和利益互换原则:相关性是指赞助的活动要与企业的业务相关,如医疗器械的生产商应当赞助与医疗有关的会议和展览,这样目标受众也是相同的,如果去赞助一个食品展就不太合适了。赞助是一种商业行为,因此赞助商和展会主办方要在平等互利的原则上签订赞助协议,明确赞助商和展会主办方的权利和义务关系,尤其要列明能够给赞助商提供的"回报清单"。这是一种交易,一种利益的互换。

赞助产品多元化原则:赞助作为组展商提供的一种可供销售的特殊商品,要为产品购买者,即潜在赞助商提供可以比较和挑选的空间。所以,赞助方案设计的时候,一定要借助会展活动举办过程中的不同平台,把赞助项目设计成不同类别和不同层次,最终的赞助产品是一个系列,而不是一种产品。这种做法,一方面有利于充分挖掘展览会的市场价值,另一方面能够满足不同类型赞助商的需求。

不等价原则:赞助金额与会展活动本身的成本是无关的。赞助活动交换的是在会展活动现场曝光,引起赞助商想吸引的受众的关注,因此不能用活动本身的花费来衡量。赞助商的回报也不可能在会展活动现场直接体现,往往需要在赞助之后相当长的时间内,通过赞助商品牌认知度的提高、市场销售范围的扩大等间接的形式表现出来。

二、展会赞助方案的内容

一个完整的展会赞助方案一般包括两个方面的内容。

(一) 展览会的概括

展览会的概括主要包括展览会的主办、承办与支持单位,展会的历史沿革、客户反映、联系方式等。在赞助方案中介绍这些内容主要是希望目标赞助商对展会的概况、档次、信誉、影响力等形成一个初步概念,以便于目标赞助商对是否赞助展会形成第一印象。所以,赞助方案中关于展会概括的介绍要简明扼要,要用最简练的语言向目标赞助商传达展会的价值信息。

(二)赞助方案的总体设计

1. 赞助类型的设计

展会的赞助类型多种多样,可以是现金赞助;也可以是展会用品的赞助,如资料袋、胸牌、志愿者服装、电子显示屏等;也可以是展会服务的赞助,如招待宴会等。

2. 赞助等级的设计

组展商一般会根据赞助力度的不同,将赞助商划分为不同的级别。级别的名称各有不同,有以钻石、皇冠分级的,也有以铂金、黄金分类的,有的就以一级、二级、三级来划分。

3. 赞助金额的设计

赞助金额的确定既要以展会的影响力为基础,又要考虑到目标赞助商的承受力。过高的赞助金额有可能吓到赞助商,而过低的赞助金额又会降低主办方的收益,所以确定展会的合理赞助金额通常是一件比较困难的工作。这就需要赞助设计人员一方面对展会自身的价值有比较客观的认识;另一方面对潜在赞助商的支付能力有详尽的了解。

4. 回报项目的设计

设计出具有吸引力的回报方案,是找到合适的赞助商的关键环节之一。一般来说,赞助商的回报条款应达到以下两个要求。

详细明确,具有可操作性:赞助商的回报通常来自展会前期、展会期间及结束以后的各种宣传机会。因此,需要赞助设计人员对具体的宣传平台和措施进行细化,并在项目设计中明确表达出来。

第九届数码互动娱乐展首要赞助机会

不同等级回报设计比较

层次分明:能够将不同级别的赞助商的回报条款明确区别开来,使每一个赞助商的付出都能得到相应的回报。

5. 赞助合同的设计

赞助合同是约束展会主办方和赞助商行为并保障各自权益的法律凭证。赞助合同需要明确表明赞助商选择的赞助类型、获取的回报项目、款项的支付、商业秘密的保护以及违约的责任和调节程序等条款。

某博览会总赞助协议

第三节 展会广告和赞助的销售

展会广告和赞助销售具有同样的特点和销售方式,因此本部分以赞助为例分析展会赞助方案的销售技巧。

一、调研目标赞助商,挖掘展会赞助机会

对目标赞助商的赞助活动进行调研,了解其最近的赞助活动,明确赞助商的营销战略,

包括公司的目标以及与展会目标相匹配的推广方式;确定赞助商的经济实力和商誉与展会品牌相匹配。同时展会组织者应分析展后分析报告,整合展览管理、市场营销和现场运营的各种信息和人力,通过头脑风暴的方式寻找赞助机会。

由于潜在赞助商有其自己的需求,客户也许希望能为他们的具体需求定制方案,所以个性化的方案是最佳的。

二、收集赞助投资回报信息,并体现在赞助方案设计中

国际会议机构(IEG)的《赞助完全指南》中指出,主要有三种评估投资回报的方法:
- 评估人们对赞助商产品和服务的认知程度和态度的转变;
- 评估赞助商产品或服务销售的增长;
- 比较在覆盖范围相似的媒体做广告的价格/成本。

这几种方法需要赞助商对产品的销售情况、品牌认知情况等做比较,展会组织方可以收集参展商以上几方面的反馈信息,并将其以软文、视频新闻的形式在有关媒体上宣传报道。同时,在设计赞助方案时,可以将以上三点转换为展会赞助回报的三个方面:
- 品牌知名度——在每一处都能看到赞助商的名称;
- 客户线索——吸引观众到展台参观;
- 媒体曝光率——产品得到更多的新闻报道。

三、制定合适的赞助价格

首先,调查同类展会的赞助价格。同类展会的赞助价格在互联网上非常容易查找到,销售人员也可以从各种渠道获得同类展会的价格信息。其次,考虑具体成本(如一场新闻发布会的成本)的同时也要考虑带给赞助方的营销利益,如面向目标客户的精准宣传、媒体曝光率、提升赞助商的品牌知名度等。

四、与赞助客户建立和保持良好的关系

高品质的客户服务在很大程度上能保证赞助销售的成功。展会组织者不仅要提供高价值、定制化的赞助方案,更需要有高品质、量身定制的服务,这些服务包括持续不断地与赞助商沟通,回答赞助商在各种细节问题上的疑问,满足赞助商的需求。

赞助合同签订之后,要落实合同中的各个回报项目,帮助赞助商在每一个赞助节点获得充分的展示。同时,在展会结束后,要调研赞助商,改进赞助服务工作,确保下一年继续获得高额度的赞助支持。

典型案例分析

案例一

第四届中国国际重型机械装备展览会赞助方案

(一)第四届中国国际重型机械装备展览会简介(略)

(二) 总体赞助方案

第四届中国国际重型机械装备展览会(简称CHME)有实力向您提供最满意的展示机会并帮助您以最可行的方式争取到潜在用户,您可以充分利用各种赞助方式来提高贵公司的形象并给此次展览留下深刻的印象;CHME提供多种赞助方案,给经营者和供应商提供了更多参与的机会,由此可以最大限度地进行有效宣传。现在有以下赞助机会,数量有限,CHME组委会将采取先到先得原则。

以下是CHME提供的赞助方案:

赞助单位条件:1. 在行业内处于领先地位,具有较大影响;2. 企业具有良好的盈利性和美誉度。

1. 总冠名荣誉主办单位(总冠名企业仅限一家),总冠名费80万元

A. 名誉权回报

贵单位的名称作为本次大会总冠名的名义,在大会对外资料、宣传广告及对外活动事项所有应出现大会全称或简称的地方均出现"××××公司(集团)·2011第四届中国国际重型机械装备展览会"或"××××公司(集团)·第四届中国国际重机展"字样,随时突出贵单位对中国国际重机展的战略合作伙伴关系;

- 贵单位作为本次大会荣誉主办单位的名义,在大会对外资料、宣传广告及对外活动事项中出现"荣誉主办单位:××××公司(集团)"字样;
- 有优先获得大会下一届独家冠名荣誉主办单位权;
- 贵单位领导可获得大会组委会名誉副主席称号(注:大会组委会特邀名誉主席是国家质检总局特种设备安全监察局领导);
- 10个多月的招商期间,我们持续与世界各行业主流媒体广告合作中出现贵单位的名称或标识;
- 贵单位的产品可获得本次活动的指定产品权,有权利用本次活动对企业品牌产品进行宣传和推广活动;
- 贵单位以本次活动总冠名荣誉主办单位名义参加本次活动的各项公开活动和相关议程;
- 大会组织委员会将免费为贵单位在本展会网站做终身的相关市场宣传推广活动。

B. 新闻发布会回报

- 贵单位的领导作为本次活动VIP就坐新闻发布会主席台,并作5分钟主题发言;
- 新闻发布会主背景板出现"××××公司(集团)·2011第四届中国国际重型机械装备展览会"及"荣誉主办单位:××××集团"字样,让到会的各级政府、行业协会、同行、供应商、终端用户及至少五十家专业或大众媒体能首先感受贵单位的综合实力、对中国重型机械行业的重视程度以及与中国国际重机展的战略合作伙伴关系;
- 新闻发布会现场横幅广告位一个,内容由贵单位自定;
- 贵单位可以向新闻发布会来宾和新闻媒体赠送礼品和相关宣传资料(企业提供);
- 贵单位的宣传产品可根据情况摆放在新闻发布会现场。

C. 活动现场回报

- 赠送上海国际展览中心主厅特装区展台(空地108平方米,规格12 m×9 m),并可赠送室外光地相应展区;展台的形象制作由贵单位自行设计,此展台为全馆位置最醒目的

特装展台,能有效地凸显贵单位的综合实力;
- 贵单位领导和国家主管部门领导人、主办单位领导、特约嘉宾、省市领导出现在主席台参加大会开幕仪式并合影和媒体拍摄,并代表参展企业为大会发言;
- 由贵单位领导和国家主管部门领导人、主办单位领导、特约嘉宾、省市领导共同为本次大会揭幕剪彩,并作为大会荣誉主办总冠名单位代表组委会宣布"××××公司(集团)•2011第四届中国国际重型机械装备展览会正式开幕";
- 在参加本次大会的所有证件和门票上均印制贵单位总冠名荣誉主办单位名称或标识;
- 大会主会标内容为"××××公司(集团)•2011第四届中国国际重型机械装览会",让所有到会的国家及地方主管部门领导、主办单位领导、新闻记者、展商代表、企业、专业观众第一眼感受贵单位的综合实力,对中国重型机械行业的重视程度及与中国国际重机展的战略合作伙伴关系;
- 大会开幕仪式背景台出现"××××公司(集团)•2011第四届中国国际重型机械装备展览会"及"大会荣誉主办单位"××××公司(集团)"字样,开幕仪式场地中心位置出现贵单位名称或标识;开幕仪式主持人在开场白时首先感谢贵单位的协助与支持,介绍贵单位领导时先说"本届大会总冠名荣誉主办单位:××××公司(集团)";
- 在大会欢迎晚宴上为贵单位领导提供3分钟主题发言时间,贵单位领导将是除国家行业主管部门和主办单位领导外,第一个受邀请发言的代表;
- 大会组织委员会为贵单位免费安排6位礼仪小姐负责展台接待和发放企业相关宣传册;
- 赠送活动期间上海国际展览中心广场看版广告一幅,规格15 m×10 m;
- 大会开幕仪式礼仪小姐(至少10位)佩戴贵单位缎带条幅广告或出现贵单位标识;
- 大会接待宾馆均出现总冠名企业名称或标识;
- 大会欢迎晚宴出现贵单位独家赞助总冠名企业名称或标识;
- 赞助企业的资料可以与主办单位的展会会刊等资料一并发放。

2. 钻石赞助:30万元人民币
- 公司主要领导出席开幕式并列为首家赞助企业致辞,发言3分钟;
- 开幕式前公司领导在VIP嘉宾会客室与到会嘉宾会谈;
- 所有对外宣传中均列为首席赞助单位;
- 开幕式当天晚上公司3位领导列席欢迎晚宴主桌;
- 会议现场提供108平方米形象宣传展示台一处(规格12 m×9 m,由赞助方自行布置);
- 允许协办单位组织一次主题欢迎宴会(宴会费用自理);
- 会刊中提供封面彩页广告,内页彩色广告两版(自行设计,尺寸:210 mm×285 mm);
- 免费安排6名礼仪小姐发放宣传资料;
- 赞助企业的资料可以与主办单位的展会会刊等资料一并发放;
- 提供参会代表联系名单。

3. 黄金赞助:20万元人民币
- 开幕式前公司领导在VIP嘉宾会客室与到会嘉宾会谈;
- 公司主要领导出席开幕式;
- 开幕式当天晚上公司2位领导列席欢迎晚宴并讲话;

- 所有对外宣传中均列为一级赞助单位;
- 会议现场提供 72 平方米形象展示台一处(规格 12 m×6 m,由赞助方自行布置);
- 允许协办单位组织一次主题欢迎宴会(宴会费用自理);
- 免费安排 4 名礼仪小姐发放宣传资料;
- 会刊中提供封底彩页广告,内页彩色广告一版(自行设计,尺寸:210 mm×285 mm);
- 在大会会刊中出现公司简介一页(黑白);
- 提供参会代表联系名单;
- 赞助企业的资料可以与主办单位的展会会刊等资料一并发放。

4. 白银赞助:15 万元人民币
- 公司主要领导出席开幕式;
- 开幕式当天晚上公司 2 位领导列席欢迎晚宴;
- 所有对外宣传中均列为二级赞助单位;
- 会议现场提供 54 平方米形象展示台一处(规格 9 m×6 m,由赞助方自行布置);
- 免费安排 3 位参会代表住宿;
- 会刊中提供彩页广告两版(自行设计,尺寸:210 mm×285 mm);
- 免费安排 2 名礼仪小姐发放宣传资料;
- 提供参会代表联系名单;
- 赞助企业的资料可以与主办单位的展会会刊等资料一并发放。

5. 青铜赞助(人民币 10 万元)
- 免费提供展馆显要位置国际标准展位 4 个;
- 邀请电视新闻媒体在展会现场作专题报道;
- 特邀赞助单位领导一名出席开幕仪式;
- 会刊中提供彩页广告一版(自行设计,尺寸:210 mm×285 mm);
- 免费赠送开幕式花篮 6 个;
- 提供参会代表联系名单;
- 赞助企业的资料可以与主办单位的展会会刊等资料一并发放。

6. 欢迎晚宴赞助:8 万元人民币(仅限一家)
- 在就餐区的会议背板上注明"晚宴赞助+公司名称或 LOGO";
- 当天晚宴(即 2010-04-20 晚上),为赞助商提供 5 分钟致词;
- 在会议的日程、餐卡、水牌、餐牌上出现"晚宴赞助+公司名称或 LOGO"字样;
- 免费安排 2 位参会代表住宿及会议资料;
- 提供参会代表联系名单。

7. 胸牌赞助:4 万元人民币(仅限一家)
- 会议所有胸牌标注赞助单位"公司名称+LOGO";胸牌带子标注"公司 LOGO";
- 开幕式当天晚上公司 2 位领导列席欢迎晚宴;
- 免费安排 2 位参会代表住宿及会议资料。

8. 大会专用资料袋赞助:4 万元人民币(仅限一家)
- 由组委会制做,赠发给参展、参会、参观洽谈的代表,资料袋的一正面/一侧面刊登企业的形象宣传,数量 5 000 个;

- 会刊中提供彩页广告一版(自行设计,尺寸:210 mm×285 mm);
- 开幕式当天晚上公司2位领导列席欢迎晚宴;
- 免费提供给企业1 000个资料袋。
9. 大会专用登记本赞助:3万元人民币(仅限一家)
- 由组委会制做,赠发给参加本届大会的全体参展代表,登记本的封底刊登企业的彩色广告一版,数量2 000个;
- 会刊中提供彩页广告一版(自行设计,尺寸:210 mm×285 mm)。

案例点评

这是一份非常详尽的展会赞助方案,赞助的种类和等级非常丰富,赞助产品涉及展会的各个过程和方面,有实物赞助,也有现金赞助,赞助等级明确,分级合理,回报项目描述清晰。

案例二

中国航空学会关于邀请赞助第四届国际复杂系统设计与管理亚洲会议的函

图 6-1　会议邀请函

各有关单位及个人：

第四届国际复杂系统设计与管理亚洲会议(CSD & M Asia)将于2021年4月12—13日在北京召开。该会议由中国航空学会和系思迈系统架构协会(以下简称:CESAMES)联合主办,由中国兵工学会、中国宇航学会、中国核学会、中国造船工程学会、中国航空工业集团有限公司、中国船舶工业系统工程研究院、清华大学工业工程系、北京航空航天大学等多家单位协办。

复杂系统设计与管理(CSD & M)会议旨在为院校研究人员、工业部门和政府工作人员提供一个全球化的开放性平台,共同探讨基于模型的系统工程(MBSE)和工程数字转型。

该会议由CESAMES于2010年创办于巴黎,2014年延伸至亚太地区,逢单数年在巴黎举办,双数年在亚洲举办,前三届亚洲会议均在新加坡举办。为进一步扩大会议在亚太区影响力,我会应邀参与主办,举办地移至北京。

会议规模约300~400人,会议语言为英语,主题为"复杂系统工程数字转型",话题涵盖以下方面:

工业领域:航空、航天、船舶、防务和安保、汽车、通信和电子商务、电子和机器人、能源、环境、健康和福利服务、高科技、后勤和供应链、软件工业、城市和公共基础设施;

科技领域:系统基本原理、系统架构和工程、基于模型的系统工程、基于模型的安全性分析、建模和仿真、工业应用大数据、系统优化、系统项目管理。

该会议设有学术委员会和组织委员会,由国内外复杂系统工程领域知名专家及相关机构领导任职,以确保大会的专业性,详见附件1委员会名单。此外,往届会议均吸引了空客、法马通、GE、泰雷兹等企业共襄盛举,详见附件2完整赞助方案(英文)。

我会诚挚邀请贵单位积极参与此会议,并借此机会对外宣传与推广。会议设置黄金、白银、青铜三档赞助方案,在会前、会中、会后三个阶段提供相应回报。会议各类宣传材料将涵盖约6万专业受众。此外,赞助单位有机会成为CESAMES这一国际组织的永久合作伙伴,单位名称长期出现在该组织在亚太、欧洲乃至全球范围举办的各项活动中。详细赞助方案如表6-4。

表6-4 会议赞助方案

赞助事项	青铜(RMB:元)	白银(RMB:元)	黄金(RMB:元)
赞助款项(含税)	27 000	43 000	64 000
会前			
商标和网站链接出现在会议官方网站	√	√	√
每月一次邮件群发	√	√	√
每月两次在领英和微信等社交平台报告	√	√	√
会中			
单位名称/商标出现在会议大屏及海报上	√	√	√
单位名称/商标出现在会议宣传册上	√	√	√
赞助单位全称出版在会议文集上(EI索引正式出版物)	√	√	√
会议包里放入宣传材料或纪念品(由赞助方提供)	×	√	√
免费参会名额	2	4	6
免费参加晚宴名额	2	4	6
团体注册优惠价(5~10人,10%优惠;10人以上,20%优惠)	√	√	√
贵单位客户或合作伙伴参会享注册费30%优惠	×	√	√
一个展位(2.5 m×3 m,大报告厅序厅)	×	√	√
二十分钟演讲	×	×	√
会后			
赞助单位名称国内国际永久留名(会议网站永久保存)	×	√	√
参会者名单(姓名、职位和电子邮件)	×	√	√

注:1. √表示包含此项;×表示不包含此项;2. 会议晚宴接受冠名赞助,如有意向,请联系主办方;3. 会议赞助回报具体解释以附件英文为准。

会议注册费标准如表6-5(以最终会议通知为准)。

表6-5 会议注册费标准

注册类别	非会员 (单位:RMB:元)	会员及入选论文作者(单位:RMB:元) (会员指 INCOSE 和 CSAA 学生个人会员)	学生 (单位:RMB:元)
早期注册 (2020年10月31日前)	5 000	4 500	2 000
正常注册	6 000	5 400	2 500
会议晚宴	600	600	/

更多会议详情,请关注:https://www.2020.csdm-asia.net/
联系人:中国航空学会国际联络部 张×× 余××
电话:略
手机:略
邮箱:略
附件:1. CSD&M Asia 委员会名单(略)
　　　2. CSD&M Asia Sponsorship Offers(略)

案例点评

这是一份会议邀请赞助函,内容全面,信息丰富,对国际复杂系统设计与管理亚洲会议的历史背景、本次会议的主题和议题范围、参加的人员和知名公司都做了一一介绍,并附有详细的赞助方案。目标赞助商通过此函件的介绍,很容易判断通过赞助能获得哪些商业利益和广告宣传。

情 景 练 习

(一) 练习背景介绍

这是一个以非物质文化遗产为主题的校园文化节庆活动,内容包括非遗特色展览、中国传统游戏体验、大师讲非遗讲座、非遗体验课堂等活动。展品多数为非遗手工艺品,如油纸伞、绸伞、折扇、漆器、传统手工饰品、剪纸、刀画、时尚汉服等。此外,还有一些非遗食品。

(二) 情景练习题

请以此活动为背景,在你所在城市寻找赞助商,哪些机构可以成为这个活动的赞助商?细化中国传统游戏体验活动方案,设想在你的校园内开展此活动,为其设计一个赞助方案,并撰写赞助合同。条件允许的情况下,可以举办此活动,并寻求真实的赞助商。

(三) 教学组织

学生分组讨论,撰写赞助方案和赞助合同。教师对方案的可行性进行点评。若实地开展,则需要对学生进行分工,形成策划、宣传、设计、运营等各个小组,并撰写中国传统游戏体验活动方案,落实场地、资金、物资材料等事宜,开展赞助销售活动。

(四) 练习所需要器材和场地

活动教室、电脑、投影仪等,若实地开展活动,室外需要搭建活动宣传背景板、帐篷、桌椅、游戏设施、材料、奖品等。

知 识 巩 固

(一) 不定项选择题

(1) 赞助商的赞助和赞助对象是_____关系。
   A. 捐助关系　　　　　　　　B. 商业交易
   C. 等价交换　　　　　　　　D. 不等价交换

(2) _____是指会展中那些向买方提供产品或服务并收取相应数量货币作为报酬的实体。
   A. 参展商　　B. 赞助商　　C. 供应商　　D. 观众

(3) 对赞助活动的知名度与品牌效应的关系,以下说法正确的是_____。
   A. 会展活动的知名度越高,赞助商所获得收益不一定越大
   B. 会展活动的品牌效应越大,赞助商所获的的收益不一定越大
   C. 会展活动的品牌效应与赞助商所获得的效益不成正比
   D. 会展活动的知名度越高会展活动的品牌效应越大,赞助商所获得的收益越大

(4) 赞助商提供赞助的形式包括_____。
   A. 现金　　B. 实物　　C. 服务　　D. 礼品
   E. 志愿者

(二) 简答题

(1) "草莓音乐节"可以寻找哪些机构作为赞助商?
(2) "国际骨科医学学术论坛"这样的会议可以寻找哪些机构作为赞助商?
(3) 赞助商赞助某个会展活动的动机是什么?
(4) 请简述赞助方案的设计原则。

第七章 招展和招商

学习目标

学生应当通过本章学习和练习达到以下目标：
- 了解和熟悉展会招展招商方案的策划与执行；
- 定位目标展商和展会观众，主动收集展商客商信息；
- 了解划分展区展位的原则，理解展位价格和门票价格的制定原则；
- 掌握展会招展函、观众邀请函、会议邀请函等文件的写作要点，并提高文字表达能力；
- 能够用学习过的相应软件根据主题设计对外宣传的文件。

开篇导读

观众质量是展商选择展会的重要因素

展商和观众之间存在供求关系，二者借助展览平台实现商品交易。展商是展览组织者营销活动的主要对象和营业收入的主要贡献者。观众（或展商）的数量和质量是展商（或观众）参展决策的主要依据和参展绩效的主要影响因素。观众质量比观众总数更重要。观众质量可以从展商期待的目标观众的类型和数量来衡量。

德国展览业具有悠久的历史。早期展览可以追溯到12世纪。15世纪初，以莱比锡为代表的一些德国城市已经成为著名的会展城市了。二战结束后，为了恢复国民经济，德国展览业得到了前所未有的政府支持和发展。展览公司的所有权几乎100%属于州政府和地区政府，政府通过协会对展览业进行宏观调控。根据世界展览业协会（UFI）2017年的统计数据，全世界最大的展览中心在德国，排名前十的展览中心有4个也在德国。该国展览中心室内展场面积和年举办展览总面积均居全球第三，仅次于美国和中国。尽管德国每年举办的展览数不是最多，但国际展览所占的比例和总面积均位居世界前列，三分之一的展览属于全球著名品牌展览。

德国展览业协会（AUMA）成立于1907年，致力于强化德国展览在国内外的领先地位，管理着全球知名的展览统计自愿审计组织（FKM）。FKM也是国际展览业协会（UFI）的成员。从1965年开始，该组织每年采用统一的规则对德国现有的50多家展览组织者在近40个场地举办的约200多个展览的规模进行认证和公布。规则的遵守由注册审计师监督。FKM认为，展览数据的可比性和透明性是保证和评价贸易型展览成功的重要工具。

根据AUMA的报告,2016年德国展览组织者在国外举办了296场展览,在国内举办了186个国际和全国性展览。国内举办的国际和全国性展览的展商总数和观众总数分别为19万和1053万,总体国外展商所占比例和国外观众所占比例分别高达58.8%和30.4%。这些展览中包括116个投资品类、41个消费品类和9个服务类专业观众型展览,而直接针对社会观众的消费品类展览仅有20个。同年,德国展览组织者举办的国内区域展览有154个,展商总数和观众总数分别为5万和589万(以本地社会观众为主),均小于国际和全国性展览。

FKM对大部分认证展览的观众质量属性做了详细调查(表7-1),认为观众报告在三个方面对展商有益:(1)可以在理性的基础上进行展览规划,向公司表明参展理由;(2)可以在展览前期确定目标市场有无足够的观众代表;(3)依据观众整体结构,可以衡量参展是否成功。

表7-1 FKM对贸易型展览专业观众的调查指标

序号	指标	序号	指标
1	观众总数	7	观众平均逗留天数
2	专业观众所占比例	8	不同采购决策影响的观众所占比例
3	不同地域来源的国内观众所占比例	9	不同公司/组织部门来源的观众所占比例
4	不同地域来源的国外观众所占比例	10	不同职位的观众所占比例
5	不同参展距离的观众所占比例	11	不同行业部门的观众所占比例
6	不同参展频率的观众所占比例	12	不同公司规模的观众所占比例

不同"质量"的观众对展商实现预期目标的影响是不同的。展览单个观众质量可以从观众是否是展商所预期的、影响参展绩效的某种类型来判断,而展览整体观众质量可以从该类观众所占的比例或数量来衡量。国外展商选择国际展览最重要的标准是观众的质量。

资料来源:贾岷江,王雪婷,刘琳.德国贸易型展览的观众属性与展商国际化[J].成都大学学报(社会科学版),2019(3):14-22.

本章内容为展会招展和招商。招展和招商是会展公司的核心任务,只有招到足够的参展商和专业观众,才能推动展会的顺利进行和会展公司的业务发展。目前,专业展已成为展会发展的趋势,市场细分的现状需要参展商更加明确地定位产品市场及目标受众,因而,参展商和专业观众成为影响展会成功的关键性因素。

招展函和观众邀请函的拟制是开展招展招商工作的先决条件,是向目标展商和观众宣传展会的重要文件。本章着重针对招展方案的制定、招商方案的制定、招展函的制作、观众邀请函的写作等内容进行阐述。

第一节 招展方案与招展数据库

招展策划是展会策划的关键环节。如果将展会比作一台戏曲晚会，那么组展方仅仅是作为搭台服务工作人员的角色而存在，参展商则是舞台上的主角，负责唱戏，下一节我们要说的"招商策划"中的"商"则是观众席上的主角，负责看戏。展会必须要有一定数量的"唱戏角色"和"看戏人员"，两者缺一不可。如果参展商的数量不多或者质量不好，观众的质量、展会的档次就都难以保证，长此以往，展会就会失去其市场竞争力和生命持久力。招展就是组展方招揽参展商参加展会的行为。招展策划是对展会招展方案进行的策划，是展会整体策划中最基础的工作之一。

一、招展工作方案

招展工作方案又称为"招展方案"，是对展会招展工作的总体规划和全面部署，是为展位营销而制定的具体执行方案。其内容涉及招展工作的方方面面，主要有以下几方面的工作：

- 招展重点区域确定；
- 参展商数据库管理；
- 展区和展位划分；
- 招展分工；
- 招展价格；
- 招展函的编印和发送；
- 招展方式；
- 招展预算；
- 招展进度控制。

在招展方案制定过程中，要根据参展商的需求来安排展区和展位，体现展会的专业性，并方便观众参观；招展函是参展商了解展会的第一份正式的文件，要展现展会的特点和优势，特别是在观众邀约上的强大能力；招展的价格应有竞争力，并详细说明各项收费具体内容和附加服务收费等事项；根据预算，采取合理的招展手段；为确保招展工作的按期完成，还应编制招展进度表，分阶段完成招展任务。

二、招展重点区域划分

招展重点区域划分，即我们在进行招展活动前需要明确目标参展商所在的地域。首先要在宏观上把握展会主题所在行业在全国乃至国外的分布特点和区域发展状况，进一步了解该行业的企业结构状况及分布情况，以便于分区域制定具体的招展策略。以服装展招展为例，首先我们要知道国内针织服装生产基地主要有北京、上海、江苏、浙江、福建、广东等地；其次还要了解各地的市场细分，如福建石狮以生产运动装、童装、裤装闻名，江苏常州以生产牛仔服和内衣出名，广州以生产女装、童装、裤装、鞋子著名，而浙江海宁则以华丽的皮革城享誉海内外；最后根据服装展总体方案确定各细分市场的目标参展企业数量，并制定相应的招展策略。

招展重点区域的划分

又如中国玩具企业具有显著的区域分布特征,主要集中在广东、浙江、江苏、上海等沿海地区,中国的玩具行业主要以外销为主,内销为辅,国内玩具行业规模远高于内销的市场规模。中国是全球最大的玩具生产国,以及全球第二的玩具消费国,因此,在中国举办玩具展会非常具有优势,同时玩具生产企业也非常愿意参加国外的展会。

三、建立目标参展商数据库

(一) 原则

目标参展商数据库,是指将所有目标参展商的相关信息按照一定的规则而建立的数据库。作为招展工作中目标客户的重要来源,目标参展商数据库的建立必须遵循五大基本原则。

1. 数据库要有足够大的数据量

这是对目标参展商数据库最基本的要求。30%的招展反馈率是一个非常理想的数字,即每向100名目标参展商发出参展邀请,其中有30名最后确认参展,然而,实际情况可能远低于预期。这就要求目标参展商数据库拥有足够大的数据量,以应对可能出现的展商不足、展位空缺的情况。

2. 数据真实可靠

在建立数据库时,不仅要尽量使数据库的数据量足够多,而且还要尽量使各条数据所包含的基本信息真实、准确和完整,只有这样的数据库才更实用。

3. 分类科学合理,使用方便快捷

数据库的分类要科学合理,便于查找、检索和应用。毕竟,建立数据库的目的是在有需要的时候能方便、快捷地找到有针对性的目标数据,顺利推进招展工作的开展。

4. 可以及时修改完善

随着招展工作的推进,我们可能会对数据库的信息进行各种必要的删减增补,或者进行局部的分类调整,如剔除已经倒闭破产的企业信息、增加新成立的企业信息、修改完善企业和联络人信息等。类似这样的一些数据修改要十分方便,同时要求不可损坏数据库的其他数据。

5. 能够妥善保管

数据库类似但胜似电话黄页,包含了大量企业及合作单位信息。这是企业所掌握的商业资源,应该妥善保管,不可轻易被外部人员获取。

(二) 方法途径

目标参展商,是指组展方认为可能会来参展的企业和其他机构,是组展方招揽展出者的目标范围,可通过以下途径进行信息收集。

1. 行业企业名录

很多行业都有一些资料齐全的行业名录或者企业大全,收录企业的基本资料,如企业名称、地址、联系办法等,有些企业名录还每年更新。办展机构可以从这里找到大量的目标参展商信息。

2. 商会和行业协会

各行业的商会或者协会一般与本行业的企业联系密切,掌握大量的企业信息,有一定的会员单位。与商会和行业协会合作是获得企业信息的又一重要途径。

3. 政府主管部门

政府主管部门对自己主管行业的企业一般比较了解，与企业也有一定的联系，是另一个重要的消息来源。比如在旅游局，我们可以获得旅行社、星级饭店和景区的信息。

4. 专业报刊

各行业的专业报纸和杂志掌握着本行业的最新动态和信息，与行业内企业密切往来，掌握了一定数量的企业信息。另外，专业报刊上的企业广告也能提供企业信息。

5. 同类展会

在同类展会上，我们可以到展位直接收集每一个参展商的信息，也可以通过购买展会会刊（会刊上有参展商名录）来收集。

6. 外国驻华机构

各国驻外机构每年都会向本国企业推荐一批著名的展会供他们做参展选择，因此，通过外国驻华机构收集该国企业信息也是一种不错的选择。

7. 专业网站

专业网站上有大量的企业注册用户，还有很多企业在上面登广告，是收集企业信息的一种快捷途径。

8. 电话黄页

与行业企业名录类似，特别有助于收集某一特定区域范围内的企业信息。

第二节 招展工作策划与执行

展位销售是展会组织方的重要收入来源，因此招展工作直接影响到展会的收益。招展工作是展会取得成功的基础。

一、展区和展位划分

展区和展位的划分不仅会影响展会的整体效果，还会影响到办展单位、参展商、观众以及展会服务商在展会期间的活动，如组展方对展会现场的管理、各参展商对具体展位的挑选、观众参观展会是否便利、参展商享受展会服务是否便利等。展区和展位的划分对展会来说可谓是"牵一发而动全局"。展览会的场地规划，不仅要考虑展位的分区和布局，还要考虑安全管理、现场人流控制、活动和休闲区域设置等因素，工作繁杂而要求细致。

（一）估算有效使用面积

场馆内的面积只有一部分可以用来做展位搭建，其余的部分要用来做舞台、餐饮服务点、休息区等功能区搭建。所以一般场馆有效使用面积：场馆可展出总面积＝1∶2 或 1∶3。例如，一个1万平方米的展厅，其所能容纳的标准展位大约是555个（标准展位按照9平方米计算）。这个数字包括了走道的面积，但不包括舞台、餐饮休闲服务点等功能区域。

（二）展区划分的原则

展区和展位划分的原则

展区和展位划分的注意事项

1. 按专业题材划分展区

按专业题材划分展区，就是在满足展品对场地要求的基础上，将同类展品安排在同一个区域里展出。在展会招展前，要对展会所有的展览场地进行统一安排，筹划各种展览题材安排在什么样的位置，各展区需要多大的面积。这样方便观众在有限的展出时间内根据自己的需要选择参观专业展区。

如果展会的国际参展商很多，也可以不按专业题材分类，将他们单独安排在一个展区里，统称"国际馆"。这是考虑到某一地区的组展机构通常无法提前估算其各题材的展位需求数量，所以单独安排以地区作为展区划分。目前，我国的一些组展单位在组织国内企业参加国外展览时，已经开始尝试把参展企业按照参展商品类别分配到不同的专业馆，提高展示效果和促进贸易成交。

2. 要有利于提高展会的档次

展区和展位的划分直接影响到参展商和观众对展会的印象。如果一个展会的标准展位和特装展位分布杂乱无章，各种展品的展位互相混杂，即使这个展会的规模很大，我们也会认为它档次不高，缺乏专业性。

展会除了其最主要的展示区域外，还需要安排一些功能服务区块，如报到登记处、咨询处、洽谈区、休息区、新闻中心、餐饮服务区以及邮政、银行、票务服务区等。这些区域作为展会配套服务，占地面积一般无需过大，部分功能可能不一定会频繁使用，但对展会整体而言还是十分必要的，也是体现展会服务水平的一个方面，应在整体策划时做好统筹安排。

3. 要注意人流规律，有利于观众的参观

展会参观人流的形成和流动有其自己的规律，参观人流是展区和展位划分时要充分考虑的重要因素之一。在展馆的入口处、主通道、服务区和热门展位展品前，要留出一定的区域供参观人流聚散，避免过于拥堵现象的发生。展区与展区之间，展位与展位之间，各种通道都要达到适宜的宽度以方便人流通过。展区和展位的划分，还要使目标观众能够很方便地找到他感兴趣的展品，以及与之相关的衍生产品。

4. 要有利于提高参展商的展出效果

展区和展位的划分对参展商的展出效果有直接的影响，如果一个或几个标准展位夹在一些特装展位中，标准展位会变得非常不显眼；如果将一些次要题材放在展馆最好的位置，展会的整体效果将大打折扣。因此，展区和展位的划分既要符合展品的特点，也要考虑到展位的搭装效果，还要考虑到观众参观的便利，这样参展商的展出效果才不会受到太大的影响。

5. 要有利于展会现场管理和现场服务

展区和展位的划分，要充分考虑到展馆的场地条件，因地制宜。例如，合理设计，调整柱子以及不规则边形等所在区块的展位划分，空地和过道占地不宜过大，避免浪费，但也不宜过小，要留有足够的空间供参观人流通过，符合消防要求；场馆的服务和应急设施，如消防栓、消防和安全通道、电箱、洗手间等,不能被任何展位或者功能服务区块所遮挡。特别是消防栓和安全通道,是突发状况发生时的安全逃生通道,必须标识明晰、指示正确,便于紧急情况时疏散人群。

二、绘制场地平面图

划分好展区和展位以后,要按一定比例将它绘制成展会展位平面图(如图7-1),并在图上标明各展区展位的具体位置、展馆各出入口、楼梯、现场服务点等,以便参展商在选择展位时能够更好地做出选择。

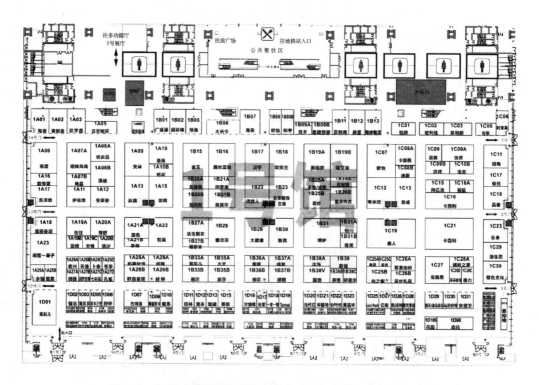

图7-1 SIUF中国(深圳)国际品牌内衣展1号馆平面展位分布图

一般来说,在招展时,展出同类展品的参展商被安排在同一个展区,对于该展区内仍可获得的展位,参展商可以根据自己的需要进行选择。在绘制场地平面图时,要注意图纸的正确性。展览项目组和服务商首先必须确保工作图纸是由场馆方提供的最新版本,并符合以下要求:说明了所有最近的装修和设备更新;标明了所有出入口、洗手间和低层区域;注明了所有柱子、服务/设施连接线的位置。因为,施工、安全管理等因素都有可能影响签订场地租用合同和今后的布展工作。此外,展览项目经理还需要经常与场馆方确认可能影响场地规划的各种变化。

三、招展价格的制定

为展会确定一个合适的招展价格是招展策划的另一个重要任务。招展价格对参展商的参展决策有重要影响,如果价格高,可能会"吓退"参展商,但价格过低,展会的收入减少,展会就可能出现亏损。因此,确定一个合理的招展价格,对展会的展位营销和展会的经济效益都有着重大影响。

招展价格一般按展位不同分为标准展位价格和空地展位价格。标准展位一般以单个展位收费,而空地展位则以占地面积大小收费。此外,室内展位价格和室外展位价格也会有所不同。制定一个合理的价格是一件比较复杂的工作,类似企业定价策略,要考虑展会的发展阶段、竞争形势、价格目标和行业发展状况等多方面因素,还要慎重处理价格折扣。

展会发展阶段:每个展会都会经历培育、成长、成熟、衰退的发展阶段,展位价格也会从低到高,保持平稳,最后走低。

展会竞争形势:充分考虑与本展会有竞争关系的同类展会的价格状况,为制定招展价格提供依据。

展会价格目标:展会一般有五种定价目标,即利润目标、市场份额目标、撤取目标、质量领先目标和生存目标。如果展会价格目标以维系展会生存为主,那么,展会的"盈亏平衡价格"就是其最后的底线。

行业发展状况:行业平均利润率的大小和市场发展状况决定了该行业企业可能的盈利水平和支付意愿。特别是综合性展会,不同行业展区的展位价格也不尽相同。

展位价格折扣:展位价格折扣是组展方给予参展商或者招展代理的一种价格优惠,其主要目的是为了吸引更多的目标参展企业。应根据展区展位的位置特点、面积大小、行业企业发展状况等慎重设置展位价格折扣。

四、招展分工

展会的招展单位常常不止一家,以致于招展分工涉及两方面内容:各招展单位之间的分工安排和本单位内部招展人员分工安排。此外,组展方还会借用外部力量来扩大招展业务规模,即与招展代理商合作。

1. 招展分工的方法

(1) 各招展单位之间的分工安排

当展会是由几个单位或机构共同负责招展时,必须明确各招展单位之间的分工,如各招展单位必须共同遵守的工作原则,各单位的计划招展面积、招展地区和重点目标参展商,展位费的收取办法,展位的安排和协调等。

(2) 本单位内部招展人员分工安排

招展单位在明确任务的前提下,需要确定招展人员名单、各招展人员(或工作小组)负责的招展区域和目标参展商名单、招展营销的方法途径以及展位安排策略等。

无论是不同单位之间的招展分工,还是本单位内部的招展人员分工,都要做好统筹协调,发挥各单位和人员的优势特长,做到任务明确、沟通顺畅、全力以赴、及时调整。

2. 招展代理

招展代理,是组展方在招展工作中借助的外部力量,是拓展招展业务的一种有效手段。

(1) 招展代理的种类及其来源

招展代理的种类主要有以下四种。

独家代理:所谓独家代理招展,是指在保证一定摊位数的基础上,展览会组织者在一个地区只选择一家代理商,而且办展单位不得在该地区内招展,然后不管是否由代理商直接招来,所有来自该地区的摊位都计入其招展业绩中,统一支付佣金。目前,在出国展市场,大部分组展单位仍以直接客户销售作为主要招展手段,各省市自治区的贸促分会、各行业协会等依然是关键的营销渠道。在这种情形下,个别企业推行的独家代理招展方式值得业内借鉴。

招展代理的种类和来源

排他代理:排他代理招展是指在一定时间内,针对某个或几个具体的展览会,展览会组织者在某一地区只选择一家招展代理商,但其自身也可以在该地区招展。对于国内办展机构,寻找国外代理商时一般可以采取这种形式。

多家代理:多家代理招展是指展览会组织者在某一地区同时委托几家机构甚至个人作为招展代理商,而且其自身也可以在该地区从事招展活动。采用这种招展代理方式时有两点需要特别注意:必须明确规定各家代理商的招展权限;代理条件必须统一,招展口径必须一致。由于这种代理方式容易造成招展混乱,所以应该谨慎使用。

承包代理:承包代理招展指招展代理商承诺完成一定数量的展位销售,且不论是否达到既定的数量,都得按照事先商定的展位费付款给办展机构。与前面几种招展代理方式相比,承包代理商所承担的风险最大,与此同时,所享有的权利最大,获得的佣金比例也最高。

公司、相关协会和商会、媒体、个人、国外驻华商务处和贸易代表处等都可以成为招展代理商。在挑选、确定招展代理商时,应对其进行资质考察,保证代理商的质量和招展成果。

(2) 招展代理的权利和责任

招展代理的权利包括:按合同规定收取佣金;从组展方获取招展必需的完整资料;按合同享受组展方对展会及代理商的宣传推广支持;按合同享受所销售展位的折扣优惠和配套服务;在合同规定时间内保留预订的展位。

招展代理的责任包括:按合同规定的代理形式和条件切实履行职责、依法经营;对所代理的展会项目进行宣传推广;定期向组展方汇报招展进展情况;服从展会组织机构的展位分配;维护组展方和展会的声誉和形象;按组展方规定的价格(或价格范围内)进行招展,按时收取和缴纳展位费(含定金);不得擅自改动组展方制定的招展条款;必须协助组展方做好参展商服务工作。

(3) 招展代理的选择

所选代理商对象应该有一定的客户基础:如同一行业或业务领域的相关的协会、地区商会、专业的展览公司和广告公司等。

熟悉展会各项工作的运作并且有相关的专业知识:代理商在其代理的范围内是代表主办者与客户接触的,因此,一个好代理商会通过对客户的专业宣传,吸引参展商。

选择信誉良好的代理机构:良好的商业信誉不但是双方合作的基础,更是保证招展工作顺利进行的前提。

选择办展理念相近的合作者:在选择代理商时,应尽量选择能够互相理解,与展览主办方办展理念一致的合作者。

(4) 对招展代理的管理

坚持定期书面报告制度:每隔一段时间,要求代理商汇报招展工作进展。

招展价格的控制：代理商对外招展的价格折扣应严格按照代理合同所规定的价格折扣操作。

展位划定：展位划分一般由组展方统一控制并安排确定，代理商一般无权划位，但可以提划位建议。

参展商的展位费：除承包代理外，代理商原则上不得代收参展商的展位费及其他一切费用。个别特殊情况，可允许代理商代收参展商的展位费，但代理商必须在组展方指定时间内将其代收的展位费扣除商定佣金后的余额全部交给组展方。

累进制折扣的控制：累进折扣的最高佣金比例，应要求相应招展展位达到一定的数量。对于不同的代理商，具体佣金累进折扣可在"分档固定折扣"和"分档浮动折扣"两者中选择其一。代理商的各种办公费用一般由代理商自行承担。

(5) 代理佣金

支付给代理商的佣金要根据代理的形式、代理期限的长短、代理商的业绩水平等来综合确定。组展方给予代理商的佣金和准许代理商给予参展商的折扣要分开；给予参展商的价格折扣由组展方决定，以免引起招展价格的混乱。代理佣金的支付时间和方法，可根据具体情况由组展方和代理商协商确定。

五、招展函的编制和发送

招展函是组展方用来说明展会并招揽展商的商务函件，通常使用两种形式：印刷品形式和网络形式。招展函的主要作用是向目标展商说明展会的有关情况，引起他们的参展兴趣。考虑到大多数企业一般在上一年度末下一年度初编制、调整预算，我们要特别注意并把握好招展函的发送时机，并且，在寄发招展函后要根据时间进度表做好后续跟踪服务工作。招展函一般需包含四个方面内容。

(一) 展会策划概况

展会策划概况主要有展会名称和LOGO、举办时间和地点、主承办机构和协办支持单位、招展函或参展邀请字样、展会规模、展会特色、展区划分、展品范围、办展目标、展会题材所在行业状况及办展所在地的环境介绍等。现在的展会一般都有配套的相关活动以丰富展会内容，如专题论坛、研讨会、说明会、信息发布会、新闻发布会等。这些同期举办的活动，既有对展会的宣传和辅助作用，也有对展商的宣传和展示作用，有些展商乐于其中。招展函最好是图文并茂，有一定的设计感，突出展会的形象。这一部分内容的设计表达可以采用以下方式：

1. 展会介绍——亮点

展会概述首先要展示展会的亮点，可以用文字说明，但务必简洁，且是参展商非常关心的事项，对参展商有重要利好；如果能用图表数字表达的亮点则尽量用图表数字来表达，如图7-2示例，因为看宣传册的人往往会被图片和数字所吸引。如说明展会增长情况，可以用与上一年的数字对比或反映历年增长的折线图或直方图。规模的介绍一般可以从面积、参展商、观众三个方面来介绍，有的展会根据自身特点优势，增加品牌或IP授权数等信息。

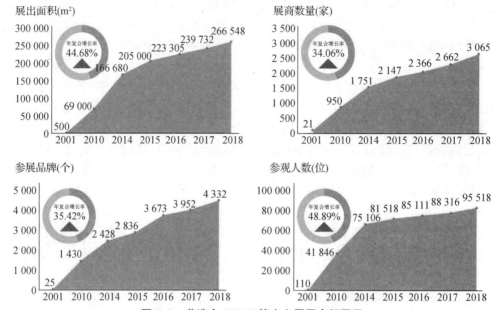

图 7-2 节选自 CBME 第十九届展会招展函

2. 办展机构介绍

展会的主办、承办、协办和支持等机构不但是展会概况的重要组成部分,也是反映展会办展实力和资源的重要方面,展会可以仅仅罗列其名称,如有必要也可以对主办机构做比较详细的介绍,如图 7-3 示例,以加深参展商对展会背景的了解。

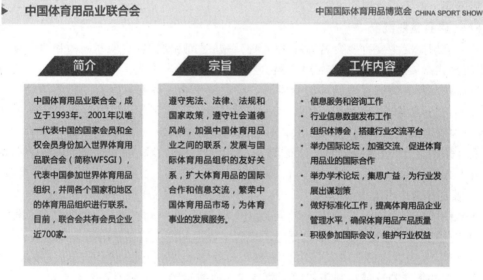

图 7-3 2017 中国国际体育用品博览会招展函中主办机构介绍

3. 展区分区、展品范围介绍

展区分区采用图片加文字的方式,如图 7-4 示例,表达更直观;展品范围的描述可以让参展商从中找到自己的位置,如图 7-5 示例,鼓励其做出参展决策。

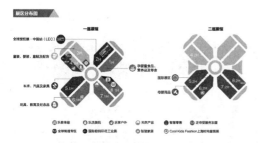 

图 7-4　CBME 第十九届展会招展函展区布局图　　图 7-5　2018 中国国际体育用品博览会展品范围介绍

4. 专业观众介绍

专业观众一般会介绍观众类型、来源、参观目的,这些信息都来自于展览期间的调查,反映在展后报告中,都用各种数据图来表示。另一种介绍专业观众的方法是将上一年度的展会知名采购商例举部分,将这些买家的 LOGO 矩阵排列,很有气势,能够引起潜在参展商的关注。观众感言是不少招展函在介绍专业观众时喜欢采用的形式,可以选择知名公司的高级职务人士发表参展感受,注意一定要实名实性。

5. 参展商介绍

介绍上一届的知名参展品牌或参展商对本届展会的招展具有良好的带动作用和辐射作用,一般在招展函设计中会将业内知名品牌的 LOGO 做大篇幅集中呈现,以期形成感染力;展商感言也能真实呈现上届展会的成功与受欢迎,可以选择有代表性的企业高管发表感言,注意要实名实姓。首次举办的展会为了提升展会的吸引力,也会在招展函中介绍部分"拟邀参展商",发挥知名企业的带动作用。

6. 同期活动介绍

展会的同期活动包括会议论坛、比赛评奖、商贸社交等系列活动,是实现展会行业交流、商贸互动的平台。同期活动的精彩策划既能反映组展方的办展水平,又是吸引参展商参展的重要因素之一。所以,展会的同期活动在招展函中是非常重要的组成部分。展会的活动通常具有延续性,因此,可以将上一届的举办盛况以图片加文字的形式加以说明,如有新的动向和活动也要一并进行介绍。

(二)展会宣传推广和专业观众邀约计划

对于不是第一次举办的展会来说,第一部分的内容介绍往往夹杂着以往展会的盛况,因为展会服务产品的特点,这样的表达方法能让展览这个产品"具象",博得潜在参展商的信任。但是,展会的宣传推广和专业观众邀约计划则一定是针对本届展会的新计划。宣传推广是促进观众邀约的有效方式,每个展会的宣传推广方式和资源都有所不同,所以在介绍的时候要扬长避短。经常的做法有说明媒体数量、宣传推广计划、重点媒体例举、公布观众邀约的渠道和计划等。

(三)参展信息

参展信息主要有参展资格要求、参展申报流程、参展费用和付款方式、优惠政策、境外代理商、组展方联系方法、酒店预订等内容。此外,还可以附上展馆实景图、展馆周边地区交通图等。除了展馆位置和联系方式,其他内容很多时候招展函中并不一定会体现,因为如果对展会感兴趣,这些内容可以在官网下载或联系组展方询问。因此,可以根据自己的需要选择相关内容放在招展函里。

(四) 参展回执

参展回执通常以表格形式记录参展企业名称、展示内容、联系人、联系方式、联系地址、预订展位面积、费用总额等主要参展信息。这一内容也是根据需要选择是否放在招展函里。

六、招展预算

招展预算是为招展工作的顺利进行而做的费用支出预算,包括招展办公费用、招展人员费用、招展材料费用、招展宣传费用、招展公关费用、招展代理费用、不可预见费用等。

对各项招展工作的费用支出做出初步预算,以便展会及时、合理地安排各种所需要的费用支出。招展预算要编制严谨,费用支出要安排合理,本着节约原则,严格控制招展成本,避免浪费。此外,编制招展预算时要注意时间安排和招展进度相配合,避免出现工作开始时费用充足而最后费用不够,或者是开始不愿支出而最后拼命花钱等不良现象。

七、招展进度计划

招展进度计划是在招展工作实施之前,就对招展工作及其要达到的效果进行统筹安排,事先计划好招展活动的开始时间、采取的招展措施、阶段性的招展成果、最终的招展目标等。合理安排控制招展进度,对招展工作进行整体把握和监督,及时对照检查、发现问题、调整策略,使招展工作能更加顺利地完成,从而保证展会成功举办。

招展进度计划一旦制定,就要按照该计划一步步开展招展工作,努力按计划完成各阶段任务。当然,如果具体情况发生了变化,招展进度计划也可以进行局部调整以适应新情况的需要。一般情况下,招展进度计划无需做大幅度调整,否则招展工作进度将会受到很大影响(表7-2)。

表7-2 招展进度计划表

时间节点	招展工作内容	宣传推广支持	招展目标	负责人

八、展位营销

展位营销是综合利用展会营销的八要素,即产品策略(Product)、价格策略(Price)、地点策略(Place)、促销策略(Promotion)、增加人员(People)、服务过程(Process)、有形展示(Physical Evidence)和定位策略(Positioning),结合招展工作人员的努力和展会相关内容的有形展示,用适当的过程传播展会的服务承诺,将展会的展位销售出去的招展活动。

展位营销的途径很多，不仅能通过直邮、电邮、电话、直接拜访、招展代理以及各种新式媒体等将营销信息推送到比较准确的受众群体中，还可以利用大众媒体、网站、环境宣传造势等广为传播的营销信息。

九、参展商手册编写

参展商确定参加展会之后，就要开始筹备参加展会事宜了。参展商手册又叫参展商说明书，是展会主办方将展会筹备、开幕以及参展商参加展会时应注意的问题汇编成册，以方便参展商进行参展准备的小册子。编制参展商手册是展会准备过程中的一项基础性工作，参展商手册是在展会筹建计划和相关活动计划的基础上编写的。

从某种意义上说，参展商手册是帮助参展商进行参展准备的纲领性文件，也是展会主办方对展会布展、展览和撤展等各环节进行有效管理的指导性文件。参展商手册主要包括以下几方面的内容。

前言：主要是对参展商参加本展会表示欢迎，说明本手册编制的原则和目的，提醒参展商在筹展、布展、展览和撤展等环节要自觉遵守本手册的相关规定等。前言一般都很短，言简意赅。

展览场地基本情况：展览场地基本情况包括展馆及展区平面图、至展馆的交通图、展馆的基本技术数据等。绘制展馆及展区平面图时，要注意标明展馆各种服务设施所在的位置，展区和展位划分的详细情况、展馆内部通道和出入口等。在绘制至展馆的交通图时，要注意标明展馆在该城市的具体位置、到展馆可以利用的各种主要交通工具和交通线路、各指定接待饭店在该城市的具体位置等。对于展馆的基本技术数据，要清楚地列出地面承重、展馆室内通风条件、货运电梯容积容量、展馆室内空间高度、展馆入口高度等。对展馆基本的介绍有助于帮助参展商准确地找到展区和自己的展位，并对进行展台搭建和布展有很好的指引作用。

展会的基本信息：展会的基本信息包括展会名称、举办地点、时间、展会主办方、展会信息网址、展会秘书处、参展证件、推荐搭建商、推荐运输商、展会推荐饭店、展会指定旅游代理商等。

对于办展时间要具体列明展会的布展、开幕、对专业观众和普通观众开放的时间、撤展时间、布展和撤展的加班时间等，对以上时间尽量精确到小时。此外，要告知展会秘书处、搭建商、推荐运输商、展会推荐饭店、展会指定旅游代理商等的详细联系地址、电话、传真、电子邮箱、联系人等信息，以便参展商在需要的时候进行联系。

展会参展规则：要求参展商和观众等参加展会时必须遵守的一些规章制度，包括展会有关证件的使用和管理的规定、展会现场保安和保险的规定、展位清洁的规定、物品储藏的规定、现场使用水电的注意事项等。参展规则是所有与会人员必须遵守的一些制度，对展会现场管理和维护现场秩序十分重要。

展位搭建指南：是对展位搭建的一些基本要求和说明，主要包括标准展位说明和光地展位搭建说明等。由于所有的标准展位的标准架构和配置都是一样的，所以，标准展位主要是对展位的标准配置作出说明，列明参展商使用标准展位的注意事项。对于光地展位，主要是对其规定和要求作出说明，如使用材料的要求、用电作业的规定、消防安全等。

展品运输指南：是指对参展商将展品等物品运到展览现场所做的一些指引和说明，主要包括海外运输指南和国内运输指南等。不管是海外还是国内都要对展品运输方式和运输线路、交运和文件提交的期限、货运文件的准备和交付、收费标准、海关报关、回程运输等作出具体说明。

展会旅行信息:解决参展商和观众参会期间的食、住、行的需要,以及对展会期间及前后可供选择的商务考察和观光休闲作出一系列的说明和介绍。要详细地列出每个指定接待饭店的档次、协议优惠价格、地址、联系电话、联系人、与展馆的距离等,还要列出海外观众和参展商的入境签证办法等。展会旅行信息主要是为方便参展商和观众的日常生活服务的。

相关表格:有关参展商在筹展和布展过程中需要使用的各种表格,主要包括展览表格和展位搭建表格两种。为了便于管理和准备,对于上述的表格,一定要列明填妥后返回的最后截止日期。

付款方式:列明开户银行、收款单位和银行账号。

参展商手册编制完成后,可以印刷成册,在展会开幕前适当的时间寄给参展商,也可以将其内容发布在展会的专门网站上供参展商阅览和下载,如果展会有海外参展商,还要将其翻译成外文版本。

第三节 招商策划

展会招展和招商是展会成功举办不可或缺的因素,它们相互影响、相互依赖。招展质量对招商质量起着非常重要的作用,而招商成果也体现了招展情况。

会展招商,就是邀请观众参观展会,具体地说就是通过各种方式将那些对拟办展会感兴趣或有需要的专业观众和普通观众引进会展。专业观众,是指从事展会上所展示的某些展品或服务的设计、开发、生产、销售或服务的专业人士以及该产品的用户,与之相对应的则是普通观众。部分专业性强、层次较高的展会谢绝或限制普通观众的进入(如广交会、慕尼黑国际运动服装展等)。除专业观众与普通观众的划分外,展会还将观众划分为有效观众和无效观众。有效观众是指被参展商所期望的能够与其形成贸易或潜在贸易关系的观众,而无效观众则是不能与之形成贸易关系的观众,但却能在某些时候增加展会人气、活跃展会气氛。展会要努力使有效观众在到会观众总量中保持一定的比例,一般不能低于30%。

专业观众的组织工作需要分这样几个步骤来完成,首先是明确谁是专业观众,即专业观众(群体)的确定;第二是判断专业观众来自哪里,即专业观众来自哪些重点地区、重点行业;第三是建立目标观众的数据库,确定从哪些渠道获得目标专业观众的信息;第四确定专业观众的邀约方法,并编制专业观众邀请函。在完成以上招商策划工作的基础上,进一步明确招商分工、招商预算,并制定招商进度计划。

一、专业观众群体的确定

做 B2B 展会,必须邀约专业观众。而邀约之前,须弄清专业观众是些什么人。围绕展会主题,分析专业观众的构成,是弄清"专业观众是谁"的基本思路。分析专业观众构成,不能只有大概,而必须细分。如以机械装备为主题的展会,细分专业观众构成,须先看展品构成。如是机床产品为主,还要看是通用机床还是专用机床为主,然后再分析专业观众构成。如展品以通用机床为主,其专业观众主要是机械设备制造商或代理商。此外,还有与机械设备相关的研发设计、信息传播、教学和行业协会、专业学会、政府分管部门等机构。

在此基础上,还要明确这些企业或机构里面的哪些人是专业观众。美国展览研究中心(Center for Exhibition Industry Research,CEIR)曾对美国 200 个展会的观众进行调查统计,在一个展览会的观众中,33％为企业管理人员或决策人员,33％为技术人员、维护工程师、质量监督人员、研究科学家、产品和流程监工等,15％为销售人员和营销专家,其余为各界人士。如展品以通用机床为主的展会,展商最欢迎的观众是机械设备制造商分管技术、设备工作的负责人。弄清 B2B 展会的专业观众是谁,实际上明确展会的需求。弄不清观众是谁的展会,就是市场定位模糊的展会,这样的展会不太会得到成功和发展。

二、专业观众地区确定

明确展会的专业观众是谁之后,接着需要明确的是专业观众的来源,要明确展会展品的主要消费市场的地域分布状况和需求情况、展览题材所在行业及其相关产业在全国的分布状况、相关产业在各地区的发展现状、各有关产业的企业结构及分布情况等,便于招商区域和企业的划分。

如展品以通用机床为主的机械装备展会,虽然专业观众主要是机械设备制造商或代理商,但须根据展会的影响范围,按国际、国内、区域、省际等层次确定观众的来源。如影响力仅限于省际(在一个省区的范围内)的展会,作为主流观众的机械设备制造商或代理商,往往是中小型企业。这样,收集专业观众信息的工作就可以明定方向,抓住重点。

对于终端消费品的展会而言,如孕婴童展览会、体育用品展览会等,需要明确各地区的消费人口数量、消费能力和展商期望开拓的市场等因素,从而确定展会目标专业观众开发的重点地区。

此外,有经验的展会主办方除了明确专业观众在哪里,还要明确专业观众所在的企业情况。以机械设备制造商为例,其基本情况包括主导产品及其品牌影响力、生产经营规模、组织体制、发展趋势、主要负责人、联系方式,以及参加参观展会的状况等。了解这些基本情况,对于主办方有针对性地邀约专业观众具有重要意义。

三、建立目标观众数据库

如果展会主办方弄清了专业观众是谁、在哪里,并开展了信息收集工作,但没有建立专业观众数据库;或者数据库的建设和管理水平不高,那之前的工作就没了归属,而之后依托数据库邀约专业观众的工作就没了根据。目标观众数据库包含的信息,主要是指专业观众和有效观众的背景资料,比如他们的姓名、性别、工作单位、职务/职称、联系方式等基础信息,再细致一点,还可以备注有个性特点、购买影响力、产品需求倾向等信息。

目标观众是展会招商的主要客户范围,可以通过以下方法途径进行收集。

行业企业名录:使用时要注意不要仅仅局限于展会题材所在的行业,还要收集相关行业的信息。

商会和行业协会:包括展会题材所在行业及其相关行业的商会或者协会。

政府主管部门:获得相关政府部门的支持,如某届中国国际消费电子博览会就通过商务部信息中心数据库,向海外观众进行电子邮件推广。

专业报刊：包括展会题材所在行业的专业报刊杂志及其相关行业的专业报刊杂志。

同类展会：在非竞争性的同类展会进行现场推广，可以直接为众多买家提供最新的展览会的信息，比如广州国际家具展在海外观众邀请上多次派代表到海外展览会上招商，与多家世界知名家具展览会合作，在其展会上设立广州展的招商推广展位。其次，也可以和相关展会共享目标观众相近的数据库。

外国驻华机构：与参展商数据库一样，也可以通过外国驻华机构收集专业观众的信息，这些外国驻华机构肩负着为其国内企业寻找贸易伙伴的职责。

专业网站：专业网站和专业报刊一样，有着丰富的行业资源。

自办网站：组展方除了与国内外的会展专业网站进行合作宣传所办展会外，还要致力于建设一流的自办展会门户网站，使网站成为组展方与参展商、海内外观众交流沟通的平台。

通过参展商邀请：与参展商密切合作邀请观众（图7-6）是目前大部分展会观众邀约的重要手段，与参展商合作不仅能更好地了解参展企业的需要，还可以从他们那里获得宝贵的专业观众的信息。参展企业都非常愿意邀请他们的潜在客户到展会现场。

图7-6 进博会发布参展企业定向邀请专业观众小程序

收集目标观众数据的方法途径与收集参展商数据的方法途径类似，因而在建立数据库时要对信息加以区分归类。随着时间的推移，数据库需要进行实时更新，利用现有信息通过拨打电话或者发送电子邮件等手段来核实信息，以保证信息的真实性。

四、招商沟通方式

观众邀请工作一般需要与展览会展位销售工作同步,专业性展览会尤其如此。专业性展览会收集和整理专业观众的信息资料,工作量较大,需要较长时间,一般应配备专门人员负责。

展览会邀请专业观众的沟通方式有以下几种。

媒体邀请:邀请专业观众的媒体,主要是与展览会题材相关的专业媒体,即行业性或专业性的杂志、报纸、网站或微信公众平台。通过媒体邀请专业观众的优点是:信息容量较大,信息存留时间长,可对展览会进行深度宣传,展览会信息和媒体信息可产生互动作用。在操作上,对选择的媒体及其发布内容、形式和时间等方面,均需早作策划,包括用展位和媒体互换广告的洽商。

电话邀请:电话邀请是最有效的形式之一。可通过语言沟通,知道对方是否前来参观;即便对方不愿意来,也可了解原因。

邮寄邀请函:邮寄信函邀请专业观众,仍然是多数展览会采取的方式,其优点是较为正式和礼貌,令收信人印象深刻,但邮寄信函的费用较高。一般邀请函集中于展览会开幕前20天左右时间发出,通常每隔一周发一次,需要发送两至三次。

互联网发送邀请函:采用电子邮件方式邀请专业观众,一般需要安排三次以上的发送。其每次邀请内容与邮寄邀请内容相似。在邀请函的设计上应注意体现电子邮件的特点。电子邮件邀请函的主题一定要明确,以免被互联网的过滤软件误判为垃圾邮件。

手机发送邀请微信:采用手机微信或短信方式邀请专业观众,多安排在展览会开幕前一周和展览会期间发送。一般需要安排三次以上的发送。手机微信、短信邀请的内容应简明,一般控制在70个字左右。每次微信邀请的内容应有所侧重,邀请语言多为提示性质,旨在提醒专业观众及时参观展览会。

普通观众的信息传达可以通过报纸、电台、电视台、网站等大众媒体;利用展览会所在城市环境媒体进行广告发布也是非常有效的方式,如公共汽车车体、楼宇电视、户外路牌、建筑物户外广告牌等;还有通过发送展览会门票的方式传播信息。

邀请普通观众的信息,主要是告知展览会的展品范围及特点、展览地点和时间等内容。发布信息的时间一般安排在展览会开幕前一周之内,甚至包括展出期间。一般而言,广告投入较多、发布信息较密集、广告和新闻宣传互相配合较好的展览会,对观众影响较大,邀请效果较好。

由于展览会的题材不同,所针对的观众各不相同,选择发布信息的媒体和方式也不相同。如主要针对中老年人和妇女观众的日常生活消费品展览会,一般选择都市类报纸或广播电台;如主要针对中产阶层人士和中青年人群中的白领人士的精致生活消费品展览会,可选择有影响的门户网站,微信公众号,还可依托一些相关的俱乐部或联谊会等团体发送门票;如主要针对高消费人群的高端生活用品、奢侈用品展览会,在选择与其定位相匹配媒体发布信息的同时,还需要积累观众个人的信息资料,以便采取邮寄专函或发送手机微信、网络信函的方式邀请。

五、观众邀请函的编制和发送

观众邀请函是根据展会的实际情况编写的、用来进行展会招商的一种宣传单,是专门针对目标观众特别是专业观众编制和发送的。观众邀请函的发送有赖于目标观众数据库的建立和完善,一般可以通过直邮、电邮或微信的方式发送到目标观众手中。比较稳妥的办法,是在发送之后再以电话追踪联系,以示礼仪和告知。

1. 观众邀请函的主要内容

展会基本内容:包括展会的名称和 LOGO、举办时间和地点、办展单位、展会简单介绍等。

展会招展情况:包括展出的主要展品和行业研发的新产品,以及行业知名企业的参展情况。

展会相关活动:列举展会期间举办的相关活动的时间、地点和主题,如专题论坛、研讨会、说明会、信息发布会、新闻发布会等,方便观众提前安排时间与准备。

参会回执:包括参会申请的联系人和联系方式,方便观众预约登记。

2. 观众邀请函的主要形式

贵宾观众邀请函和参会回执:贵宾观众一般都有1个或者几个随行人员,因而在设计参会回执时要加以考虑。为了显示对贵宾的尊重和敬意,回执通常会分开填写贵宾信息和随行人员信息。

普通观众邀请函和参会回执。

六、招商分工

展会的招商分工类似于招展分工,同样涉及两个方面的内容,即各组展单位之间的分工安排和本单位内部招商人员分工安排。招商分工,要根据各组展单位的优势来划分任务,根据本单位内部招商人员的特长细化分工安排,做到优势互补、各显神通。一般说来,招商的主要负责单位对整体工作进行把握控制,协调各个单位的关系。

对于招商工作的承接单位,需要将分配到的招商任务在本单位范围内进行具体划分,做好以下几项工作:

拟定招商人员名单,确定主要负责人;

对招商人员进行任务分解,明确各招商人员负责的地区范围、主要目标观众和目标观众的数量;

制定招商工作日程表,拟定招商工作的阶段性工作任务目标;

建立招商人员信息交流与协调的工作机制;

制定针对重要的目标观众的接待安排计划。

七、招商预算

展会招商预算,是在各项招商工作筹划基本确定的基础上,对展会招商可能需要的费用做出整体安排和具体支出计划。招商费用主要包括:

招商人员费用,包括招商工作人员的工资、差旅费、办公费等;

招商宣传推广费用;

招商资料的编印和邮寄费用;

招商公关费用;

其他不可预见的费用。

招商预算的编制同样要本着节约的原则。只有确实需要支出的费用才进行预算支出,严格控制展会招商成本,防止招商费用失控。

八、招商进度计划

招商进度计划是对展会招商工作及其要达到的效果进行统筹安排,事先计划好招商活动的开始时间、采取的招商措施、阶段性的招商成果、最终的招商目标等。展会招商工作是一项阶段性和时间性都很强的工作。一方面,当展会筹备工作进行到不同阶段时,要相应地采取不同的招商措施予以配合;另一方面,招商工作要非常注意时间安排的合理性和配套性,即"在对的时间做正确的事"。

典型案例分析

案例一

第十一届上海孕婴童展招展函

第十九届上海孕婴童展招展函

案例点评:

CBME是亚洲博闻在上海举办的展会,其招展函的制作可谓营销典范。这两份招展函是CBME不同时期的展会的宣传,虽然时间不同,但是很多方面一脉相承。两份招展函内容介绍都非常全面,都有关于市场需求的背景阐述,都用折线图表达了展会的发展历程,展区布局、展品范围、展会相关活动、参展商和观众情况等介绍一应俱全。第十九届的介绍更是运用了大量的数据图和现场图片来说明展会,内容说明更为细致。在宣传推广方面,两份招展函在表达上有巨大的不同,第十九届突出了"4 400+"的震撼效果,第十一届则从宣传推广的具体计划娓娓道来,应该是突出了不同时期的长处和推广特色。

案例二

参展商参展回执

中国国际××产业展览会

参展回执

_____(单位)决定参展,对该申请中的所有内容予以确认,不展出侵权假冒产品,服从展会统一安排。

公司全称	中文			
	英文			
公司地址			邮编	
联系方式	电话		传真	
	网址		邮件	
联系人			职务	
展品名称	中文			
	英文			
参会方式	3 m×3 m 标准展位（　）个 位置（　　　）		展位费：（　　）(RMB：元)	
	光地（　）m² 位置（　　　　）		场地费用：（　　）(RMB：元)	
	会展版面（　　　）版		认刊费：（　　）(RMB：元)	
	其他广告		广告费：（　　）(RMB：元)	
费用总额	（大写）			
签字盖章			日期	

参展报名注意事项：

1. 本回执的部分内容将用于展览会会刊、楣板，文字务必准确清晰。

2. 本回执请参展单位填写清楚签字盖章后，按本回执联系方式确认的地址邮寄至展览会执行部门。为抓紧时间，可以先传真后邮寄。

3. 参展单位共派出参展人员_____名。

4. 参展单位承诺，参展单位的展品如涉及知识产权侵权问题，经济责任和法律责任由参展单位自行承担，因此给本次参展活动的组织单位造成损失的，组织单位有权提出索赔。

5. 收到参展单位的参展回执后，双方通过传真方式进行展位确认。展位安排原则上按申请表及汇款收到时间先后确定。如因总体布局的需要，展会执行部门有权变更展位。

6. 参展单位应在展位确认后七个工作日内付清本回执所述的费用总额人民币（RMB），汇至本回执约定的账户，逾期视为自动放弃展位。若中途退展，所交费用将不予退还。

7. 收到参展单位的汇款后，展会将展位确认书传真至参展单位。参展单位人员凭展位确认书，于报到时领取参展证及办理有关手续。

8. 如因不可抗力等原因致使本次参展活动推迟或取消，展会仅承担退还已交展位费的义务。

9. 参展单位人员在参展活动中如有违反法律和社会公共道德的行为，展会执行部门有权加以阻止。情节严重的，有权采取必要的各项措施，由此造成的后果由参展单位自行承担。

联系方式：

地　址	略	邮编	略
电　话	略	传真	略
E-mail	略	网址	略
联系人	略	手机	略

案例点评：

企业确定参加展览后，填写参展回执邮寄或者传真给展览组织者，使展览组织者了解参展企业情况，尽早安排展位和场地的划分。部分展览公司会专门设计展览会网站，参展者可以直接通过网络进行在线申请确认。

案例三

贵宾观众邀请函和参会回执

中国国际××产业展览会
贵宾观众邀请函

尊敬的＿＿＿＿＿＿＿＿＿（先生/女士）：

我们诚挚地邀请您参观"中国国际××产业展览会"。这将是中外××业界的盛会和推动中国××产业发展的平台！您将在我们展会上洽谈业务的同时了解最新的行业信息，我们也将为您提供便捷而有效的专业渠道，期待您届时光临！

顺颂商祺！

××××（主办方）

××××年××月××日

（一）展会概况：略（包括展会名称、下设展区、日期、开展时间、地点等）

（二）展示内容：略

（三）广告传媒企业：略

（四）庞大的供应商阵容：略

（五）精彩的活动：略

（六）论坛及研讨会安排：

会议(名称)	时间	地点	承办单位	演讲人	主持人
略	略	略	略	略	略

与会人员：略

（七）联系方式：

地　址	略	邮　编	略
电　话	略	传　真	略
E-mail	略	网　址	略
联系人	略	手　机	略

贵宾回执表

1. Company Details(公司资料)

Company Name(公司名称)：＿＿＿＿＿＿＿＿＿＿＿＿＿＿＿＿＿＿＿＿

Address(地址)：＿＿＿＿＿＿＿＿＿＿＿＿＿＿＿＿＿＿＿＿＿＿＿＿＿

Zip Code(邮编)：＿＿＿＿＿＿＿＿＿　Country(国家)：＿＿＿＿＿＿＿＿

Name(姓名): _____　　Position(职位): _____
Tel(电话): _____　　　Fax(传真): _____
E-mail(电子邮件): _____　Website(网址): _____

2. List of other participants(贵公司其他观展人员名单)

NO.(序号)	Name(姓名)	Position(职位)	Cell phone(手机)	NO.(序号)	Name(姓名)	Position(职位)	Cell phone(手机)
1				6			
2				7			
3				8			
4				9			
5				10			

如预先登记,我公司可以将您的贵宾胸卡在展前邮寄给您,届时您无须排队登记就可进入展馆内。为了不错过您十分感兴趣的活动,请关注本届展会的概况及日程表等相关资料。

回执请填写并回传至:××××—××××××××(传真号码)

联系人:×××女士

案例点评:

观众邀请函和回执主要是发放给一些大客户或 VIP 客户,他们是展会主要的采购商,是展会招商的主要目的。通过贵宾回执可以了解目标观众的详细资料,为展会现场的服务接待工作提供便利。

案例四

会议邀请函和参会回执

××××年××届全国×××××学术研讨会
邀　请　函

尊敬的_____先生/女士:

您好!

××××年××届全国×××××学术研讨会,拟于××××年××月××—××日在杭州召开。本届会议将邀请国内外知名学者30余人作专题报告和专题讨论。他们的报告将对我国××××产业的发展产生新的启迪。会议期间主办方还将组织企业论坛,促进与会代表与企业的交流,共同探讨××××行业的发展。我们也将为您提供最全面、最优质的服务。

真诚地期待着您的积极支持与参与!

此致

敬礼

××××(会议组织委员会盖章)
××××年××月××日

(一)背景介绍(略)

(二)会议概况

1. 会议时间:××××年××月××—××日
2. 会议地点:(略)
3. 会议住宿宾馆:(略)安排食宿、费用自理
4. 会议报到时间与地点:(略)

(三)组织架构(略)

(四)研讨内容(略)

(五)特邀演讲嘉宾

演讲题目	演讲嘉宾	主持人	地点
略	略	略	略

(六)日程安排

日期	上午 (××:××—××:××)	下午 (××:××—××:××)	晚上 (××:××—××:××)
略	略	略	略

(七)注意事项

1. 欲参加会议的单位或个人,请于××××年××月××日前将报名回执传真或电话通知组委会。
2. ××××年××月××日至××日电话或传真通知具体报到事项。
3. 收费标准

代表类别	优惠价(××月××日以前注册交费)		标准价(××月××日以后交费)	
	会议费(2人一间)	会议费(1人一间)	会议费(2人一间)	会议费(1人一间)
(类别1)	×元/人	×元/人	×元/人	×元/人
(类别2)	×元/人	×元/人	×元/人	×元/人

注:(1)会议费包括参会资格、论文集、资料、纪念品、考察及全部食宿、宴会。
(2)无需住宿的代表交会务费××元(包括参会资格、论文集、资料、纪念品及××日、××日午餐费用)。
(3)已交××××年会费的团体会员代表每人优惠×元,论文作者优惠×元(只适用一项优惠)。
(4)××月××日以后报名者,会议费将不再享有优惠价格,按标准价格收费。
(5)汇款账户信息:
  银行:(略) 账号:(略) 户名:(略)
(6)提交论文者请将注册费于××月××日前汇至会议组织委员会账户,提交论文者若不注册会议,其论文将不被收录到论文集中。
(7)其他参会者的注册费可在报到时以现金方式交至会务组。

(八)联系方式

××××× 学术研讨会组委会

地址	略	邮编	略
电话	略	传真	略
E-mail	略	网址	略
联系人	略	手机	略

（九）交通图（略）

（十）乘车路线（略）

×××× 年 ×× 届全国 ××××× 学术研讨会
报名回执（可复印）

单位名称				传　真		
详细地址				邮　编		
联系人		电话		电子信箱		
姓　名	性别	电话/手机	职务/职称	住宿预订（请划"√"）		
				2人一间	1人一间	自行住宿

注：请认真填写清楚，并于 ×× 月 ×× 日前将报名回执传真给组委会，以便安排食宿。

参　会　回　执

××××组委会：

　　我单位会议费共_____元，已于_____月_____日汇出，请查收。

　　　　　　　　　　　　　　　　　　　　　　　　单位名称（盖章）

　　　　　　　　　　　　　　　　　　　　　　　_____年___月___日

案例点评：

　　这是一份完整的会议邀请函的格式，每一个细节问题都交代得很清楚，被邀请者收到这样的邀请不会有很多困惑问题。报名的回执可以方便会议组织者与参会人员联系，提供更好的服务。

案例五

招商招展中用到的其他各类表格示例

（一）展位预订申请表（代合同）

展位预订申请表（代合同）

所填内容将被用于展览会刊，请用正楷填写。

　　展览会名称：_____　展览时间：_____　展览地点：_____

1. 公司介绍

　　A. 公司名称（参展商）：_____

　　　联系人：_____　姓名：_____　职务：_____

　　　地址：_____　邮编：_____

　　　电话：_____　传真：_____　电子信箱：_____

　　　参展产品：_____

　　B. 参展联系人（如与前述不同，请填写）

　　　公司名称：_____

　　　联系人：_____　姓名：_____　职务：_____

　　　地址：_____　邮编：_____

电话：_____ 传真：_____ 电子信箱：_____
请注明(√)发票抬头： □A □B
2. 展位面积
我司预订_____ m² 展位,价格如下：
光地收费：_____ m²/RMB _____ 元(最小 27 m²)。
标准展位收费：_____ m²/RMB _____ 元(最小 9 m²),附加费 m²/RMB _____ 元。
特殊展位附加费： □两面开口展位:+10%； □三面开口展位:+15%。
独立展位： □+20%； □其他_____。
展位费总金额为 RMB _____ 元。
3. 会刊广告
封底整版(彩色):RMB ____ 元；封二整版(彩色):RMB ____ 元；封三整版(彩色):RMB ____ 元。
内页跨版(彩色):RMB ____ 元；内页整版(彩色):RMB ____ 元；内页整版(黑白):RMB ____ 元。
我公司确认预订会刊广告共 ____ 页,总金额为 RMB ____ 元。（注：彩色广告请同时提供分色片以及彩色打样稿）
入场券背面一套色广告,每万张 _____ 元(5 万张起)。
本单位预订入场券广告 _____ 万张,总金额为 RMB _____ 元。
4. 其他费用
项目 _____ RMB _____ 元　项目 _____ RMB _____ 元
总计:RMB _____ 元
5. 付款方式
首款:双方订立本合同时,以收到 20% 的展位费作为定金用以确认展位。定金收到后将不因任何理由退还。
尾款:剩下 80% 的展位费,请客户在展览会开幕前 60 天内以下列形式支付(请选择)：
□现金　□转账支票　□贷记凭证　□电汇　□银行汇票
为方便我司查对,请尽快确认展位,请付款时注明展览会名称,并及时将银行付款凭证传真我司有关项目经理。
我司账户资料如下：
户名：_____ 开户行：_____ 银行账号：_____
我司声明：
A. 同意遵守本协议背面的全部条款和规定,以及展馆业主的各项规定；
B. 确认以上填写的内容真实、准确；
C. 同意××××展览有限公司(主办单位)不承担本协议背面列出的各项费用。
我司同意:本表为参展而提供的个人资料可输入主办单位数据库,并由主办单位使用或转给第三方用于宣传。如需查询或修改该数据,可向本次展会的主管项目经理申请,主办者可酌情收费。
申请单位：　　　　　　　　　　主办单位：
代表签名：　　　　　　　　　　代表签名：
单位(盖章)：　　　　　　　　　单位(盖章)：

日期：   日期：

主办单位填写：展台号：＿＿＿＿＿＿＿＿＿＿＿＿ 会计部：＿＿＿＿＿＿＿＿＿＿＿

代理：＿＿＿＿＿＿＿＿＿＿＿ 展商：□独立展台 □国家展台 □广告发布商 □其他

（二）××××中国国际家电展招展在线报名表

××××中国国际家电展招展在线报名表

公司名称：＿＿＿＿＿＿＿＿＿＿

公司地址：＿＿＿＿＿＿＿＿＿＿

邮　　编：＿＿＿＿＿＿＿＿＿＿

联 系 人：＿＿＿＿＿＿＿＿＿＿

部　　门：＿＿＿＿＿＿＿＿＿＿

职　　位：＿＿＿＿＿＿＿＿＿＿

电　　话：＿＿＿＿＿＿＿＿＿＿

传　　真：＿＿＿＿＿＿＿＿＿＿

E-mail：＿＿＿＿＿＿＿＿＿＿

公司网站：＿＿＿＿＿＿＿＿＿＿

希望展区：1号馆

主要展品：产品类
- □ 家用制冷器具
- □ 家用空调器具
- □ 家用清洁器具
- □ 家用通风器具
- □ 家用厨房电动器具
- □ 家用电热器具
- □ 家用美容美发器具
- □ 家用保健器具
- □ 智能家具产品
- □ 网络家电、信息家电
- □ 家用太阳能产品
- □ 家用视听产品
- □ 其他

设备类
- □ 家电技术装备及生产设备
- □ 家电仪器、仪表及检测设备
- □ 废旧家电回收处理设备
- □ 其他

配套类
☐ 各类家电产品原辅材料
☐ 各类家电产品零部件及配套件
☐ 其他
出版物类
☐ 家电相关电子音像出版物
☐ 家电相关刊物及工具书
☐ 其他

展位面积：⊙标准展位 ☐ 个
　　　　　〇光地 ☐ 个

案例点评：

这份在线报名表一般是作为会展招展函的附表与会展招展函一起在网上发布，读者可以参照这份报名表练习制作另一个展会的在线报名表。

情 景 练 习

（一）练习背景介绍

随着北京—张家口冬奥会的成功召开、国内人民生活水平的提高，以及本身所具有的刺激性和强身健体的功能，滑雪运动在近几年逐渐褪去"贵族运动"的外衣，成为一项深受广大民众喜爱的运动。中国的滑雪产业经过前几年的积累，目前正处于较快发展时期。北京—张家口冬奥会成功举办，这对滑雪产业在全国的整体发展起到促进作用。现在，东北、河南、山东，甚至一些南方省市也在积极开发这个市场。目前全国各地有近700多家滑雪场，滑雪人数突破了3亿人次。冬奥会成功举办，会带动中国更多百姓参与冰雪运动，带来相关产业总产值将万亿元。冰雪业必将会拥有一个更加广阔的发展前景，并会在我国体育产业及旅游业中发挥出越来越重要的作用。"2022年中国（北京）国际滑雪用品与装备及设施展览会"将于2022年6月27—28日在中国国际展览中心举办，为滑雪技术及用品行业搭建了一个技术交流、促进合作、扩大上中下游贸易、提高品牌及企业知名度的平台。

展会特色：

强大的展商和观众阵容：本展会集品牌展示、技术交流和国际贸易于一体，大会组委会重点组织旅游景区、零售商、个人经营者、雪场、感兴趣人群及行业名流等行业众多专业采购用户、经销商、代理商前来交流洽谈，本展会无疑是企业展示综合实力、结交合作伙伴、交流技术经验的最佳时机。

辐射范围广：中国北京是最大的经济政治文化交流中心，其国际化的辐射能力在国内具有无可替代的地位，我国是滑雪技术发达国家之一。本届滑雪技术展览会是一届国际性顶级盛会，届时将有来自美国、德国、英国、法国、日本、韩国、澳大利亚、新加坡、中国台湾、中国香港以及中国内地等国家和地区的众多知名企业齐聚中国，共同欢庆这一国际性盛会。组委会将以一流的服务，热忱欢迎世界各地相关单位和客商参展参观。

同期活动：

中国滑雪产业论坛

1. "冬奥会后"中国滑雪产业的机遇与挑战
2. 新形势下滑雪场经营管理的新思路
3. 国际成功滑雪场所带来的启发
4. 雪场运营管理论坛
5. 滑雪运动装备科技论坛
6. 中国滑雪用品发展论坛

参展范围：

- 雪场设备：索道、造雪机、压雪车、雪地摩托、供水系统、管理系统、滑雪设备配件等。
- 运动用品：滑雪板、滑雪杖、滑雪靴、滑雪镜、风镜、头盔、各种固定器、护腕、护肘、护膝、滑雪手套、滑雪装、滑雪帽、雪撬/魔毯等相关滑雪器材及其运动用品。
- 存放架类：双板存放架、儿童双板存放架、雪鞋存放架、雪仗存放架、头盔存放架、衣服存放架、眼镜存放架、烘干机等。
- 物品存放柜：一门存放柜、二门存放柜、四门存放柜、六门存放柜。
- 安全防护类：防护网、安全杆、C型杆、防撞垫等。
- 雪场：雪场形象展览展示、雪场建设设备及维护设备、雪场管理软件及各类雪场配套设备及技术等产品。

（二）情景练习题

1. 调查了解"2022年中国(北京)国际滑雪用品与装备及设施展览会"的目标参展商和目标观众是哪些团体和人群。
2. 确定招展招商地区，进行招展招商分工。
3. 撰写展会招展函和邀请函。
4. 运用电脑设计招展函和邀请函并打印。
5. 模拟招展，教师可担任参展商的角色，学生对展会进行推介，教师可以设置各种问题以考察学生的反应能力。
6. 目标市场营销练习，学生分组撰写目标市场开发的情景剧本，并上台表演，目标市场可以是幼儿园市场、早教训练机构、赞助商群体等。
7. 进行招商策划。

（三）教学组织

1. 学生分组书写招展方案和招展函，由小组学生代表进行方案汇报，其他小组学生对方案和招展函的内容进行点评，教师进行总结评价。
2. 学生每人制作设计招展函，分小组汇报，教师进行点评。
3. 学生写作目标市场营销剧本，分配角色，进行情景表演，每个剧目的表演团队由6~8人组成，每个剧目的表演时间为15分钟，道具由表演团队自行准备。

目标市场营销练习评分标准

项目	内容和要求	分值	得分
创意策划	选题贴近行业实际,专业化程度高	15	
	营销方案设计合理	15	
	团队构建合理,配合默契	10	
表演效果	场景设计简洁,上下衔接巧妙	10	
	语言表达流畅准确,现场组织能力强	20	
	体现出营销实战能力	10	
评委(可由教师和学生组成)提问回答	营销理念准确并具创新性	10	
	应变能力强,团队沟通协调能力强	10	
总分		100	

(四) 练习所需器材和场地

网络计算机、多媒体教室、会议室、电脑、打印机、纸张及美工器材等。

知 识 巩 固

(一) 不定项选择题

(1) _____是指为了获取新的知识、新观念,了解新产品等目的而前往展览会现场参观的社会群体。

  A. 特约卖家   B. 普通群众   C. 专业观众   D. 评估机构

(2) 展会招商宣传的渠道有_____?

  A. 专业媒体   B. 大众媒体   C. 机构推广   D. 活动推广

(3) 展会价格制定包括_____?

  A. 展品价格制订   B. 门票价格制订

  C. 展位价格制订   D. 广告价格制订

(4) 以下_____属于影响展位价格的外部因素。

  A. 组展企业运行成本   B. 展会项目成本

  C. 展会项目竞争力   D. 展会的行业价格水平

(二) 简答题

(1) 简述招展代理的选择原则。

(2) 简述如何划分展区展位。

(3) 如何建立目标观众数据库?

第八章 会展宣传推广

学习目标

学生应当通过本章学习和练习达到以下目标：
- 具有展会宣传推广方案的策划和撰写能力；
- 具有选择合理正确的言语、电子、印刷或其他媒介进行会展宣传的能力；
- 对各种宣传推广渠道所用的材料、道具、途径、种类及实施成本有所了解；
- 掌握宣传场地布置、安排能力。

开篇导读

新媒体与专业展的品牌传播

2021年亚洲打印技术及耗材展览会（Re China，亚印展）预计规模为1.5万平方米，有近300家展商参展，专业观众预计达1.2万人次。亚印展组委会在本次展会宣传推广中将传统媒体和新媒体进行了有机的结合。

首先，媒体先行。此次亚印展的一大特色是与300家媒体合作，高频次地为第17届亚印展和印刷行业加大宣传力度。据亚印展组委会项目有关负责人透露，与媒体合作，是亚印展自2020年起启动的服务模式的一部分。事实上，在亚印展新闻发布会召开前近半年的时间，其新媒体运营团队已开始筹划此次新闻发布会，这其中还包括之后对参展企业品牌和产品的全方位宣传。此外，他们还专业解读企业品牌和产品优点，帮助经销商多渠道了解展品。

与此同时，亚印展新媒体团队根据展会的时间节点，分批次、分品类，对参展企业进行集中投票，将通过"病毒式"的裂变方式，将参展产品多批次、高度渗透给经销商。

此次亚印展新闻发布会除专业媒体之外，还通过微信短视频进行新闻发布会内容传播，让制造企业和经销商能够快速获悉展会信息。同时，发布会还将吸引大量以经销商、采购商、渠道商为主的精准群体关注。

其次，传递价值，选出好品。亚印展不仅仅是行业产品的展示平台，也是行业发展的风向标。随着移动互联网时代的快速发展，人们的生活和办公节奏都在加快，在线印刷与图文快印，从某种意义上正在成为大印刷行业最具活力的领域。因此，打印技术及耗材行业成为朝阳产业。

处在时代的变革下，于亚印展组委会而言，旨在帮助亚洲打印技术及耗材行业深耕中国市场，打好"内循环"战役。同时，通过线上和线下对接相结合的方式，继续为国际买家和外贸出口企业服务,做到内需与外销两手抓,成为亚印展的价值所在。

最后,新媒体营销助力亚印展提升品牌影响力。虽然线下展会是实现企业与经销商精准对接的关键平台,但仍离不开线上新媒体的作用。随着短视频、直播的爆发,以图文为主的微信公众号逐渐"老去"。但在笔者看来,无论是微信公众号,还是短视频、直播,在未来相当长的一段时间仍大有可为。也就是说,新媒体营销,依旧是企业最快捷的获客方式。但前提是,企业要有一个过得硬的好产品。

可以看出,此次亚印展依托垂直新媒体矩阵,利用短视频、直播等新媒体工具,帮助参展企业全方位多角度地宣传产品,提升品牌影响力,同样对于经销商来说,新媒体宣传也是能够帮助其快速发现好产品的最佳方式。

资料来源:王海宁.从传统展会复兴看新媒体与专业展的品牌传播[N].中国贸易报,2020-11-24(05).

会展宣传推广是会展工作的关键之一,主要是围绕会展的主题、目标和内容,以会展和客户的文化、资本为基础,通过纸质宣传、媒体宣传、事件宣传等手段,达到提升会展价值、推广会展主题、扩大会展影响、展现会展形象、提升会展知名度和参与度、吸引更多目标观众的目的。随着会展业的发展,以及社会的进步、生活节奏的加快、科学技术的提高,会展宣传推广的概念、对象、手段也都相应地发生着变化和发展。尤其是随着计算机技术、多媒体技术、网络技术等数字技术的发展,会展的宣传推广正从单纯的广告宣传设计发展成为以人为本、融合现代尖端科技和艺术于一体的综合性服务。无论是在展前服务,还是展中、展后服务中,都涉及会展宣传推广工作。从宣传推广的手段来看,会展的宣传推广主要包括广告、软性文章和图片、直接邮寄、新闻发布会、人员推广、展会推广、机构推广、公共关系、网站推广和活动推广等形式。会展宣传工作可以由项目经理直接负责,也可以由相关的广告、宣传、企划或公关部门负责。

在学习本章之前,学生应当已经学习了相关活动策划、多媒体及相关设计软件的应用操作等知识。教师在进行项目练习时,可以就本章相关的知识点进行回顾。本章将对会展宣传计划的策划和撰写,以及展会形象设计等内容进行重点练习。

第一节 会展宣传推广的特点与重点

会展宣传推广是围绕会展活动的基本目标制定的、有目的、有计划举行的一系列促进招展招商和建立会展形象的宣传推广活动。会展宣传推广策划主要包括确定宣传推广的策略、渠道、时间和地域、费用预算等。

一、会展宣传推广活动的特点

(一) 整体性

会展宣传推广是有多重任务的,要促进展会招展招商、建立展会良好形象、创造展会竞争优势、协助业务代表开展工作、指导内部员工更好地对待顾客等。这是一项复杂而量大的工作,服务于整个展会,要处处注意展会的整体利益。

(二) 阶段性

会展宣传推广的各项目标不是同时实现的,而是随着展会筹备工作的进展和实际需要分步骤分阶段逐步实现的。展会在不同阶段,宣传推广的目标也不同。因此,展会发展到什么阶段就进行什么样的宣传推广工作,呈现出很强的阶段性。

(三) 计划性

会展宣传推广的任务多,阶段性强,这就要求展会在开始筹备阶段就必须认真规划好宣传推广工作,照顾到筹备工作各方面对宣传推广的需要,给筹备工作以强有力的、全方位的支持。另外,会展宣传推广是一种多媒体、多渠道的宣传推广工作,要特别注意各媒体和各渠道的宣传推广在时间安排上的合理分配、内容上的协调统一,以及效果上的互相补充。

(四) 服务型

展览和会议本质上是一种服务,是各种展览或会议服务的一个有形载体。参展商和观众之所以要参加展会,是因为他们想得到展会提供的各种服务,否则,展会就失去了其最本质的功能。因此,从本质上看,会展宣传推广是宣传和推广会展的各种服务。

二、会展活动阶段性宣传推广重点

会展活动所处的阶段不同,宣传推广的目的和侧重点也会有所不同,因而,会展活动主办方要在宣传推广的时间上做好安排,通常可以分为展前、展中和展后三个阶段。

(一) 会展筹备阶段(展前)

会展筹备阶段还可细分为筹备前期、筹备中期、筹备后期三个阶段。在筹备前期,宣传推广的重点主要是提示性宣传,向社会大众介绍展会的概念性知识,如展会主题、主要内容、时间地点等。该阶段的宣传目的重在促进招展。

随着会展筹备工作的推进,宣传工作可以进一步展开。特别是在招展任务基本完成时,宣传的目的转为招商,即招目标观众。这时处于筹备中期,主要通过媒体、网站、招商代理等渠道,更加具体地介绍展会内容,如日程安排、特色服务等,对目标观众展开宣传攻势。

在对目标观众的宣传工作基本完成的情况下,进入会展筹备后期,宣传的重点也转向普通观众。此时,应通过各种媒介、与观众面对面的推广活动等,提高普通观众对展会的关注度和参与的积极性。

(二) 会展实施阶段(展中)

会展期间宣传推广的重点是促使参展商和观众获得更大的利益。组展方在这一时期的主要宣传手段集中于新闻报道、社会环境宣传、展会配套活动等,以利于参展商和观众获取更多的会展咨询、享受更多的会展服务。

(三) 会展结束阶段(展后)

在会展活动结束以后,宣传推广活动主要是对展会效果进行相关报道,让广大参与者和关注者了解会展活动的成果,也为下一届活动的宣传做好准备。

在展会结束后,组展方可以在其官网、微信公众号等线上媒体,以及线下出版物上发布参展商和展品信息。这样做的目的是向行业宣传本次展会的一些有新闻价值的产品,把展会推向整个行业的最前沿。

第二节 会展宣传推广方式

会展宣传推广已经迎来了整合营销推广的时代,需要在不同的宣传阶段组合不同的宣传推广手段和渠道,会展宣传推广的主要方式有以下几种。

(一)新闻宣传

新闻宣传包括在报纸杂志、广播电视、会展专业媒体、行业专业媒体、网站、新媒体等上面发布的宣传内容,可以是文章(如对展会的评论、报道、特写和消息等)发布,也可以是广告推送。

传统的新闻宣传,如报纸杂志、广播电视等,具有时效性。一般来说,集中在展会开幕前期和举行开幕式、闭幕式等重大活动时期,对展会招展与吸引专业观众的影响不大,主要起到宣传造势的作用,以吸引普通观众为要,因此,以选择当地及其周边地区的传统大众媒介居多。在选择传统的新闻宣传时,还要考虑预算成本的问题以及宣传的时间安排。不同层次、不同影响力的传统大众媒介,刊例价大不相同,还会随着时间段的变化而变化。比如说,电视台对新闻和黄金档电视剧的广告插播收费较午夜场的高,而交通电台则对早晚上下班高峰期的广告播出收费最高。因此,在制订传统新闻宣传的整体安排时,应综合考虑各栏目各时段的广告安排与收费标准,要统筹兼顾、全面铺开、厉行节约。

会展专业媒体和展会所在行业的专业媒体,直面展会活动的目标参展商和目标观众,是展会首选的宣传推广媒介。慎重选择专业媒体,要考虑三个方面的因素:第一,客户规模。若专业媒体所覆盖的目标客户规模越大,在它上面做宣传的效果就越好,对每一个目标客户单项推广活动的成本越低。第二,竞争与干扰。如果竞争的同类展会较多,展会的宣传推广投入就要大一些,这样才能让客户在众多竞争者中听到本展会的声音;如果在一个专业媒体上的广告过多,不管这些广告是否属于竞争者的,他们都会分散目标客户的注意力,此时宣传力度也要适当提高。第三,展会发展阶段。在创立和培育阶段,为扩大展会的知名度和品牌影响力,宣传推广的力度要大一些;随着展会进入成熟期和衰退期,因目标客户对展会比较了解,宣传推广的力度可以适当缩小;但如果展会正在或即将转型,宣传力度又应该大一些,以突显展会的创新发展。

随着网络的发展和新媒体的应用,目标参展商和目标观众接触电子信息推送的机会越来越多。此时,要特别注意信息推送的频率和内容的编制。一般说来,目标客户在一个展览周期里需要接触到3次广告信息才能产生对该广告的记忆。但是,信息推送的频率不是越密集越好,次数过多容易引起被屏蔽状况的发生而不利于后续有效信息的传递与接收。通常认为,6次为最佳频率。信息内容的编制要与推送时间相契合,比如,上一届展会结束至年末这段时间,要推出下一届展会的概念性内容,让目标客户对此有所了解并纳入来年活动预算;在展会筹备前期,要将展会优势特色、目标任务和招展阶段性成果做个通告,让犹豫不决的目标客户尽快下定决心;到了展会开幕前期,要将展会期间的配套活动以及展会特色服务详细告知,方便目标客户合理安排参展参会期间的行程(图8-1)。

图8-1　中国深圳文博会官网新闻板块

新闻宣传推广,还需重视的一项工作是舆情收集。做好舆情收集工作,可以让我们了解展会新闻宣传的强度和广度,有助于在工作中及时调整宣传力度和幅度。从收集到的新闻报道中,我们可以发现并区分友好媒体和非友好媒体,有助于在展会出现危机管理时刻谨慎选择媒体公关,作出最有利的回复。

（二）社会环境宣传

社会环境宣传包括在户外广告牌、交通工具、道旗灯箱、LED显示屏、机场火车站地铁站广告牌、电梯广告等上面做的各种广告宣传。通常情况下,社会环境宣传在展会所在地进行,但偶有例外,如在以展会举办城市为目的地的大众交通工具上,如火车、汽车或飞机的椅背后侧等,甚至铁路公路沿线的广告牌。社会环境宣传一般在展会活动筹备后期集中展开,并将贯穿展会始终,面向展会所在地的普通大众。

社会环境宣传,有别于新闻宣传的文字渲染,主要推出的是图片设计,给人以强有力的视觉冲击,塑造浓厚的展会活动环境氛围。特别值得一提的是,展会的VI(Visual Identity)系统设计,即视觉识别,极具传播力和感染力。VI设计一般包括基础部分和应用部分两大内容。在社会环境宣传中使用较多的是其基础部分以及应用部分的吉祥物设计。一套VI设计的基本要素系统包括展会名称、标志设计、标识、标准字体、标准色、辅助图形、标准印刷字体、禁用规则等。大家可以看看图8-2的2014杭州休闲购物节的户外广告牌设计以及图8-3的第十六届杭州西湖国际博览会的道旗设计,从中分别找出两个展会VI设计的基本元素。

图8-2 墙体广告

图8-3 道旗广告

吉祥物的设计是VI应用系统中的一个部分,是承载了特定文化和大量信息的卡通造型,给受众带来崭新的视觉冲击和良好的品牌印象。卡通吉祥物作为已存在近一个世纪的成功设计方法,不是纯艺术,更不是视觉消遣,而是商业的产物。不同行业的创意吉祥物,必须满足该行业特征及相关背景,一定要与众不同。一个优秀的吉祥物,传递的信息可以用"5W"来概括,即Who,What,Why,When,Where。Who——它是谁?它是什么?它代言什么?What——它正在干什么?它传递什么信息?Why——它为什么是这样,而不是那样?When——它属于过去、现在还是将来?Where——它属于哪里?它有那里的特色吗?

2022冬奥会吉祥物

北京冬奥会吉祥物"冰墩墩",以熊猫为原型进行设计创作。将熊猫形象与富有超能量的冰晶外壳相结合,体现了冬季冰雪运动和现代科技特点。

头部外壳造型取自冰雪运动头盔,装饰彩色光环,其灵感源自于北京冬奥会的国家速滑馆——"冰丝带",流动的明亮色彩线条象征着冰雪运动的赛道和5G高科技;左手掌心的心形图案,代表着主办国对全世界朋友的热情欢迎。

冰墩墩
Bing DwenDwen

整体形象酷似航天员,寓意创造非凡、探索未来,体现了追求卓越、引领时代,以及面向未来的无限可能。

北京冬残奥会吉祥物"雪容融"以灯笼为原型进行设计创作。灯笼,是世界公认的"中国符号",具有2 000多年历史,代表着收获、喜庆、温暖和光明。

顶部的如意造型象征吉祥幸福;和平鸽和天坛构成的连续图案,寓意着和平友谊,突出了举办地的特色;装饰图案融入了中国传统剪纸艺术;面部的雪块既代表"瑞雪兆丰年"的寓意,又体现了拟人化的设计,凸显吉祥物的可爱。

雪容融
Shuey RhonRhon

灯笼以"中国红"为主色调,渲染了2022年中国春节的节日气氛,身体发出光芒,寓意着点亮梦想,温暖世界,代表着友爱、勇气和坚强,体现了冬残奥运动员的拼搏精神和激励世界的冬残奥会理念。

(三)事件推广

事件推广,主要有三层含义内容。

1. 举行新闻发布会或记者招待会

在展会筹备期间以及开幕、闭幕前后,就展会的有关情况举行新闻发布会或记者招待会。新闻采访和报道一般是免费的,而新闻报道的可信度又比较高,因此,如果组织得当,新闻发布会或记者招待会是一种成本低效率高的会展宣传手段。

组织召开新闻发布会或记者招待会,要慎重安排发布会的召开时间、地点、主持人、出席的媒体及相关人员、发布内容以及召开流程。

展会新闻通稿

时间:展会从开始筹备到开幕、闭幕,这期间可以视需要组织多次新闻发布会。如在展会筹备之初,向新闻界介绍展会的举办时间、地点、目标任务、展示主题、展品范围和发展前景等,主要起到"信息发布"和"事件提示"的作用。在展会招展工作基本结束时,就展会筹备进展、参展商的构成和特点等情况举行新闻发布会,以吸引目标观众并激励犹豫未决参展与否的目标参展商。在展会开幕前召开的新闻发布会十分关键,通报的内容很全面,大都精心组织、广泛邀请记者参加。在展会闭幕时召开的新闻发布会一般都是成果发布,有的还为下届展会做宣传铺垫。

地点:召开新闻发布会的地点可以在展会的举办地,也可以不在展会的举办地,可以在高星级酒店,也可以在展会活动所在场馆,视情况而定。从实际操作看,很多展会将开幕时和闭幕后的发布会放在展会举办地召开,而慎重选择目标招展招商地区作为展会筹备之初和筹备中期的新闻发布会召开地。

主持人:新闻发布会的主持人可以是行业协会或商会的领导、组展方负责人、政府主管部门的官员等,通常要求有一定身份地位并对展会有所了解的人。

出席的媒体及相关人员:受邀参加新闻发布会的媒体记者一定要经过慎重选择,必须是对目标受众,包括目标参展商和目标客商,有较大影响的媒体。仔细规划媒体数量和地区来源,做好国家级、省级、地市级、纸媒、电视电台、网络等各式媒体的排列组合。此外,还可以邀请一些行业协会、政府主管协管部门、外国驻华机构、参展商代表、客商代表等人员参加。

发布内容:新闻发布会的内容与其召开时间有很大关联,如前所述。发布的内容可以编成各种新闻资料,如新闻稿、特别报道、特写、新闻图片、专题报道等,口径一致,重点突出,供媒体选择使用。

召开流程:召开新闻发布会的流程一般是,办展单位、行业协会或政府主管部门领导讲话——展会信息发布和展示——记者提问。领导讲话要简短,信息发布要突出重点亮点,答记者问要精心准备。发布会的流程安排不宜过多,时间不应太长,最好不要超过1个小时。

2. 参加同类展会

是指参加国内外各种同类展会,并在展会上策划实施宣传推广活动,经常采取的形式有:(1) 互换展位或单方面参展;(2) 在对方展会的会刊中刊登本展会的信息或广告;(3) 在对方展览会开幕期间举行关于本次展会的新闻发布会;(4) 在对方官网上发布本展会的信息,或双方网站建立友情链接;(5) 彼此代为派发对方展会的宣传资料。这些推广方式一般都是在竞争性不强的展览会之间进行,甚至两个展会成为战略合作伙伴。

新闻发布会现场

3. 展会相关活动

在展会开幕前或举办期间组织各种形式的活动,如各种征集活动、座谈会、研讨会等,起到"事件营销"的作用。

(四) 人员推广

人员推广包括展会工作人员对各机构和客户的直接拜访、电话、传真和电邮联络等。人员推广的费用一般较高,能接触到的目标客户数量也较为有限,但能最直接地与客户进行一对一的沟通,很好地联络客户感情、倾听客户的声音,效果也比较好。

计划人员推广时应做好走访线路安排、时间安排、人员安排以及经费预算安排等。2011第二届世界休闲博览会在做人员推广时,一共策划了6条国内走访线路和8条国外走访线路,覆盖我国东北、西北、西南、南部、北部、中部及东南地区,以及亚洲、欧洲、美洲、非洲、大洋洲。考虑到经费预算和时间人员安排的限制,展会责任部门与其兄弟部门团结协作,在兄弟部门出访时对世界休闲博览会进行连带的宣传推广。

(五) 机构推广

机构推广包括与政府有关部门、各行业协会和商会、学会、双边或多边国际机构、专业化商业中介组织等合作开展各种推广活动。

机构推广一般需要在组展方和受托方之间签署合作协议,有的时候组展方还须支付一定费用给受托方。合作协议中规定双方承担的责任和义务、协议有效期限、违约与协议终止的规定、费用金额及支付方式等。

(六) 宣传资料和展会衍生产品

1. 宣传资料

展会宣传资料的形式多样,可以是折页、手册,可以是出版书籍,还可以是图册。宣传资料的形式不同,所展示的内容也不同。一般情况下,宣传折页因其篇幅有限,主要介绍会展活动的概况信息,如活动时间、地点、主承办机构、主题、内容、展区布局、联系方式等。宣传手册包含的内容会多一些,例如,已经确定的参展商和展品介绍、展会贵宾介绍等。宣传折页和宣传手册更多时候是一种超前宣传,即在展会开始前制作的宣传资料,而出版书籍或图册则更适合做滞后宣传,亦称总结性资料,即把已经结束的展会盛况和成果做综合性的梳理,可以是文字形式,也可以是图片形式。

2. 展会衍生产品

展会衍生产品,或者也可以称为展会 VI 系统设计的应用部分,除前文介绍的吉祥物外,还包括日用品、纪念品、服饰和集邮品等礼品。日用品有旅行杯、水杯、保温杯等(图 8-4);纪念品有徽章、会徽、纪念册、纪念章、带会徽的钥匙串以及挂件等(图 8-5);服饰有领带、T恤衫、运动服、丝巾、卡包等(图 8-6);集邮品有明信片、信封、带会徽的邮票等(图 8-7)。

图8-4 日用品设计

图8-5 纪念品设计

图8-6 服饰设计

图 8-7　集邮品设计

第三节　会展宣传推广计划

会展宣传推广计划，即会展组织机构根据不同受众特点和不同宣传阶段需要，采取相应的宣传推广手段，以期获得多种宣传方式组合运用的效果。它主要有广告宣传推广计划、新闻媒体宣传推广计划、同类展会宣传推广计划、展会整体宣传推广进度计划等。

一、会展宣传推广活动的策划步骤

一般说来，会展宣传推广活动的策划步骤有六个：目标、投入、信息、资料、渠道和评估。

（一）目标

确定会展宣传推广所希望达到的目标，如在前期筹备阶段偏重于招展，随着时间推移要将宣传推广的重点转移到招商上来，在展会开幕前夕和实施阶段偏重于整体形象的展示，而在展会结束以后要把展会的亮点和其他情况反馈给媒体，并为下届展会做好宣传铺垫。

（二）投入

确定会展宣传推广所需要的资金投入，一般以"会展宣传推广预算"来体现。会展宣传推广预算可以先按宣传渠道的不同来分别制订，如专业媒体投入预算、新闻媒体投入预算、社会环境宣传投入预算等，然后再将各块预算汇总成总预算。从国际普遍的做法来看，组展方一般会将展会收入的10%~20%拿出来作为展会宣传推广的资金投入。

（三）信息

确定会展宣传推广需要向外界传递的信息内容，如展会的办展理念、优势和特点、VI形象等。这些信息内容必须是真实可靠且可信度较高，同时还要有自己的特色和亮点，以免被其他信息瞬间覆盖。

（四）资料

确定承载宣传推广信息内容的资料类型。在制作宣传资料时应注意遵循以下几点：第一，有针对性地设计制作每一种宣传资料以应对具体的目标客户；第二，各类宣传资料是一个有机统一的整体，既互相分工，又互相配合；第三，宣传资料在制作上要符合行业要求和展会特色，同时，要兼顾国际化发展趋势和各国文化差异。

（五）渠道

确定会展宣传推广的渠道，如新闻媒体、社会环境宣传、同类展会、电子商务、直接邮寄、事件推广、公共关系等。这些渠道各有特色,要善于选择和利用。

(六) 评估

评估会展宣传推广的质量和效果,即展会宣传推广目标的完成状况和实现程度,可以分为即时效果、近期效果和远期效果。对这些效果的评估可以从观众、参展商和展会功能定位三个方面来进行,也可以从宣传的传播效果、促销效果和形象效果三个方面来评估。展会的宣传推广效果具有滞后性、交融性和隐含性等特征,有时候较难测定,对此我们必须采取科学的方法。

二、媒体和广告宣传推广计划

确定展会的目标和阶段性目标,充分考虑媒体特点,进行选择和组合应用。媒体和广告宣传推广计划的内容形式可以是广告、专题报道、软性新闻等。广告媒体按受众类型可分为专业媒体和大众媒体;按照媒介类型可分为传统纸质媒体和网络媒体;按照视觉设计类型可分为平面媒体和视频媒体;按照信息传达场合可分为携带式媒介广告和户外广告(社会环境宣传)。广告媒体宣传推广计划是各种宣传推广方式的组合应用计划。

广州某建材展宣传专业媒体和大众媒体推广计划

1. 专业媒体推广计划(表8-1)

由于本次展会立足于华南地区,所以主要的宣传区域也集中在华南地区,特别是广州和深圳地区。选择的专业媒体为展会、节能环保和房地产的领域,由于本展会是首届举办,所以对宣传的投入会较大,以此建立展会的知名度和认知基础。

表8-1 专业媒体推广计划

媒体名称	期数	时间	推广形式	规格尺寸	价格	金额合计	备注
中国会展	3期	2016.12—2017.3	广告、专题报道	1/2内页 170*112 mm	略	略	杂志 (月刊)
广州会展	6期	2016.9—2017.3	广告、专题报道	1/2内页 375*112 mm	略	略	杂志 (月刊)
……					略	略	
建筑节能	3期	2016.12—2017.3	广告、专题报道	插页 210*297 mm	略	略	杂志 (月刊)
……					略	略	
中国房地产报	5次	2016.12—2017.3	广告、专题报道	1/3版 320*160(六栏)mm	略	略	报纸
中国会展在线	一年	2016.3—2017.3	广告、专题报道	首页顶部 468*60像素	略	略	网站
广州会展网	一年	2016.3—2017.3	广告、专题报道	首页顶部 468*60像素	略	略	网站

2. 大众媒体推广计划（表8-2）

大众媒体推广计划分为两种不同类型：一是间歇时间的宣传，包括了一些点击率高的网站和合作报纸，定期发布展会的信息和筹备进度，需要大众媒体对本展会进行跟踪报道；第二种是展会开幕之前的大规模媒体轰炸集中宣传，在较短时间内迅速形成强大的宣传攻势。

大众媒体的选择是省内发行的报纸和广州市地铁广告。报纸宣传上面，选定的两个长期合作方是广州日报和羊城晚报，展会会与这两个机构保持长期的合作关系，及时更新展会的信息，尽可能开展展会的专题跟踪报道。同时在省内其他报纸和百度营销上面做短期的广告宣传。

表8-2　大众媒体推广计划

媒体类型	推广形式	规格尺寸	时间	地点	价格	金额合计	备注
广州日报	跟踪报道	480×340 mm（全版）A1叠	不定期	省内	略	略	长期合作、跟踪报道
羊城晚报	跟踪报道	240×360 mm A1版	不定期	省内	略	略	长期合作、跟踪报道
南方日报	广告宣传	245×310 mm 普通版	开展前两周	广州市内	略	略	
羊城地铁报	广告宣传	350×240 mm 1/2版	开展前两周	广州市内	略	略	
新快报	广告宣传	170×240 mm 1/2版	开展前两周	广州市内	略	略	
信息时报	广告宣传	165×230 mm 1/2版	开展前两周	省内	略	略	
南方都市报	广告宣传	170×240 mm 1/2版	开展前两周	省内	略	略	
百度营销	广告宣传	百度搜索推广，百度信息流广告	开展前3个月	全国	略	略	
地铁广告	广告宣传	7.2平方米灯箱	开展前一个月	广州市内	略	略	

三、新闻发布会计划

新闻发布会是展会常用的宣传推广方式之一，也是展会主办单位与新闻界加强联系的有效方式。新闻发布会的次数和地点可以根据需要确定。广州某建材展新闻发布会的筹办进度安排如表8-3。

表 8-3　新闻发布会的筹办进度安排

时间	发布会地点	出席发布会的媒体和相关人员	发布会主持人	发布会内容	发布会的召开程序
2016.3	星河湾酒店	报纸平面媒体、专业刊物媒体、电视台记者、专栏评论员、网络媒体	本展览公司负责人	向外界传递信息，主要是起一种"消息发布"和"事件提醒"的作用	展会基本信息发布—记者提问
2017.1	星河湾酒店	行业协会、商会、专业刊物媒体、电视台记者、网络媒体、报纸平面媒体	行业协会负责人	向外界通报展会的进度和招展情况，吸引展会的目标观众届时莅临参观	展会筹备进度信息发布—行业协会与商会合作协议—记者提问
2017.3	琶洲展馆B区B层	行业协会、商会、专业刊物媒体、电视台记者、网络媒体、报纸平面媒体	政府主管部门官员	对外通报展会的特点、参展商的特点和构成、展会的重量级专业观众、展品范围、贵宾邀请等内容	政府官员发言—展会开幕预告
2017.3	琶洲展馆B区B层	行业协会、商会、专业刊物媒体、电视台记者、网络媒体、报纸平面媒体	本展览公司负责人	主要是向公众公开一些展会的基本信息(参展商数量、交易量、采购商人数等)	展会总结汇报—下一届展会基本信息公布—记者提问

注：在发布会结束以后，会派遣专门的工作人员负责跟踪和收集各媒体的报道情况，同时也会安排专业媒体进行实地采访拍摄和专题报道。

四、同类展会宣传推广计划

国内外举办的同类展会是展会目标客户最为集中的场所，在这些展会上进行宣传推广，可以直接面对潜在参展商和专业观众，费用相对较低，效果比较好。

广州某建材展同类展会推广计划

展会计划与北京、上海、天津等较知名的建材展建立长期的合作关系，通过互换展位，互相在对方展位上设立展会进行宣传推广；在对方展会的会刊里刊登本展会的信息和宣传广告；互相在对方展会的专门网站里发布关于本展会的信息和广告，互相建立友情链接；委托对方在展会适当的地方如信息咨询台等地派发本展会的宣传资料(表 8-4)。

表 8-4 展会推广计划

展会名称	时间	推广形式	费用预算	推广目标	备注
中国（北京）国际建筑装饰及材料博览会	2016.3.15—2016.3.18	互换展位、会刊刊登广告、网站广告和友情链接	略	宣传展会知名度，引起专业观众的注意	本策划公司人员到该展会进行实地宣传
上海装饰建材展览会	2016.3.31—2016.4.1	会刊刊登广告、网站广告和友情链接	略	扩大展会知名度	
中国（天津）国际建筑节能与新型建材展览会	2016.4.26—2016.4.28	互换展位、会刊刊登广告、网站广告和友情链接	略	吸引同类型客源，吸引参展商	本策划公司人员到该展会进行实地宣传
中国生态建筑建材及城市建设博览会	2016.6.3—2016.6.5	会刊刊登广告、网站广告和友情链接、代发资料	略	扩大展会知名度，吸引参展商	
中国国际建筑与建筑装饰材料（天津）展览会	2016.6.23—2016.6.25	会刊刊登广告、网站广告和友情链接、代发资料	略	扩大展会知名度	
中国（上海）国际建筑节能及新型建材展览会	2016.8.17—2016.8.20	互换展位、会刊刊登广告、网站广告和友情链接	略	吸引同类型客源，吸引参展商	本策划公司人员到该展会进行实地宣传

五、各种专项宣传推广计划

除了以上各种推广方式要制定专门的计划，人员推广、公关宣传和活动宣传等推广方式也要制定相应的计划。

广州某建材展专项宣传推广计划

针对重要目标群体，本展会通过采取一些特殊的宣传手段以达到展会整体宣传目标。这些宣传手段包括人员推广，直接与客户建立联系；直接邮寄，针对性强，效果较好；公共关系宣传通过支持和组织各种社会活动，建立品牌；相关活动可以积聚人气，是短时间宣传的好方法。（表 8-5）

表 8-5 宣传推广计划

推广形式	推广时间	推广地点	推广目标	费用预算	备注
人员推广	2016.3—2017.3	省内（特别是广州地区和深圳等发达城市）	直接与目标市场客户建立联系，长期跟踪	略	注意信息及时反馈和收集
直接邮寄	2016.6—2017.3	省内（特别是广州地区和深圳等发达城市）	向目标客户邮寄展会宣传资料，增强印象	略	依赖于客户数据库的完整性和准确性
公共关系	2016.9—2017.3	广州市内	建立良好的社会形象和经营环境，扩大展会的影响	略	着眼于展会的形象和长期发展
相关活动	2017.1—2017.3	广州市内	扩大展会知名度	略	

六、展会整体宣传推广进度计划

展会整体宣传推广进度计划是指为配合展会筹备、招展、招商等工作而对展会的整体宣传推广工作及其要达到的效果进行统筹规划和事先安排。在计划展会整体推广进度时，要处处考虑招展、招商等工作的需要。

广州某建材展宣传推广进度计划

为了更好地配合展会筹备、招展和招商等工作的需要，我们对展会的宣传推广工作及其要达到的效果进行统筹规划和事先安排。展会的宣传工作必须严格地按照机会开展，并对各阶段的宣传推广效果及时进行检查（表 8-6）。

表 8-6 宣传推广进度计划

时间	宣传推广组合	宣传推广措施	计划达到的宣传推广效果
2016.3	专业媒体＋大众媒体	新闻发布会＋合作报纸与网站的报道	迅速提高展会的知名度，同时向公众告知将有这样的一个展会要举办
2016.6	同类型展会宣传＋专业推介	同类型展会合作＋人员拜访	有针对性地开展宣传，联系重要观众
2016.9	相关活动＋专项宣传＋大众媒体	公共关系活动＋户外大型活动＋新闻发布会	扩大展会的社会影响，建立展会的良好形象
2016.12	相关活动＋专项宣传	重要客户跟踪拜访＋户外活动	扩大知名度
2017.3	专业媒体＋大众宣传	新闻发布会＋合作报纸与网站的报道＋大规模平面广告轰炸	短时间内形成轰动效益，吸引更多的社会关注

典型案例分析

案例一

××展会宣传推广策划方案

本展会是××市开创相关主题首届展会,宣传推广工作是整个工作的重中之重,关乎本届展会的成败,更关乎展会是否能可持续地发展。为了更好地进行展会宣传工作,确保××展会成功举办,成立专门宣传组,明确宣传任务并特制定宣传方案如下:

(一)宣传推广时间

宣传推广初期(3—5月)

宣传推广中期(6—8月)

展中宣传推广(9月)

(二)宣传推广方式

1. 媒体
2. 邮件、短信
3. 自媒体
4. 活动平台、B2B平台
5. 百度营销
6. 新闻发布会
7. 推介会
8. 机构推广
9. 户外广告

(三)阶段性宣传推广方案

1. 宣传推广初期(3—5月)

展会前期推广属于展会预热阶段,此阶段主要采取媒体推广、自媒体、邮件、活动平台、B2B平台、百度营销的宣传方式进行推广,达到全网覆盖的效果。

• 媒体推广

目前展会已经和×××网等200余家媒体达成合作协议。以资源互换、展位互换的方式进行合作,全面发布展会信息和广告,为招展招商奠定良好的基础。

• 自媒体推广

自媒体可以向大多数特定的人群投放所需信息,提升展会影响力,目前已经挑选头条号、大风号、百家号等8家有权威性和知名度的自媒体进行展会信息的投放。

• 邮件推广

邮件推广具有覆盖面广、可持续性等特点,计划4月份发送邮件30万封,5月份发送邮件30万封。

• 机构推广

从5月份开始组委会将向长三角地区及国内其他地区的相关政府机构、50家行业协会等机构赠送200余份特别邀请函,邀请其组团参观展会,增加观众的含金量。

- 新闻发布会

新闻发布会是一种立竿见影的宣传方式。5月份组委会计划在南京召开新闻发布会，向媒体公布展会最新的进展，组委会将邀请有关政府部门、行业协会、知名企业、新闻媒体组织召开新闻发布会，进行全方位宣传本届展会。

- 大众活动

组委会5月份计划在南京联合当地媒体或者机构举办一场大众活动，以此来提高展会知名度，有助于招展和招商。

- 活动平台、B2B平台

活动平台集中了各行业的精英人士，让更多的专业人士认识并了解展会，目前已经筛选了×××等10家高质量的平台作为展会推广的重要渠道，主要是以发布展会信息为主，并开通报名通道，对招展招商有一定的推动作用。

B2B平台属于贸易型分类信息网站，面向的客户范围比较广。目前已经搜集了50家B2B平台，用于投放展会信息和广告，达到大范围曝光展会信息，提高展会在各行业的知名度。

- 百度营销

百度营销从4月7日开始启动，4月份计划150元/天，预计达到20万的精准曝光量；5月份计划300元/天，在全国范围内投放广告，预计达到50万的精准曝光量，将有力助推招展招商工作的进行。

2. 宣传推广中期(6—8月)

展会中期属于展会的持续推广阶段，主要通过媒体、自媒体、新闻发布会、推介会、邮件短信、活动平台和百度营销、机构推广的方式进行宣传。

- 媒体推广

和前期推广相比，中期的媒体推广除了继续投放展会相关信息之外，计划在5月和6月在2家行业媒体首页投放图片广告，在大众媒体上投放展会和活动信息。

- 自媒体推广

组委会计划6—8月份继续在自媒体平台上投放展会相关信息以及最新的活动信息，其中8月份开始加大投放知名企业参展的新闻。

- 推介会

原定的推介会因疫情问题，暂时取消。

6、7、8月份组委会计划在××、××、××地区组织三场展会推介会，向大众公布展会的最新动态，组委会将邀请行业协会、当地知名企业、新闻媒体、当地政府部门组织召开推介会，推进企业参观参展。

- 邮件、短信推广

计划6月份发送邮件40万封，7月份发送邮件40万封，8月份发送邮件20万封。

计划7月份发送短信10万条，8月份发送短信10万条，用于招商。

- 活动平台

展会推广中期属于推广的关键时期，10家活动平台除了及时更新展会信息外，还会在活动平台上投放展会论坛、对接会的相关消息，招揽论坛、对接会的专业观众。

- 百度营销

6月份和7月份百度营销计划300元/天，预计50万/月的精准曝光量；8月份百度营销计划 200 元/天,预计 40 万/月的精准曝光量。
- 机构推广

从 5 月份开始组委会将向长三角地区及国内其他地区的相关政府机构、50 家行业协会等机构赠送 200 余份特别邀请函,邀请其组团参观展会,增加观众的含金量。
- 户外广告

8 月份结合当地政府资源,给予展会在南京溧水区一定的户外宣传推广。

3. 开展前期、展中及展后推广

9 月 1—15 日,计划发送邮件 4 次共计 20 万封精准客户邮件;

9 月 8—11 日,发送展前预热新闻到 200 余家媒体和 8 家自媒体平台;

9 月 10—15 日,分 2 次向展会预登记观众发送展会提醒短信;

9 月 16—18 日,通过行业媒体、自媒体、纸媒、电视台、微博、官网对展会进行实时报道;

9 月 19—22 日,针对本届展会的展商、观众、成交量做后续报道。

(四)宣传推广工作要求

1. 宣传推广工作安排与收费(表 8-7)

表 8-7 宣传推广工作安排与收费

类型	数量	费用(元)	备注
媒体	2 家	51 500	投放 2 家行业媒体广告;发布 3 次大众媒体
邮件	180 万封	20 000	
百度营销	2 种形式	28 800	搜索推广和信息流投放时间 5—8 月份
活动平台	10 家	500	1 家收费
新闻发布会	1 场	50 000	南京召开
短信	20 万条	10 000	7、8、9 月份发送,用于招揽观众
邮寄		5 000	给协会等其他机构邮寄
大众活动	1 场	100 000	邀请函,南京本地举行
总计		265 800	

2. 宣传推广时间节点表(表 8-8)

表 8-8 宣传推广时间节点

时间	工作内容	效果
2020 年 3 月	1. 完成展会官网内容调整; 2. B2B 平台发送 12 家; 3. 线上展会开通,助力招展招商; 4. 完成官网预登记的改版; 5. 在子网站流量较多的入口添加展会入口; 6. 在公司官网加入展会入口; 7. 活动平台上线 3 家。	接到意向电话 3 个,3 月份属于基础工作准备期,其他效果有待考量。

续表 8-8

时间	工作内容	效果
2020年4月	1. 在60家媒体平台发送展会软文/邀请函； 2. 发送30万条邮箱数据； 3. 活动平台上线5家； 4. 百度营销投放150元/天； 5. 发布1篇软文到8家自媒体平台； 6. 确保50家全部上线展会信息。	1. 观众预登记达到200人； 2. 邮件打开率平均达到20%； 3. 每篇自媒体软文阅读达到3 000。
2020年5月	1. 发送30万条邮箱数据； 2. 百度营销投放300元/天； 3. 南京举办新闻发布会； 4. 南京举办一场大众活动； 5. 向机构发送邀请函，邀请参观参展； 6. 发送软文到自媒体平台； 7. 如有新出的活动则发布到活动平台； 8. 投放大众媒体软文。	1. 观众预登记达到500人； 2. 邮件打开率平均达到20%； 3. 每篇自媒体软文阅读达到3 000； 4. 新闻发布会媒体转发量达到100家； 5. 通过网络招展面积达到120 m²。
2020年6月	1. 发送40万条邮箱数据； 2. 百度营销投放300元/天； 3. 投放2家行业媒体的广告； 4. 自媒体投放展会软文； 5. 投放大众媒体软文。	1. 观众预登记达到800人； 2. 通过网络招展面积达到200 m²； 3. 邮件打开率平均达到25%； 4. 通过网络广告点击进入的流量达到100 IP/天。
2020年7月	1. 发送40万条邮箱数据； 2. 百度营销投放300元/天； 3. 发送招展短信10万条； 4. 自媒体投放展会软文。	1. 观众预登记达到800人； 2. 通过网络招展面积达到200 m²； 3. 邮件打开率平均达到20%。
2020年8月	1. 发送20万条邮箱数据； 2. 百度营销投放200元/天； 3. 发送招展短信10万条； 4. 自媒体投放展会软文。	1. 观众预登记达到1 100人； 2. 邮件打开率平均达到25%。
2020年9月	1. 发送展前预热邮件20万封； 2. 发送展期预热新闻到媒体平台。	观众预登记达到1 500人。

案例点评：

这是一份比较完整的宣传推广方案，运用了多种推广方式和渠道，如新闻媒体宣传、新闻发布会、机构推广、户外广告、自媒体宣传、百度营销、活动平台、直邮等，并且根据展会的不同时期确定媒体类型和推广力度。方案展前、展中和展后的推广思路描述清晰，宣传推广进度计划也表述明确。如果能够在方案的前面部分将总体的宣传推广目标加以描述的话，方案就更加完整。但是，在观众组织方面，观众预登记的目标指标看似偏少。

案例二

世界文化大会宣传工作执行方案

(一) 总体要求

某年度世界文化大会的宣传工作主要有两部分内容:一是对世界文化大会本身的宣传;二是利用世界文化大会在杭州召开的契机,宣传杭州整体城市形象(重点宣传西湖、运河、良渚等申遗点)。宣传工作将根据大会前期、大会期间、大会闭幕后三个阶段分别展开。通过与境内外媒体合作,创新策划宣传亮点,配合新媒体宣传模式,循序渐进地将大会宣传推向高潮。

(二) 大会名称及主题

名称:"文化:可持续发展的关键"国际会议

英文:"Culture: Key to Sustainable Development" International Congress

(三) 宣传周期

大会时间:5月14—17日

宣传时间:4月底至5月下旬

(四) 时间进度

1. 前期(4月底至5月13日):世界文化大会开幕前预热阶段。通过新闻发布会、媒体报道、户外广告等形式进行宣传,逐步营造大会氛围。

2. 期间(5月14—17日):世界文化大会期间集中宣传阶段。整合媒体资源及环境宣传资源,及时有效地报道大会相关信息,同时对参会嘉宾做好杭州城市形象宣传工作。

3. 闭幕式后(5月18—20日):世界文化大会闭幕后成果宣传阶段。集中报道大会成果及此次大会的意义等内容。

(五) 具体安排

1. 大会前期宣传

(1) 环境宣传安排(表8-9)

表8-9 环境宣传安排

名称	路段	数量	发布日期
曙光路道旗	保俶路—黄龙路	25	5月10—25日
天目山路道旗	莫干山路—黄龙路	70	
莫干山路道旗	文三路—环城北路	25	
环城西路道旗	环城北路—庆春路	27(隔杆)	
环城北路道旗	莫干山路—中河高架上口	41	
道旗合计		188	
萧山机场	国内到达(18.6 m²)	2	5月8—21日
萧山机场	国际到达(21 m²)	2	
高架桥身、灯箱、地铁灯箱、公交站牌、户外LED、多媒体播放机……			

(2) 媒体宣传安排

A. 前期媒体新闻及新闻发布会报道(市委宣传部负责)

在市内外主要平面媒体上报道大会相关信息及筹备情况；邀请国内知名媒体参加5月13日召开的新闻发布会。

B. 主流门户网站（西博文化公司负责）

大会前期（4月底至5月13日），通过向新华网、中新社、人民网、央视网、新浪、腾讯、网易、大浙网、浙江在线、杭州网等各大门户网站投放世界文化大会软文，扩大宣传范围，预热大会气氛。软文投放媒体不少于10家，文章不少于10篇。

C. 文化大会网站维护及西博官网专题制作（西博文化公司负责）

时间：4月至5月

形式：网站上发布大会信息，设计制作世界文化大会专题，集中采编团队撰写大会系列报道。

D. 移动终端（官方微博，掌上西博会）

时间：4月至5月

形式：发布世界文化大会最新信息，大会期间每天至少2条。

2. 大会期间宣传报道

（1）媒体邀请

请中宣部、国务院新闻办协助邀请中央主要媒体单位参与报道，其他国内媒体邀请工作由市委宣传部牵头负责；国外媒体邀请工作由教科文组织负责。所有邀请媒体单位名单拟定后请中宣部、国务院新闻办协助审核确认。

（2）大会媒体报道安排

市委宣传部协调市属新闻媒体，使其充分发挥主力军作用，在重要版面、重要时段、重要网页推出专题报道，形成全程、深入地全媒体集中宣传舆论强势；

市委宣传部、市西博办协调《上海日报》，在杭州专版推出大会专题报道，并每天送到来宾住宿房间；

中央及国内相关媒体报道工作请中宣部、国务院新闻办协调；

境外媒体宣传报道工作请教科文组织负责协调；

所有媒体宣传报道口径请中宣部、国务院新闻办审核。

（3）遗产宣传

充分利用大会这一平台宣传推介杭州，围绕"欣赏西湖、强化运河、推出良渚"做文章，加大对西湖、运河、良渚等杭州文化遗产的宣传力度。特别要利用好英文版面、节目，加大杭州文化遗产的推介力度。

（4）做好舆情引导

此次会议来杭嘉宾规格高、人数多，特别是大批文化名人将云集杭州。市委宣传部、外宣办要科学监测舆情，在关注会议舆情的同时，高度关注会场以外的舆情，关注参会名人微博等对杭州各方面工作的评价。对网络上可能形成的热点话题和负面影响，尽早做好舆论引导和正面解释等工作。

3. 大会闭幕后报道

由教科文组织协调外媒、中宣部、国务院新闻办协调国内媒体做好对大会成果总结的深度报道，深入总结世界文化大会举办的重要意义及其对杭州的影响。

（六）其他相关事宜

1. 宣传品制作及展示、投放（表8-10）

表 8-10 宣传品制作及展示、投放表

序号	项目	形式	数量
1	大会明信片	设计制作以"西湖""运河""良渚"为主题的世界文化大会纪念明信片,在嘉宾主会场的主入口处,设置邮筒供与会人员现场投递	3 000
2	《杭州博览》	中英文《杭州博览》(会聚杭州、西博会、休博会)折页	1 000
3	世界遗产图片展	新华社世界遗产图片展结合杭州西湖、运河、良渚宣传	
4	张望《禅》文化图片展	关于杭州佛教文化的摄影作品在黄龙饭店水晶宫外场地(大会会场外)进行展示	
5	大会舆情汇编	由西博文化公司实行舆情监控	

2. 媒体接待

媒体接待工作由市委宣传部相关处室负责,大会组委会提供搭建新闻中心,并提供食宿、资金等相关配套资源。

3. 新闻发布会

新闻发布会会场由大会组委会负责布置,参会媒体协调工作由市委宣传部、外宣办负责。

案例点评:

本方案的可操作性很强,对宣传工作执行的时间、地点、渠道、方式、内容等都做了具体的设定。然而,由于本次大会属于高规格的国际会议,不面向普通大众开放,因此宣传工作仅仅是为了烘托环境氛围,而不用承担吸引目标受众的任务。可在此方案基础上细化各子方案,如新闻发布会、大会官网建设、媒体接待等。

案例三

世界文化大会新闻发布会方案

联合国教科文组织以"文化:可持续发展的关键"为主题的世界文化大会将于××××年5月14—17日在杭州举办。为做好大会宣传报道工作,充分展现世界文化大会盛况,同时,进一步扩大杭州对外交流与合作,展示杭州"文化名城"的城市形象,加快推进城市国际化进程,提升杭州在世界文化领域的知名度和影响力,大会主办机构决定举办世界文化大会新闻发布会,具体方案如下:

(一) 名称

××××年世界文化大会杭州新闻发布会

(二) 时间

××××年5月13日 14:30

(三) 地点

黄龙饭店紫荆厅

(四) 主办机构

联合国教科文组织

中国联合国教科文组织全国委员会

杭州市人民政府

(五) 发布人及主持人

1. 发布人:联合国教科文组织官员×××、杭州市人民政府官员×××
2. 主持人:杭州市人民政府×××

(六) 发布会议程

1. 主持人介绍到会领导;
2. 联合国教科文组织官员×××介绍世界文化大会有关情况;
3. 杭州市人民政府官员×××介绍世界文化大会在杭州召开的相关背景及大会筹备情况;
4. 媒体提问。

(七) 邀请媒体

在杭州的中央、省、市主流新闻媒体及涉外、网络等媒体。确保邀请新华社浙江分社、《人民日报》浙江分社、中央人民广播电台浙江分社、中国新闻社浙江分社、新浪浙江、《上海日报》、《浙江日报》、浙江电视台(卫视、经视等)、《浙江在线》、杭州日报、杭州电视台(综合、明珠等)、杭州网等重点媒体。

(八) 宣传报道

在杭州的中央、省级媒体及涉外、网络媒体根据自身媒体特点对新闻发布会及发布内容进行报道,市本级媒体《杭州日报》、杭州电视台、杭州人民广播电台、《都市快报》、杭州网按照世界文化大会的宣传方案对新闻发布会及发布内容做详实报道。

(九) 会议预算

序号	支出项目	单价(元)	数量	金额(元)	备注
1	场租	略	略	略	略
2	投影仪	略	略	略	略
3	发布会资料	略	略	略	略
……					

(十) 其他事宜

1. 新闻发布会新闻通稿、相关背景材料及世界文化大会需媒体报道的日程安排由××部门负责起草,由××部门负责审核,并复印80份带至发布会现场;
2. 参加新闻发布会的领导由××部门负责通知;
3. 新闻媒体的邀请及报道由××部门负责落实;
4. 新闻发布会联系人:××部门×××,电话(传真):×××,手机:×××。

案例点评:

本案的特点是在新闻发布会的时间、地点、议程安排、职责分工等内容方面描写得比较详细,但具体操作没有给出详细的说明。它适合于一般的新闻发布会宣传方案撰写的学习,其参阅的对象为单位或公司的领导等非直接参与宣传工作的人员,对直接参与的工作人员需要给出一份更为详细的宣传方案。

案例四

世界文化大会官方网站架构及内容方案

(一) 网站架构说明 (图8-8)

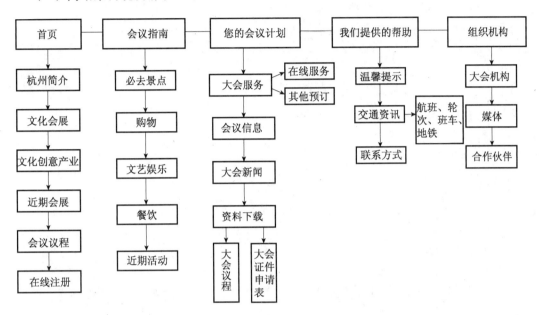

图 8-8　世界文化大会官方网站架构示意图

(二) 网站文字内容 (略)

案例点评：

本案给出了展会活动官网网站的基本架构，涵盖内容丰富，既有会议信息、会议服务（吃、住、行、游、购、娱）、会议组织架构等与会议直接相关的内容，也有会议举办城市介绍、城市产业发展、近期展会活动等衍生信息，方便目标受众更好地制订个人出行计划。

情 景 练 习

(一) 练习背景介绍

春季是草长莺飞、万物复苏的季节，绿色植物点缀庭院、办公室、客厅、阳台等场所，既美化环境，又怡情养性。校园春季花木展系列活动是某校每年都要举办的活动。在展会同期，还可以增加围绕主题、适合春天的活动，如放飞风筝比赛、制作个性风筝、常见绿色植被养护讲座，等等。

(二) 情景练习题

请根据以上背景材料，完成以下几项练习：

1. 请根据学校自身的情况，分析举办上述活动的可能性，参展商和观众如何组织。
2. 请根据学校的实际情况策划与撰写该次展会宣传推广总体方案。
3. 请撰写此次活动的新闻稿。

4. 用电脑设计与制作——印刷媒介宣传推广设计方案(主要指海报、门票、杂志广告、宣传样册等设计)。

5. 事件宣传推广设计方案(此练习可以和"会展相关活动策划"相结合)。

6. 其他宣传推广设计方案(主要指吉祥物、展示等设计)。

(三) 教学组织

学生分组,书写方案。由小组学生代表进行方案汇报,教师和其他学生进行提问,教师进行总结和点评。

学生分组、分工种进行相关设计方案的设计与制作,教师点评。

如果能够实地举办更佳。学生需按工作任务分组开展活动。

(四) 练习所需器材和场地

场地:会议室、机房。

器材:会议桌椅、电脑、相关设计软件、打印机、纸张、相关美工设计器材等。

知 识 巩 固

(一) 不定项选择

(1) 社会环境宣传包括_____。
    A. 户外广告牌　　B. 交通工具　　　C. LED显示屏　　　D. 电视广告

(2) 会展事件推广途径包括_____。
    A. 新闻发布会　　B. 杂志软广告　　C. 相关比赛　　　　D. 相关研讨会

(3) 展会VI系统设计的应用部分,包括_____。
    A. 展会吉祥物　　　　　　　　　　B. 信封信纸
    C. 徽章　　　　　　　　　　　　　D. T恤杂志软广告衫

(二) 简答题

(1) 请简述新闻发布会的流程。

(2) 会展宣传推广的特点是什么?

(3) 会展宣传推广各个时期的重点有何不同?

第九章 会展现场服务与管理

学习目标

学生应当通过本章学习和练习达到以下目标：
- 具有会议和展览现场各项服务方案的策划和写作能力；
- 具有与人合作、协作分工完成任务的意识；
- 掌握国际会议的会场布置方法，包括横幅、会议大背板、主席台和演讲台布置、装饰性布置、桌签制作和摆放等；
- 掌握背景板的设计要求，能够运用电脑进行初步设计，并对用材及其成本有所了解；
- 掌握报到注册和贵宾接待的相关服务环节；
- 掌握开幕式和开幕酒会策划的方法，特别是主席台和贵宾席的席位安排。

开篇导读

点意空间进博会布展遵循绿色理念

点意空间国际展览集团在首届进口博览会中主要负责大会的整体形象、整体氛围、VIP贵宾接待路线氛围、艺术人文氛围及功能区版块规划设计等。首届进博会举世瞩目，我们对此高度重视，调动了集团各分公司的优秀骨干成员成立专项项目组，进驻现场完成方案设计及相关准备工作。

围绕本次展会"新时代，共享未来"的主题，我们设计团队在设计过程中，秉持简约大气的设计风格，紧扣开放、交融的设计理念，对展馆整体形象进行了统一规划设计，不同展区利用不同的符号标识及颜色进行区分，效果突出、简洁明了，彰显了我国的大国风范。因首届进博会存在诸多未知与全新的元素，需要我们在设计过程中不断追求创新。除每天繁忙的设计外，汇报与工作总结也至关重要，工作人员需要不断与项目主办方对接，再至区级、市级主管部门汇报商讨决议。项目服务过程中面临许多挑战：时间紧、任务重、难度大，涉及VIP贵宾接待、公安、群众、工作人员等方方面面。面对种种挑战，点意空间迎难而上，排除万难，在有关领导全力支持以及各职能部门的协调配合下，明确工作方向，加强服务管理，为进博会的顺利召开提供了优质服务，确保展会各项工作顺利有序推进。

首届进博会积极践行"绿色"新发展理念，主办方专门制定了《绿色中国国际进口博览会标准》，在绿色展台、绿色运营、绿色物流、绿色餐饮等方面提出了具体要求。在绿色展台方面，参展商、主场搭建商以及审图服务商等全程需遵循"6R概念"，即：Respect

会展策划实务

（尊重原则）：尊重科技创新、开放、崇尚自然的理念和思维的方式。在展览工作中尽可能减少对环境产生负面的影响，包括对场地和人的影响，减少对资源和能源的过度使用。Renew（使用可再生材料和新材料）：在展览施工中尽可能多地使用可再生性材料，鼓励对新材料、新产品和新技术的使用。Reuse and Recycle（可再利用和可循环利用的材料）：施工应尽量多地使用"可再利用和可循环利用的材料"。Reduce（减少废弃物和污染物）：减少展台施工对环境的负面影响，包括减少使用对人的健康有害的物质，使用无害材料和废弃物，做到节能、减少污染。Remember（加强记忆和教育）：加强对可持续发展的宣传，在展览工作中，对参与展览会的单位或个人采用教育方式贯彻可持续发展理念和环保意识。除了要遵循"6R概念"之外，首届进博会在绿色设计、绿色选材、绿色安全施工等方面也对绿色展台制定了相关标准。同时，在绿色运营方面，进博会还从展区无污染、绿色办公、绿色出行、绿色服务等对展会作出了详细的规定。点意空间在设计、选材、施工的过程中严格执行了《绿色中国国际进口博览会标准》，无论是开展前的选材、展台施工，开展期间的绿色维护，以及展会结束后的撤展，真正做到了站在绿色会展的角度，尽最大努力达到"零碳"标准，争做引领行业的典范。

资料来源：点意空间接受2018第23期《中国会展》杂志专访

从展会筹备的阶段来看，展会和会议的现场服务是指展览和会议开幕以及展览期间的服务，即展中服务和会中服务。这一阶段的服务内容非常丰富，就展会而言，主要有展会的报到注册、展会的布展管理、展会的开幕式、开幕酒会、展会的现场安全保卫、展会期间的咨询和联络、展会期间相关活动的协调管理、展会期间的现场物流管理、展会期间的餐饮及通讯等服务、展会的撤展管理等；就会议而言，主要有会议的现场布置、会议的登记注册、会议证件管理、会议相关设备管理、会议开幕式、会中服务、招待酒会、会议安全服务等。这些都是会展现场的常规工作，贯穿活动始终，是会展活动能成功举办的重要保证。

本章将对相关内容进行回顾，并着重针对会议的现场布置、会议的报到注册、会议的开幕式、会议的招待酒会、展会现场部分实施方案等几项服务内容进行示例和练习。

第一节 展会现场服务与管理

展会现场服务工作是指展会从布展开始，包括展会展览期间到最后展会闭幕这整段时间对展会布展、展览和撤展等事务的组织管理工作。展会现场服务是组展方与参展商和观众等有关方面最直接的面对面的交流，涉及事务繁多，需要多方面的协调配合。

一、展会现场布置

展会现场布置，即所谓的布展，从参展商的角度看是指参展商为准备展览而在展会开幕前对展位进行搭建、布置和将展品陈列在展位上的系列工作；对组展方来说，就是布置展会现场环境和协调参展商的现场搭建、展品陈列等工作。

展会布展时间主要取决于展览题材、展品陈列的复杂程度和展会的规模等因素。不同题材的展会布展需要的时间也各不相同,有的展会布展时间大概需要一个星期,如大型机械展,而有的展会布展时间只需要一两天,如某些消费品的展览。

根据国内对展会的管理规定,组展方在组织展会布展前需要到工商、消防、公安和海关等部门分别办理报批和备案手续,之后才能开始布展。进行展会布展前,还需要与展会承建商和运输商进行充分的协调沟通,明确展会现场环境布置和展位搭建的总的指导思想,及时解决可能出现的各种问题,避免出现现场布展格调不统一或展品延误等现象,保证布展现场秩序良好。

组展方主要的协调和管理工作包括十个方面。

1. 展位画线工作

按照各参展单位租用的场地面积和位置画好每一个展位的地域范围,确定每一个展位的具体位置,方便参展商在自己租用的地方搭建展位和陈列展品。有的时候,展位画线工作可能快于参展单位申请租用场地,组展方可以将展位所处的位置、大小、编号等信息展现在展馆平面图上,供参展商选择。

2. 展馆地毯铺设

在展馆计划铺设地毯的地方按计划铺设地毯,如展馆的公共区域、某些标准展位等。地毯铺设一定要紧贴地面,要美观,不能妨碍行人通行。

3. 参展商的报到和进场事宜

各参展商凭合同及其他有关证明如参展确认函等到展会现场报到,付清各种款项,领取相关证件,办理入场手续。当然也有一些参展商在开幕式的当天才会来报到,这种情况要在当天的观众登记处予以统计。

(1) 在参展商入场前应该提前准备好注册表。注册表中应该有拟定的参展商名单。对于临时决定来参展,或者已发回执的参展商因为特殊原因不能参展,应作出相应安排。

(2) 现场报到处通常设有不同的登记柜台,以区别已登记付款者、提前登记未付款者和现场登记者等不同的参展商。

(3) 现场报到处应设置"请赐名片"处,从而能够更详细地获得参展商的信息,以便为制作展会会刊或相应的企业名录收集信息。

(4) 现场报到应按参展人员身份的不同予以分类登记。例如,嘉宾、政府相关人员、企业代表、协会代表、新闻媒体记者等,不同参展人员应分开登记,制作不同的注册表,在注册后应引导参展人员各就其位。

4. 展位搭建协调工作

除了一些特装展位由参展商自己搭建以外,展会一般还要负责搭建一些标准展位。不管是标准展位还是特装展位,展会都要监督所有的承建商按要求搭建,并及时处理搭建中出现的各种问题。

某展会展台设计要求

- 所有展台必须铺设地毯或其他专业地面铺装材料。
- 如广告直接面对相邻展台,广告与相邻展台的外围边缘至少相距2米。
- 参展商不得在规定的展位范围外展示任何展品、宣传资料、设备或产品。
- 任何临时搭建的设施从门到消防栓、电气管井、立管及警报装置的距离要达到1.2米(4英尺)或以上。
- 所有材料必须为防火材料。依据国家和上海地方消防安全法规的规定,展台搭建材料及装饰材料必须为非易燃材料,且燃烧扩散速度不低于B1级标准。
- 不得在展厅墙面、立柱或其他任何位置悬挂装置、展品或粘贴贴纸或其他标识,也不得在展厅地面、墙面、门、立柱或任何其他位置钉钉、安装螺栓或钻孔。
- 不得利用天花板吊点固定地面搭建物。悬挂物不得与地面搭建物相连。
- 展台搭建商应负责清理展台,清除地毯胶、残留标识和其他废弃物。
- 光地展台参展商可选用官方搭建商,也可以在取得展会主办方许可后,自行选择其他搭建商。参展商自行选择的搭建商也必须遵守所有参展规则和规定。
- 未经官方指定搭建商的许可,参展商不得改变标准展台的展台结构或安装任何附加物件,也不得在墙面上漆、粘贴壁纸、钉钉或钻孔。如需有关展品悬挂或展示方面的协助,请咨询官方搭建商——名唐展览。

资料来源:2018 CES—Asia 参展商手册

5. 现场施工管理和验收工作

展会要指派专人管理各承建商的现场施工,要及时查验现场用电、用水、用火、噪声控制,展位高度限制和地面承重控制,电线缆线安装和走向,灯光的设计和使用,材料的防火性能,展位间通道宽度的控制,标准展位的标准配置等,保证秩序井然地消除安全隐患。

6. 海关现场办公

如果海外参展商比例较大,可邀请海关现场办公。对于所有海外参展展品,展会人员要陪同海关人员进行现场抽样查验。

7. 展位楣板的制作、安装和核对

各参展商展位的楣板上标有参展商的单位名称和展位号,有的还有企业标志或展品商标。这些内容是参展商的门面,非常重要,不能有丝毫差错,应指派专业人员认真核对。

8. 现场安全保卫工作

布展期间,现场人员众多,各单位布展施工涉及用水用电用火,有一定的危险性。展会要负责现场的一般安全保卫工作,但对参展商展品丢失、损坏和人员伤亡等不负责任。为保护自己的展品和人员安全,参展商一般还要对自己的展品和员工投保。

展会现场的服务保障

展会现场的安保工作

9. 消防和安全检查

所有展位布置完毕以后,展会人员还要陪同消防和安保部门对所有的展位进行一次全面系统的检查,保证展会符合消防和安全要求,清除现场可能存在的安全隐患。

10. 现场清洁和布展垃圾的处理

布展往往会产生大量的布展垃圾,对这些垃圾要及时收集和运出展馆并进行处理。

二、展会开幕式和其他相关现场布置

展会开幕式的现场布置,气氛营造宜符合展会主题与定位,可以庄严隆重如深圳航空展,可以时尚动感如上海时装周,也可以童趣欢乐如杭州动漫节。

展会的服务指引标识

(一)展会开幕式场所的选择和开幕舞台的搭建

展会的开幕式可以在室内举行,也可以在广场上举行。如果展会开幕式在展馆外广场举行,那么一般需要搭建开幕舞台。开幕舞台布置包括展会背板、门楼或展览会横幅等。背板设计要展现展会主题,背板上写有展会名称,开放时间,展会的主办、承办、支持单位等办展机构的名称等。开幕式也有选择在室内举行的,在场馆内举行的开幕式要选择人流聚集并且比较开阔的地方。

(二)展会序幕大厅布置

展会序幕大厅一般要布置好以下内容:展会简介牌、展区和展位分布平面图、各参展企业及其展位号一览表、展区参观路线指示牌、展会宣传推广报道牌、展会相关活动告示牌等。另外,在各个展馆也同样应该有一些路线指示牌,布置在观众容易迷路的地方。

(三)嘉宾休息室的布置

有些展会还会在展会适当的区域内开辟一定的空间作为展会的嘉宾休息室或者会客室。在该休息室或会客室里,提供诸如茶水、咖啡等相关服务,还可配备一些有关展会的相关资料。如果有必要,还可以配备专门的服务人员。

(四)展会现场服务中心的设置

展会可以在展馆适当的地方设立展会现场服务中心,集中处理参展商布展及展览期间租赁展具和用水用电的要求。展会还可在展馆序幕大厅和展馆的主通道或其他便利的地方设立"咨询服务中心",安排专门的人员现场处理和回答客户的有关问题。

(五)新闻中心的设置

很多办展机构都会在展会现场适当的地方开辟一定的区域作为展会的"新闻中心"供各媒体和记者使用。新闻中心里除了要配备有电脑、传真机、写字台、纸笔等供记者写稿、发稿用的必要设施之外,还要配备供记者小憩的茶水、咖啡以及小点心等。另外,还可以在新闻中心放一些有关展会的介绍资料,以便记者在写新闻报道时参考。这些资料一般有:展会开幕新闻通稿、展会背景和特点介绍、展会会刊、展会的统计数据、展会相关活动安排计划、展会参观指南等。

(六)专业观众登记柜台的设置

展会可以在展馆的序幕大厅或者专门的观众进馆大厅内设立专业观众登记柜台来进行展会的专业观众登记工作,与此相对应,展会还要设立观众登记通道。展会可以根据方便观众登记和展会的需要,对观众登记柜台和通道进行分类管理。

展会可以根据以前对专业观众发放邀请函的情况,将专业观众登记柜台和通道分为"持有邀请函观众登记柜台"和"无邀请函观众登记柜台"。

三、展会开幕式

组展方一般以举行开幕式的形式来宣告展会开幕,这是一项较为大型且隆重的活动。一般还有有关领导参加并伴有一些表演活动,涉及层面很多,事务也很复杂,需要事先经过周密的部署和仔细的筹划。

现在也有一些展览在逐渐简化开幕式,国外特别是欧洲一些国家的许多大型展会就没有开幕式,因为有些展会过于注重开幕式,以致邀请客商等花费精力和成本过多,开幕式接待任务过于繁重。

(一)开幕时间和地点

开幕式时间的确定应充分考虑当地交通、气候及工作习惯等因素,通常安排在展会的第一天。展会开幕式的时间一般不宜太早,太早了不利于参展商进场准备和出席开幕式的嘉宾按时到场;展会开幕式持续的时间也不宜太长,领导讲话要简洁明了。开幕式的地点一般安排在展会展馆前的广场上,这样更方便有关人员在开幕式结束后入场参观,如安排在场馆内举行,要选择方便人群集散和宽敞的地方。

(二)出席开幕式的主要嘉宾

对于展会嘉宾,展会要事先落实他们的名单并与他们多方沟通,告诉他们展会开幕的准确时间和地点;一旦他们出席开幕式,展会就要派专人负责接待,要准备签到簿让嘉宾签到。对于这些嘉宾在开幕式嘉宾台上的位置也要事先作出安排。

(三)开幕式讲话稿和新闻通稿准备

展会开幕式讲话稿和新闻通稿可以使社会各界正确认识展会。展会新闻通稿是各新闻媒体报道展会的基调,要认真准备。新闻通稿的选题定位要恰当,要提炼出展会的创新特点;在内容上要对展会各个方面进行全面和系统的介绍,包括展会的相关数据,如展览面积、参展商数量、预计的观众人数等。另外,还可附上一些背景材料,如出席展会开幕式的嘉宾名单、展会相关活动安排及有关图片等。领导或嘉宾的讲话稿要简洁明了,符合讲话人身份,烘托展会主题,不宜长篇大论。对于开幕讲话等要事先安排妥当,在开幕前多次确认、随时跟进讲话人的时间和行程安排,做好讲话人临时毁约的万全准备。

(四)开幕式的流程

一个典型的展会开幕式的程序一般是:相关开幕表演开始热场,由展会工作人员引领国内外嘉宾至开幕式主席台就位,开幕式主持人主持展会开幕并介绍到会嘉宾,主持人请有关领导讲话,某位重要嘉宾宣布展会正式开幕,主持人宣布开幕式结束并请各位嘉宾和展会观众进场参观。

(五)开幕启动仪式

现在开幕式的启动仪式花样很多,从鸣放礼炮、嘉宾剪彩,到升一面旗帜,搭一个台,设置许多按钮,每个领导按一个,每个按钮亮一盏灯,当灯都亮的时候,旗帜升起;或很多人把手共同放在一个地球上,地球闪闪发光,嘉宾身后一扇象征性的门徐徐开启。所有启动仪式都是为了把开幕典礼推向高潮,营造气氛。

开幕式启动仪式

四、展会期间的现场服务与管理

展会开幕以后,就进入了展会期间的现场工作阶段。这是展会最重要和最关键的阶段,展会前期的所有准备工作是为了这一阶段的工作能顺利进行,展会的办展目标、参展商和观众的参与目标主要在这一阶段得以实现。展会期间的现场工作主要包括以下几个方面。

(一)展会入场管理

1. 展会注册登记

专业观众的登记注册

展会门禁服务的功能

要设立专业观众登记和服务处,在专业观众登记和服务处要对观众进行现场登记。此外,对于一些在展会开幕当天才报到的参展商,也在观众登记处予以统计。现场登记是在与会者正式入场时收集有关人员基本信息的过程,所有参会人员都必须进行现场登记。为了减轻现场登记的压力,很多展会开始实施观众网上预约登记。观众网上预登记是利用互联网技术,提前向对展会感兴趣的观众登记信息的服务方式。这种服务扩大了参展商和观众的来源与渠道,简化观众入场参观手续,减轻了现场服务压力,同时,有效地提高了展会信息传播的准确率。目前,有不少展会网上预登记的观众达到了20%以上。

由于展会现场人流量较大,可将观众分类接待,根据观众类别采用不同的登记方式。对于嘉宾和VIP观众,采用绿色通道,由主办方负责引导;对于外宾、记者,设立海外和媒体通道,提交名片或填写调查表;对于网上预登记观众,设立预登记通道,出示预登记打印信息或验证号码;对于团体观众,设立快速通道,提交信息或名片,可以快速办理团队的所有人员的证件;对于普通观众、专业观众,设立一般通道,提交名片及填写调查表。

除了分为几类通道,为了便于识别,通常还要分发不同颜色的胸卡将与会者分类,如设定红色胸卡为贵宾,黄色胸卡为观众,蓝色胸卡为参展商,绿色胸卡为展会工作人员等。

2. 展会入场

参展商和观众在登记注册完毕后会领取到相应的身份代表证,代表证通常被印制成不同的颜色,区分不同类型的参观展会人员。现在很多展会的代表证上有条码,通过门禁扫描可以获知进入展会人员的身份,以及逗留时间等数据。有的展会的身份证件已加入跟踪定位系统,通过该系统可以获知进入展会人员的逗留时间、逗留地点等更为详细的信息。这为展会后期进行客户偏好分析、改进展会服务等提供了有利的数据。

展会入场安检

(二)展会证件与门票管理

办展机构通常在展会中实行证件管理,有展会认可的证件才能进入展馆参观。实行证件管理的目的在于维持展会现场的良好秩序,保证展会的安全和参展商取得良好的展出效果。根据实际需要,展会通常要印制以下证件:参展证,供参展商进出展馆使用;布(撤)展证,供展会在布展和撤展时有关工

票证方案

作人员使用,在展会展览期间一般不能凭此证进出展馆;通用入场券,供展会的专业观众、普通观众使用,凭本券可以进入展馆参观展会;贵宾证,也称 VIP 证,供到会参观的嘉宾使用;媒体证,供各新闻媒体的记者等工作人员使用;工作人员证,供办展机构的有关工作人员使用;车证,供参会人员在展馆停车场停车使用(如表 9-1)。

为了便于展会现场管理,展会一般要求所有进馆人员都必须将有关证件佩戴在胸前,并自觉配合展会保安人员查验。

有些展会如车展、房展等对普通观众开放并出售门票,专业观众凭"专业观众证"进馆参观,普通观众凭门票进馆参观;还有一些展会对所有的观众都出售门票,所有观众都凭门票进馆参观。如果展会出售门票,展会要事先与当地税务部门取得联系,在取得税务部门的同意后方可印制和出售门票。

表 9-1 展会的主要证件类型

证件名称	使用范围	有效期限
工作人员证	展会工作人员	布展、展出、撤展期间
布展证	参展单位布展人员	布展期间
施工证	展位搭建施工人员	布展与撤展期间
参展证	参展单位工作人员	展出期间
媒体证	新闻媒体记者	布展、展出、撤展期间
贵宾证	参加开幕式的嘉宾	开幕当日
嘉宾证	办展机构邀请的贵宾	布展、展出、撤展期间
志愿者证	展会志愿者	展出期间
海外观众证	海外观众	展出期间
通用入场券	专业观众、普通观众	展出期间
当日入场券	专业观众、普通观众	票面标注日期内
撤展证	参展单位撤展人员	撤展期间
通用车辆通行证	一般为小型车辆	布展、展出、撤展期间
布展车辆通行证	一般为大型车辆	布展期间
撤展车辆通行证	一般为大型车辆	撤展期间
安全保卫证	展会安全保卫人员	布展、展出、撤展期间

(三)展会设备设施管理

为了保证和提高参展商的展览展示效果,通常一些相关展览服务公司、展览中心或展览承建商等机构会提供各种设备的租赁服务,如各种灯光设备、投影仪、音响、办公设备等以供参展商进行租赁,做好设备的现场管理是组展方的重要工作。

这些设备的租赁通常是通过签订合同进行的,设备在租赁期的管理责任应该是明晰的,发生的费用一般是由参展商承担,组展方会提供一些信息服务,指导参展商进行选择和使用。在展览期间,一般还会有专门负责设备的技术人员在场,以防设备临时出现故障及时维修,对于价值低的可移动的设备可在展馆现场多准备一些以备租用。大型设备或不易移动的设备出现故障则不容易马上解决,因此,在展览前一定要督促参展商进行设备的检测。

(四) 展会 VIP 接待

VIP(Very Important Person),即贵宾。对于会展活动而言,VIP 主要包括协会高层官员、公司总经理、名人演讲者、重要的赞助商、著名艺人等,有时还会有重要的贵宾,例如国家领导人、各国政要、王室贵族等重要人员。他们通常是受到组展方的邀请出席开幕式,一方面这些贵宾本身的影响力可以起到展览宣传的作用;另一方面,这些人物通常有一定的购买决定权和建议权,这对展览效果也起着直接和间接的影响。对于贵宾的接待,从其到达酒店到出席开幕式直到离开展会地点都要进行周到的安排,特别是对于重要的贵宾有时还需要事先制订接待计划,上报有关负责部门和相关人员审定后执行。

另外比较重要的是安全管理,由于 VIP 的特殊身份,因此在安全管理方面有很高的要求,有时甚至需要在当地公安部门的指导下成立安全工作领导小组,防止各类突发事件的发生,维护良好的秩序,以保证贵宾的人身安全。另外,还应安排若干人员作为机动人员,以便在突发事件发生时有充足的人员可以调用。

(五) 招待宴会策划

通常在展会开幕的当天中午或晚上,组展方会为展会举行开幕宴会,用来招待出席开幕式的嘉宾和参展商代表。开幕式招待宴会是一项重要的公关活动,可以很好地促进办展机构与参展商、行业领导等方面的关系。组展方应事先策划安排好酒会举办的时间地点、出席酒会的人员范围、酒会的标准等。

1. 举办时间和地点

开幕酒会举办的时间可以根据实际需要安排在中午或晚上,若酒会安排在晚上,开始时间要适宜,不宜太早或太晚。举办的地点最好安排在离展馆不远的酒店里,选择酒店时要考虑到酒店的接待能力、嘉宾到酒店的交通便利情况以及宴会的安全等因素。

2. 出席人员

出席宴会的人员范围可视展会需要确定,一般来说,主要有出席开幕式的贵宾、办展机构的领导、行业协会和商会的领导、参展商代表、行业主管部门的官员、新闻媒体和工商管理部门的有关代表以及有关外国驻华机构代表等。出席酒会的人员范围一定要全面兼顾,不能漏掉某一方面。

3. 宴会形式

国际上常见的宴会形式有正式宴会、酒会、冷餐会等,可根据需要进行选择。

正式宴会是宴请规格较高的正餐,宾主按身份地位就座、围桌进食,席间安排乐队演奏,服务人员依次上菜,有严格的礼仪程序,讲究排场,分为午宴和晚宴,晚宴更隆重。

酒会又称鸡尾酒会,以招待酒水为主,略备小吃,由招待员用托盘端送,或部分放置在小桌上。酒水品种较多,不一定是鸡尾酒,很少选用烈性酒,配以各种果汁,小吃多为三明治、面包、小香肠、炸春卷等,以牙签取食。一般不设坐席,客人随意走动取食,自由交谈,到达或退席的时间不受限制,气氛轻松活泼。在酒会上,宾主应简短致辞,但不像正式宴会那么严肃认真。近年来国际上举办大型活动往往采用酒会形式。

冷餐会又称自助餐,举行地点在室内或庭院、花园等地,可不设座椅,站立用餐,也可以设少量桌椅给需要者。菜肴、酒水、餐具均摆放在大餐桌上,供客人自取。宾主可多次取食,自由走动,任意就座。根据就餐者身份,冷餐会的隆重程度可高可低。这种宴会形式适宜招待人数众多的宾客。

(六) 展会会刊的编印与发放

会刊是本届展会所有参展商的信息汇编。它是展会为参展商提供的一项宣传服务,可以补充参展商在展会上接触信息的不足。会刊一般要收录参展商的以下信息:单位名称、地址、联系人、联系方法(如电话、传真、电子邮件和网址)、单位及产品简介、产品主要面向的市场范围等,同时,标明该参展商在本届展会里的展位号以便观众寻找。除了上述信息以外,会刊还会附上展会展区和展位划分平面图。一些著名展会的会刊发放范围广,宣传效果好,除提供上述信息外,还允许参展商在会刊上刊登企业或产品广告。当然,广告一般都是收费的。

会刊一般通过两种方式对外发放,即免费赠送和定价出售。免费赠送,主要是赠送给行业协会和商会、外国驻华机构等组织以及所有的参展商,有些展会也部分赠送给专业观众;定价出售,主要是出售给展会的专业观众,在展会续存期间,可以在专业观众登记柜台附近设一个专门的会刊出售(或赠送)点来出售(或赠送)会刊。对于参展商,展会一般都会免费赠送一定数量的会刊。

(七) 展会观众的统计

对展会观众的统计,是一个展会可持续发展的需要。观众质量与参展商质量,是展会成功举办的关键因素。参展商希望在展会上见到更多的目标潜在客户,与更多的专业观众配对成功,拓展产品销路和市场。因而对于组展方来说,统计展会观众的总量,分析哪些观众是专业观众和有效观众,哪些是来凑热闹、领取小礼品、收集展位资料、兜售非参展产品、闲逛或求职的,不仅可以更深入地了解展会宣传推广和招商效果,还能从专业观众和有效观众中挖掘潜在参展商,在未来展会中更好地进行目标定位、精准营销。

观众的统计

1. 参观人数的统计方法

统计展会参观人数,主要可以通过以下四种方法。

(1) 依据观众办理登记手续的内容进行统计

这种方法适用于主要针对专业人士开放的专业展会,展会通常在展馆的序幕大厅或专门的观众进馆大厅内设立观众登记处,进行专业观众登记工作。在展会结束后就可根据观众登记资料进行专业观众的人数及其他信息的统计。

(2) 根据门票进行统计

这种方法适用于对公众开放即专业观众和普通观众都可进场参观的消费类展会。对于凭票进场的展览,可根据门票的出售或发放情况来进行观众的统计,特别在门票大多是向普通观众出售的情况下,可以较容易计算出普通观众的数量。

(3) 参展商的客户统计

对参展商而言,也可以进行相关的统计工作来确定到自己展台的观众数量、专业观众和普通观众的比例等。通常的做法是"请赐名片"或现场登记等,即在观众索取资料时,请观众留下名片或在登记本上填写其基本信息。这也是一种参展商建立自己的客户数据库常用的方法。

(4) 根据智能系统统计

通过扫描智能的展会证件、电子门禁系统不仅可以自动识别不同的人员类型、进馆次数和逗留时间,跟踪定位系统还能获知进馆人员在某一特定区块的逗留时长,以作出更精准的分析。这种方法将被未来展会普及使用。

2. 专业观众信息收集

在收集目标观众信息时,要考虑到参展商更加感兴趣的是潜在目标客户的基本状况,如他们的职业、消费的主要决策者、对特殊产品的兴趣和需要以及他们的购买策略。因此,除了要收集目标观众的名称、地址、联系电话、传真、电子邮箱和网址等基本信息外,还要注意收集其产品需求倾向及购买策略等内容。这些信息的搜集可以通过填写观众登记表来完成。

观众登记表是用来收集专业观众信息的一种问卷调查表,专业观众需要完成填写才能取得进入展馆参观展会的"专业观众证"。展会通过观众登记表收集到与会观众的信息,这些信息是展会今后调整经营思路、进行观众系统分析和进行展会客户关系管理的重要依据。专业观众登记表的要求和基本格式如表9-2。

表9-2 专业观众登记表基本格式

```
欢迎参观×××展览会,请您认真填写以下表格,并传真至×××或发邮件到×××。
一、基本信息
姓名:_____    性别:□男  □女    职务:_____
单位:_____
地址:_____    邮编:_____
电话:_____  传真:_____  手机:_____
网址:_____         E-mail:_____
二、公司性质
1. 所属行业:
□_____ □_____ □_____ □其他_____
2. 企业类别:
□_____ □_____ □_____ □其他_____
3. 观展目的:
□_____ □_____ □_____ □其他_____
4. 贵公司的年采购额:
□_____ □_____ □_____ □其他_____
5. 公司从何途径了解到本次展会:
□_____ □_____ □_____ □其他_____
6. 您经常参与哪些产品类型的展会?平均每年参与多少次展会?
_____
```

(八)展会现场的知识产权保护工作

组展方通常会邀请有关知识产权保护部门在展会现场设立专门的"知识产权保护办公室",负责处理参展商有关知识产权方面的侵权投诉事件。对于被投诉侵犯了知识产权的展品,展会一般会暂时禁止其展出;如果该产品被证明是侵犯了知识产权,展会将禁止其展出。展会一般只负责配合各参展商保护自己的知识产权,负责协助解决知识产权方面的纠纷。

(九)展会现场的相关活动管理

展会的相关活动主要有会议、表演、比赛等,举办展会相关活动主要起到活跃展览现场气氛、完善展会功能的作用,其举办方可以是办展机构、行业协会、政府主管部门和参展商等。

（十）展会现场的联络服务

展览期间，所有的参展商都亲临展会，组展方一般都会抓住这一机遇，亲自到各参展商的展位拜访，或邀请参展商座谈，与其联络感情，了解他们的需求，征求他们对展会的意见和改进建议，及时为他们提供各种需要的服务。对于专业观众也要创造便利条件促成其与参展商的贸易谈判顺利进行。很多组展方会事先通过网络提供观众和参展商信息，帮助他们进行业务配对，提高参展效率。

展会期间也会安排一些重要的公关活动，如邀请主要领导参观和视察展会、接待外国参展和参观代表团、接待行业协会和商会的考察、接待外国驻华机构代表的访问等。展会期间一些著名的展会媒体还会主动申请采访。这些公关和接待活动对扩大展会影响、树立展会良好形象有重要作用。

（十一）展会现场的其他服务

展会现场的其他服务主要有展会的商务服务、餐饮服务和清洁服务等内容（图9-1）。

一般在展会现场应该提供一些办公设备商务服务项目，如打字、复印、传真等，以便为参展商和观众提供相应服务。

展会的餐饮服务除了开幕酒会和相关宴会活动，主要是参展商和观众的日常用餐，通常由展览中心提供相应服务，在展馆中设有餐饮服务休息区域。餐饮服务可以是有偿提供或是免费供给。如果是免费供给，参展商大多是在注册登记时领取办展机构提供的代金餐券或免费餐券。

展馆通常要负责展馆内公共区域如通道等的清洁卫生工作，展览期间以及每天闭馆后派出相关人员清洁和打扫这些区域。至于参展商各自展位里面的清洁卫生工作，则是由参展商自己负责清理。

现场服务

亚联工业机械巡展会致力于提升展会现场服务，让每个观众能够在现场有良好的观展体验。同时专门为预登记的观众提供众多现场支持，努力为每一位观众提供更便捷的服务。

服务中心

位于展馆入口侧，提供行李寄存、医疗服务、快递服务及电子刊购买和翻译服务。

餐饮区

大会特设餐饮区，提供配套餐饮，为广大观众和展商提供美味食物之余也营造良好的休憩空间。

咨询处

展会期间每个展馆均设有咨询处，提供饮用水、手机充电、展会相关资讯及展商查询等服务。

微信活动区

展会特别设立微信活动区，观众可免费参加小游戏获取精美礼品。

图9-1　某展会现场服务内容示例

五、撤展管理

展会撤展工作主要包括展位的拆除、参展商租用展具的退还、参展商展品的处理和回运、展品出馆控制、展场的清洁和撤展安全保卫等工作。

另外还要考虑到一些意外发生的事件，譬如提前撤展的问题，这是我国目前很多展会上都会存在的一种现象。通常展会的开幕式当天是客流量最大的一天，而后几天特别是闭幕式的当天,观众会比较少,这样很多参展商就会从自己的利益考虑,为节约开支而选择提前撤展。而提前撤展毫无疑问会对展会现场的秩序带来负面影响,也会对其他的参展商造成心理上的影响。因此,办展机构通常需要妥善处理这种情况。

(一) 展位的拆除

各参展商的展位在展览结束后要安全拆除,恢复展览场地原貌。拆除工作一般在展品取下展架后才进行。如果参展商使用的是标准展位或委托施工的展位,拆除工作一般是由承建商负责;如果参展商使用的展位是自己施工搭建的,就由参展商自己负责。展位的拆除工作有时比布展更为复杂,因此要监督好各参展商的展位拆除工作。

(二) 参展商租用展具的归还

展览完毕,各参展商临时租用的展具要及时退还展馆服务部门或各服务商。如果参展商在退还时与对方发生纠纷,组展方要从中协调。

(三) 参展商展品的处理和回运

展览结束后,参展商对其展品有四种处理方法:出售、赠送、销毁和回运,对每种方法都要提前做好计划和准备。展览结束后,参展商可以将展品出售或赠送给客户或当地代理商等;如果某些展品不便或不愿赠送、出售,往往就地销毁;对于一些价值较大又无法现场售出的展品,参展商就要运回去。如果回运的话,要注意包装箱的存放、领取问题,通常在展览开始之前,主办者和展览馆管理者、展览运输服务公司会收走包装箱和材料,或者指定统一存放的仓库,这是为展位整洁的需要,也是对防火安全的要求。在撤展时,包装材料会退还给参展商或由参展商自行领走。

(四) 展品出馆控制

为保证所有出馆人员带出展馆的展品是他自己的物品,在展会结束后,参展商需要向组委会申请"放行条",组展方要对所有的出馆展品进行查验,查验展品与"放行条"一致后方可出馆。

(五) 展场的清洁

展会撤展时会产生大量的垃圾,要及时处理。办展机构不要在展会结束后在展馆留下大量的垃圾,也不要弄脏展馆地面和其他有关设施。

(六) 撤展安全保卫

展会撤展时往往较为杂乱,要重视现场的安全和消防工作。

展会的撤展工作是在展会闭幕后才进行的,但展会撤展管理的准备工作要在展会撤展前准备就绪,这样才能保证展会撤展工作能够有条不紊地进行。

第二节 大型会议现场服务与管理

大型会议的现场服务与管理,首先我们需要了解何谓大型会议。根据会议规模,业内将参会代表人数在800~1 999人之间的会议归类为大型会议。大型会议一般具有的特点是:人多人杂、领导多、会期长、使用的会议室和展览区域多、要求多、变化快、标准高……

大型会议的现场服务,一般以会务组的进驻,或物资抵达,或行政办公室、新闻中心、展示区块的搭建,或服务外包公司的进驻,或第一位客人的抵达为开始节点,以所有涉会人员的撤离为结束标志。

一、会议现场布置

会场布置,根本目的在于创设、营造与会议的目标、主题、进程相协调、相适应的条件和气氛来推动会议的发展。

(一)会议室的规格和布局

设计和安排会议室的规格和布局是会场布置中最基本、最重要的任务。具体操作要考虑会议室大小与人数的多少以及会议室座位格局的气氛和效果。

会议室大小与人数的多少。这是制约会场座位格局设计和安排的重要因素。比如:杭州黄龙饭店水晶宫 1 200 m², 最多可容纳 850 人,如果会议规模为 750 人,不妨将主席台搭建得大气一些、座位摆设得宽松一些,尽量均匀分布于全场。此外,相同数量的桌椅若摆设成不同的结构形状,占据的空间大小也不尽相同。因此,在做设计和布局之前,应事先进行实地考察,妥善利用会场的大小、形状,进行符合会议主题的桌椅摆放(图 9-2)。

会议室座位格局的气氛和效果。不同的座位格局所形成的会议气氛和产生的心理效果是不同的。比如,政府型会议一般都采用传统的课桌式摆放,会场背景、桌布、椅套等使用蓝色、米白色、驼色等比较稳重大气的颜色;若是企业年会如新产品发布会、业绩奖励大会等,可能会采用圆桌式布置,而现场的颜色也会选择大红色、金色、纯白色等较为喜庆或高贵典雅的色彩。除了全体会议以外,高层会议室、平行会议室的座位摆放也有讲究。一般说来,高层会议要么采用围坐的格局,要么采用"主位沙发+左右两排"的会见模式;而平行会议则根据会议属性来适当调整座位布局,如交流会、研讨会大都采用围坐格局,而报告会专设主席台或讲台,以突出演讲人的主导地位。

课桌式

剧院式

回字形

U 字型

图 9-2　会议现场布置示例

(二) 会场布置的准备时间

影响会场布置所需时间的因素有：会场的大小、性质和格局，以及会场的装饰效果。在会议召开期间，所有的会务工作都有一定的时间限制、场次之间的衔接、翻台准备等，只有充分、合理地分配和利用时间，在大型会议前做好模拟演练、不断调整，才不会影响下一阶段工作的顺利进行。

(三) 会议主题布置

会议主题是会议的灵魂和核心。在会议主题的布置中，要综合考虑会议的性质、特征以及会议所达到的效果来斟酌具体的布置方案，以更好地为会议的顺利召开打好基础。

(四) 会场装饰布置

会场装饰是指运用文字、图案、色彩和实物等烘托会场气氛的手段，具有昭示会议主题、渲染会议气氛和调节心理状态的作用。在装饰布置过程中要有反映会议主题的会标，要有体现和象征会议精神的会徽，要有彰显会议主题的标语以及衬托会议主题和气氛的花饰和灯光。

(五) 会场视听环境的布置

会场视听环境的布置对会议的质量和成功召开有着重要的意义。通常情况下，会场的视听环境包括以下几种设备。

1. 灯光

会议一般不需要专业灯光效果，除了某些新品发布会和带有旅游性质的奖励大会。采用专业灯光效果不仅要增加预算，还要请灯光专业人员控制。

2. 音响

在会前和会间休息时，可播放音乐，让与会者放松情绪。有时，演讲人需要播放音乐或短片来渲染气氛或更加鲜明地表达主题。要明确音响是由会议组织者还是由会议场所的工作人员控制。还要了解演讲人对于麦克风的偏好，如固定式、支架式、别针式等。

3. 多媒体设备

演讲人可能会用到电脑、投影仪、翻页器等设备。所以，在会前应该了解演讲人是否需要这些设备以及对设备是否有更具体的要求，如对投影仪的流明和幕布大小、摆放位置的要求。如果会场不能提供，应及时加以解决。此外，为求更直观、更形象地记录会议内容、传达会议精神，目前大部分会议都采用录像、录音和速记的方式进行记录，有的甚至现场直播。会议组织者应做好相关设备和仪器的准备工作。所有国际会议都需要翻译，如果采用同声传译，则需要备好同传设备。

(六) 其他服务细节的布置

大型会议的特点是人多、会议室多，因此，要在会场设立一定数量的指示牌来指示会议室、衣帽间、媒体中心、商务中心、急救中心、餐厅、服务台、洗手间等位置，以方便与会者寻找。在进行会场实地考察时，一定要确定会场是否有良好的隔音设施，这对一些重要会议，特别是首长会见、企业高层会晤等具有相当大的意义。此外，还要注意会见室、贵宾室与主会场之间的通道的隐秘性和便利程度，以防一般参会者或媒体记者的干扰。对于大型会议来说，安全保障是个筐，什么都可以往里装，而如果没了这个筐，再大的成就都是枉然。电梯与电是特别容易出问题的地方，因此在会前要再三检查检测，以确保万无一失。

二、会议现场注册管理

会议现场注册管理是会议接待的第一步,关系到与会者对工作人员素质和专业水平的认知,更是记录、收集与会人员信息资料的有效途径,可以为以后邀请参会人员提供参考,因此要用心对待。

(一)精心布置会议注册登记处

会议注册登记处是与会人员参加会议的第一站,要布置得稳重大气,给人以庄重典雅的感觉。此外,在布置时要注意细节、做好分工,尽量减少与会人员滞留在注册登记处的时间。

(二)提前准备好注册表

提前准备好注册表可以节省注册时间,提高注册的工作效率,也会使与会人员体会到会议服务人员的专业素质。

(三)分类登记

根据与会人员身份不同进行分类登记,有助于后期会议效果及会议影响力的评估。

(四)发放资料袋

资料袋里有与会者需要的会议资料及辅助信息,会影响与会者参会的全过程,因此,发放资料袋是现场注册工作中的一个重要环节。

(五)发放房卡和餐券

当会议在酒店举办、与会人员下榻同一酒店时,需要现场发放房卡和餐券。很多时候,会议组织者会根据与会人员提交的住宿申请需求,统一领取房卡后再进行分配、登记房号、插入餐券,待与会者抵达后即按照记录派发,以加快工作速度、减少出错。现在,部分高星级酒店已经开始实行智能化酒店管理模式,在会前拿到住宿人员需求后即开始房间分配,并提早以微信、短信或邮件等方式告知,与会者抵达酒店可直接向酒店服务台取卡甚至在自动取卡(房卡)机上领取,方便、快捷、高效。

三、会议入场管理

大型会议的入场管理是一门技术活。一般说来,与会人员在会前 30 分钟开始陆续抵达,在前 15 分钟和前 5 分钟之间达到入场高峰。会议根据参会证件或者会议邀请函来限制入场,严格控制入场人员,以保障会议的安全、有序。会议现场工作人员还需根据与会人员出示的证件类型给予座位区块的指引,以最快速度疏散聚集在入口处的人流。此时,工作人员要特别注意有席签的参会人员,要正确指引,使其尽快入座。

四、会议开幕式

大型会议的开幕式是所有会议活动中最重要的活动,国际会议的开幕式甚至有多位国家领导出席,需要认真策划和仔细安排。

(一)策划开幕式的程序并编制开幕式工作计划

首先,要确定开幕式的时间和地点,开幕式可以安排在专业交流活动正式开始的第一天上午,也可以安排在交流会的前一天晚上。开幕式的地点取决于会议代表的人数,有些会议的开幕式与大会会场是一致的,在举办大型会议时,出席开幕式的人数多于会议交流会场的人数,这时可以选择其他场所,如剧院、体育馆等。其次,要邀请出席开幕式的贵宾,按名单发出邀请,务必要一一落实嘉宾参加开幕式的情况。

(二) 调整开幕式程序

根据邀请到的贵宾调整开幕式程序和工作计划,并将最后确认的开幕式程序印制在会议日程手册上。

(三) 设计背景板、横幅、桌签和开幕式请柬

1. 背景板

背景板的设计要符合会议的主题,背景板的内容有会议主题、LOGO,主办、协办、支持单位以及时间、地点等。在进行背景板设计时还应注意以下三方面的问题。

(1) 背景板的设计要注意"实用性"

通常一个背景板的高度规格从演讲台往上开始有 2 m 到 5 m 的高度范围,设计时通常根据会场大小来灵活掌握,而一个会场的地台高度也通常是从 20 cm 到 60 cm 不等,背景板通常从地台上缘开始搭建,搭完后,台上要预留有嘉宾位置(如演讲台、前排主席台、对话沙发、签约桌、启动球等)。因为嘉宾阻挡,所以从地台表面开始向上约 80 cm 内是属于"无效面积",即观众的"视角盲区",而这个嘉宾阻挡盲区却又恰恰是摄影摄像设备的拍摄"高发区"。这就要求背景板在最初设计的时候便要非常注意,要特意把会议主题、LOGO,主办、协办、支持单位以及时间、地点等核心元素往背景板的上方偏移,而在视角盲区部分可以用一些相对比较抽象或写意的背景图画来做填充,对于拍摄高发区的面积部分,则要着重凸显出主题诉求或核心LOGO,并且其写意图画与主题诉求和核心 LOGO 还要圆润处理,让人感觉不突兀。这样从整个背景板的构图来看,其直观感觉是有点头重脚轻的效果(核心主题元素一律集中在上部,而中下部基本上没什么主要内容),尤其是在电脑上看小样的时候,通常会让设计师感觉很没有美感、不稳健,但是到真正喷绘现场使用的时候却又往往非常实用。

(2) 巧用色彩

有专家认为"酒红"和"湛蓝"永远是会议背景设计构图百看不厌的流行色,就像黑色和银灰是汽车车漆的流行色一样。

(3) 防止背景板起"皱褶"

普通规格的会议背景板通常都用宝丽布喷绘制作,既实惠又容易搭建。在现场就地量尺寸,根据规格来灵活拼接绗架,现场张平。要注意背景板一定要张平,不能有皱褶,绝对不能在背景墙上直接拉扯装订。背景板很皱没有张平是一个会议现场最直观的问题,也是最致命的硬伤。它直接影响着整个会议在观众心目中的规格、档次和形象,因为任何一个观众或嘉宾进入会场的第一眼永远都是先看背景板,而如果背景板很皱没有张平,会让人感觉会场布置很粗糙、很懒散,从而会推测主办方很不专业或者很不重视。确保背景板没有皱褶,要注意一个操作细节,即无论多大的背景板,其背景布边界一定要能富余出从绗架边缘能向后二次弯折(注意必须是二次弯折,如果仅有一次弯折效果也很一般)的空间,最终的边缘效果呈现出 U 字形,靠绗架边界来撑满,并且注意在张平的时候要做力度均匀,否则如果单单只是用钉子来固定的话注定是徒劳的。

2. 桌签

桌签是标明就座人姓名的标签,其制作方法有以下两种:

(1) 用硬塑料做的三棱柱体,前后都写上入座人的姓名,平放于桌面上;

（2）用卡纸作材料，按适当的规格剪成长方形，打印上就座人的姓名，然后将一端剪成锥形，将锥形部分向后折90°，平放桌上。

3．横幅

横幅上的字一般采用白色，底色以红色居多，也有会议选用其他颜色。内容是会议的（中英文）名称。

（四）布置开幕式会场

1．主席台的布置

根据不同会议的要求，主席台有各种各样的布置方式（图9-3）。最常用的方式是在主席台的中央正前方摆设长条桌，长度根据主席台的就座人数而定。长条桌上摆放桌签、鲜花、茶杯或矿泉水、会议专用的纸和笔等。会议主持人通常坐在长条桌的一侧，座位处摆放台式麦克风。长条桌后侧摆放椅子，长条桌的前侧摆放花草。

主席台右侧摆放一个演讲台，讲台上摆台式麦克风、台灯和鲜花。

主席台的座次安排是一个非常重要又非常敏感的问题，应严格按照会议领导机构事先确定的名单次序安排座次，不得擅自改动；身份最高的领导人安排于主席台前排中央就座；其他领导人按先左后右（以主席台的朝向为准）、一左一右的顺序排列；主席台上就座人数为偶数时，前两位领导人共同居中就座，第一位领导人坐在第二位领导人的左侧。

主席台的布置

主席台座次安排

图9-3　主席台布置示例

2．代表席的布置

会议代表席的布置可采用如下两种形式：工作性质的国际会议通常选用课堂式；而交流性质的国际会议选用剧院式。代表席可分为三个部分：贵宾席、代表席和记者席。贵宾席一般安排在会场中区前几排，为了表示对贵宾的尊重，有的会议还在座位前摆上长条桌，摆成课堂式，桌上摆放桌签和饮料。桌子两侧竖立指示标牌，书写"贵宾席/Reserved for the VIP"。代表席通常要按剧院式摆放座位，座位的数量应比代表人数略多一些。会议要专门为记者设置记者席，要尽量考虑方便他们摄影和摄像。

（五）开幕式的现场管理

开幕式的现场管理包括贵宾活动管理、会议代表管理、记者活动管理、安全保卫管理、车辆安排和交通管理等方面。

1. 贵宾的现场接待

开幕式之前,要安排级别相当的会议领导在会议中心或饭店的大厅门口迎接贵宾,这位领导要了解每一位贵宾的姓名、工作单位、职务和将在哪一个贵宾室休息。

贵宾抵达后,要安排专门的工作人员引路,将贵宾送到贵宾室,会议的主要领导要在贵宾室迎接。贵宾在贵宾室的活动主要是在签到簿上题词或签字、佩带胸花,接见和合影等。当会议代表基本落座后再请贵宾进入会场,先引导坐在主席台下的贵宾入座,然后再请主席台的贵宾入座。

2. 会议代表进入会场

如果没有身份较高的贵宾参加,组织代表参加开幕式是一件比较简单的工作。但如果遇有大型会议被邀请出席开幕式的贵宾级别比较高时,出于安全的考虑,要严格检查,所有进入会场的人员必须佩戴胸卡或者持有开幕式的请柬。通常,提前半个小时就开始允许代表入场,特别情况时可提前一个小时。代表基本就座后,可安排简单短小的文艺演出,目的是吸引代表的注意力,不再相互交谈,形成一种安静祥和的气氛,等待开幕式开始。

3. 记者接待

对会议感兴趣的新闻记者都会前来参加会议的开幕式,有影响力的会议经常会有上百名记者现场采访。会议组织者应该在会场附近设立记者接待站。记者在这里可以领取记者证、新闻报道稿和其他有关的会议材料。对于记者参加较多的会议,应领取特殊的证件方可在会场进行走动采访,否则上百名记者在会场来回走动,会议将无法正常进行。

4. 安全保卫

大型会议的安全保卫工作在开幕式中也非常重要,特别是遇有政府领导人参加开幕式时更是如此。会场布置结束后,公安人员要对会场进行认真的安全检查,排除任何可能的安全隐患。安全检查结束后,开幕式的会场就应采取封闭措施,人员不得随意进出。会场应设有供领导人使用的专用通道。在举办开幕式的大会场入口处安排工作人员和安保人员,检查进入人员的证件和请柬。对于开幕式可能出现的其他敏感问题,有关公安部门会采取预防措施,会议组织者只要积极配合就可以了。

5. 交通安排

会议开幕式若在代表下榻的宾馆或附近的会议中心举行,则主要针对参加开幕式的贵宾进行交通安排。会议组织者要制作参加会议开幕式的特殊车证,并和当地的交通管理部门制定行车路线。会议的开幕式及举办地点应当尽量离会议代表的下榻处近一点,以免造成交通安排的压力。

五、会议餐饮服务

(一) 制作团体菜单

制作会议的餐饮菜单时应根据接待的规格、预算和宴请的形式,做好相关的订菜和订酒水工作。

(二) 了解特殊要求

订菜前要了解客人的喜好与禁忌,通常可以通过参会信息预登记进行收集。如宴请伊斯兰教信徒忌食猪肉制品,西方人忌食青蛙、鸽子、蛇、动物内脏和爪子等。最好在菜单上以中英文注明菜品配料,以防客人对某一种食物过敏而在不知不觉之中进食。无论宴请哪一种客人,都应该事先开出菜单,经领导或上司批准后再具体安排。

(三) 做好茶歇服务

在每场次会议(通常以半天为一场)的中间环节,要安排一定的会间休息时间,称为茶歇。茶歇可以使与会者提神,让未吃早餐/午餐者充饥,同时增加与会者交流的机会。常见的茶歇品种有茶、咖啡、果汁、点心、水果等。茶歇布置应准备能够满足与会人员数量的点心饮品和餐具。

(四) 其他注意事项

在餐饮服务中,还要考虑诸如宴会是否需要特殊的装饰、是否需要安排音乐演出、安排什么样的音乐等,以便更好地服务会议主题。

第三节 会展现场的风险与安全管理

对会展的风险进行评估、计划、管理和控制是专业的会展风险管理中的重要步骤。会展风险管理者必须确保完成每一个步骤,并对每一场会展活动的结果都仔细地、系统地加以评价,以便在将来的会展活动中运用这一历史资料作出明智的决定。

一、风险的识别与评估

(一) 确定风险评估的范畴

1. 参与人员

观众方面的因素有:观众数量、观众素质、观众生理因素(年龄性别等)、观众组织程度、观众心理承受能力和自我保护能力等信息;活动参与人员(包括组展方、会议或活动主办方、参展商、现场搭建方、安保、媒体等相关人员)因素:各类人员的自我保护能力和情绪控制能力,安全责任人情况,搭建人员情况(安全意识、操作规范性等),保安公司和保安员情况(安保制度、安保工作经验、安保培训与演练、与场地方的关系)等。此外还要分析内部环境的人群构成、容量、规模和密度,外部环境的流动人员密度、人流疏散或控制性等因素。

2. 活动环境

会展场所的内部环境,其中主要包括公共设施、停车场地、区域开放度等。

3. 设备设施

会展场所内部设备、设施主要包括:重点要害与实体防范目标的数量和分布图以及水、电、气、热设施、消防、安全防范、应急出入口和广播、通讯、环境通风系统、疏散通道、临建结构、安检防爆设施与活动安全的适应性。策划活动所需搭建的舞台、观众看台、经营设施、高空作业及悬挂、宣传媒体、疏散引导标识、临时安全防范、临时用电等设备设施。

4. 其他方面

会展策划方案及方案中涉及的主要环节、活动,具有社会影响和关注的节目、重要或社会特别关注人物参与情况,政治影响及活动的互动性;各方组织服务经验及能力、事故灾害赔偿能力、主管机关制约力、活动邀请的嘉宾和参加领导的级别、反恐防爆、群体性事件等;活动各项内容组织方案和所采取的预案措施;各个工作方案的培训及演练;食品、饮用水、医疗救护安全保障。

(二)收集、整理风险评估所需资料

1. 收集相关展会材料

收集会展活动的基本资料包括主办单位的性质及隶属关系、举办活动的主题、活动的具体内容、展会的历史资料、批文、资质证明、活动安全工作方案、安检设备的证明材料、活动使用的证件和门票等;会展活动场地方的安全运营纪录、展会活动的安全责任人和现场负责人、事故及故障资料、水电气热等基础设施的安全状况等;参加会展活动单位的基本情况、国内外相关法规、安全技术标准及建设项目资料、观众群体类别、安全设施设备的具体情况,以及应急出入口、消防设施等重点部位情况。

2. 现场勘察获取信息

现场勘察是获取信息最直接也是最重要的方法之一。现场勘察可以使风险评估人员亲临现场感受实际环境、验证已经收集的相关资料的真实性,同时,可以对已经收集的信息加以补充。现场勘察可以研究场地,观察并收集资料和信息,列出所有可能的风险:

(1) 会展风险会在哪里发生?对人员、设施、物品及程序进行危险及弱点调查(场地调查)。

(2) 这一风险可能会在什么情况下发生?

(3) 谁可能出现在现场?

(4) 进行这场展览的风险是什么?风险系数是高、中还是低?

再根据所掌握的信息、以往的经验和现场观察列出所有可能风险:出入口/餐饮(多少人参加,是否会拥挤)、搭建的展台(牢固程度)、地面(是否会打滑)、火灾、盗窃、恐怖活动。

3. 通过交流获取信息

风险评估人员与主办方就会展活动的流程细节、主要风险点、过去举办类似会展活动的经验教训进行交流。通过交流获得书面上没有的信息并做好记录,以便更好地进行评估工作。

4. 情报信息收集工作

通过与政府部门、气象部门、地震预防部门等进行沟通,收集和活动有关的信息。例如高危人群对这次活动是否有所动静,了解恐怖分子、高危人群的信息。

5. 及时关注社会舆论

通过对报刊、杂志、电视、广播、互联网等大型媒体对举办展会活动的相关信息的整理和提炼,了解展会活动的社会关注程度,发现和积累一些潜在的、有价值的情报信息。通过群众监督、民情反馈等,了解特定群体的心理情绪、思想以及带有倾向性的社会动态。

(三)确定风险的类型和影响程度

根据事件和环境的特点对危险、有害因素导致事故发生的可能性和严重程度,选择科学、合理、适用的风险评估方法。按照不同标准,风险评价的方法可为定性分析方法、定量分析方法、半定量分析方法。

在各种方法中还有许许多多的分支方法,例如:定性评价的方法主要有风险矩阵分析法、头脑风暴法、德尔菲法、主观概率法等(表9-3)。

图9-3 风险矩阵分析法

因素	影响大	影响小
可能性小	发生枪击事件	无线通信有盲区
可能性大	食品中毒、火灾、展台倒塌伤人	停车场地不够

安全风险评估方法有很多种,每种评估方法都有其适用范围和应用条件。选择什么样的评估分析方法应依据评估目的、评估对象的特点、占有资料情况、评估费用以及评估方法的应用范围等条件来决定。有时还可以综合运用几种评估分析方法,相互验证评估的结果,借以提高预测的质量。

二、制订风险控制预案

(一)进行演练和修改

评估工作要取得良好的效果,就需要进行演练及不断修改。演练可增强队伍的整体能力,充分熟悉评估的内容。管理者也可以通过演练,发现评估中的不足并不断加以完善。

(二)编制风险评估报告和预案

在获得风险信息资料、确定风险评估方法、进行演练之后,要整理、归纳风险评估结果,以便公安机关、主办方、承包方制订相关应急预案和有针对性地进行安全保卫工作,编制一份完整的风险评估报告和预案。

三、实施风险管理与控制

(一)展会风险预防检查

根据制定的风险预案,办展机构要仔细地排查每一个因素,并让所有参与的工作人员了解风险处理的方法,以便在风险来临时知道寻找何人,如何处理。风险管理者应当有一份根据风险评估后列出的风险预防检查表,在会展活动开始前及进行过程中进行排查(表9-4)。

表9-4 会展活动风险预防检查表

检查项目	责任单位
1. 火灾预警系统 • 是否有正式的应急程序? • 是否有明确标志的紧急出口? • 自动喷水消防系统是否能够工作? • 是否有合适的灭火器? • 使用灭火器是否展开足够的训练? • 是否有一个有效的火警报警系统? • 是否有有效的烟尘报警器?	场馆安全部门、当地消防部门
2. 急救/医疗程序 • 是否有符合规定的急救药箱? • 是否有应急医疗程序? • 是否有当地医师和医疗机构的名单?	场馆医务室、当地医疗机构

(二)会展现场安全问题

1. 展会现场安全管理

展会现场安全管理包括展会搭建和撤建时的安全管理,展会搭建和撤展时的安全管理主要是施工安全,如高处作业人员坠落、展台搭建或拆卸时倒塌伤人、物体打击(材料落下、倾倒)伤人、触电等;展会开展时的安全管理包括防止可疑人员进入展会、防止展品丢失和被盗、展会消防安全防护、协助参展商处理一些安全保卫方面的工作等(图9-4)。展会展览期间的安全保卫工作主要有以下几类。

(1) 消防安全

展会开幕前后,展区内人员密集,展品众多,展会的消防安全十分重要。组展方一般都要求各参展商用于展位搭建的材料是防火或耐火材料;参展商在展位搭建和展品演示时使用电力要符合要求;场馆的电气设施设备等运作正常,防止短路等情况引发火灾;展位之间的通道必须有一定的宽度,一般禁止在展会内吸烟。

(2) 人员安全

组展方对参展商在布展及展览期间有关人员的安全问题不负责任,但一般都要求参展商为其参展工作人员购买"第三者责任险"和"展出人员险"等以保障其人员的安全。展会的人员安全风险比较高的人群是展会搭建施工人员,一方面搭建施工单位应为其员工购买保险,另一方面应该加强安全施工教育。此外,还要注意大量人群聚集所造成的安全风险,必要时采取控制参观人数、设置缓冲地带等措施;防止电梯等设备故障引发的人员安全风险,做好设施设备的检查维护。

(3) 展品安全

展品在搬运和展出过程中都可能出现损坏、破碎和丢失等问题,如果展品出现问题,参展商就无法获得良好的展出效果,因此要注意展品的安全问题。通常参展商也为其展品购买相应保险。

(4) 公共安全

办展机构负责展会的公共安全保卫工作。办展机构要聘请专门的保安人员24小时巡逻会场,负责展会的公共安全工作。

2. 会议现场安全管理

会议的安全是会议成败的决定性因素。会议的安全风险通常在信息、食品安全上比较突出。

(1) 保密管理

对于秘密会谈,会谈场地要保密,安排专人监控,了解并掌握会场内部和外部周围的环境、情况;对会谈现场采取严格的保密措施,在会场周围设置必要的警卫,限制无关人员接近会场,注意发现各种可能造成泄密的情况。

(2) 突发事件的处理

会议主办方要考虑到会议可能的突发事件,并做好各项应急预案,例如火灾、电梯故障、爆炸、恐怖袭击等。要将责任落实到部门和个人,对涉及会议的有关单位和人员进行全面培训,增强其责任感,排除安全隐患,如若发生突发事件亦能得到有效控制。

(3) 人员安全管理

政府类会议,特别是涉及高层领导人出席的会议,要对参会人员逐个进行背景审查,以防恐怖分子混入会场。大型会议举办时,公安部门、国安部门都会入场办公。

(4) 食品安全管理

食品从采购、运输、清洗、切配、制作、摆盘、端盘到上桌、进食,要历经数道工序,一定要确保每一个环节都不出意外,以免引起大规模食物中毒事件的发生。最好邀请卫生、食药监管等部门在会前实地勘察、会议期间现场办公。

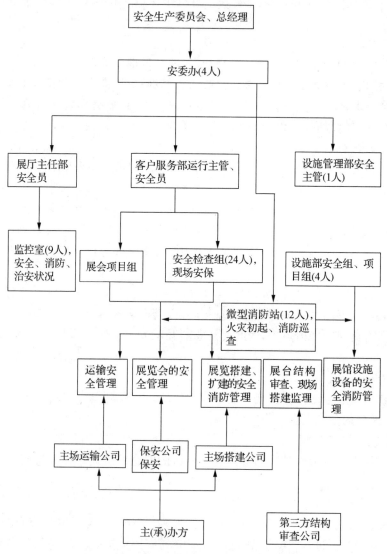

图 9-4 展览会安全管理网络示意图

四、媒体管理

在当今的信息社会里,媒体的触角极为灵敏,一旦风险成为现实事件,该事件马上就会成为媒体关注的对象。如果办展机构没有良好的媒体管理计划,铺天盖地的报道就可能会拖垮该展会,甚至拖垮办展机构。但是如果处理得当,就可以尽可能地减少媒体在事件中的负面影响,增加媒体在风险管理中的积极作用。因此,媒体管理也是风险控制和管理的组成部分。

人们一般把一个特殊的、反常事故定义为"事件"。如果该事件进一步发展,并产生负面后果,那么它就成了"负面事件"。但是,这并不意味着在事件刚发生的时候,就能对每一事件的后果进行评估、判断。因此负面事件可定义为对每个组织而言,组织环境中所面对的那些能够给他们造成持续性的破坏或损失的所有事件,即负面事件能够威胁、削弱或摧毁组织的竞争优势(Dirk Glaesser，2003)。因此，风险是对负面事件发生可能性的判断和估计，负面事件则会引发危机。

(一) 负面事件发生后的媒体管理方法

有效地发挥媒体在风险管理中的积极作用并尽量减少其在风险管理中的消极作用，是风险来临时对媒体进行管理需要完成的首要任务。在负面事件发生后，一方面，媒体出自行业的需要，要对突发事件有全面、准确、及时和自由的报道；另一方面，风险管理者出于风险管理的需要，对媒体的一些报道方式、报道时间和报道内容往往有一定的选择要求。这样，风险管理者与媒体常常产生矛盾和冲突。

在负面事件发生后，风险管理者与媒体之间之所以产生冲突，很大原因是因为他们彼此都认为对方是在故意干扰自己的工作。与媒体产生冲突对风险管理是极其有害的。风险管理者要努力了解媒体在负面事件报道中的相关兴趣和需求，并设法调控这些兴趣和需求，使媒体报道有利于风险管理。媒体管理可尝试以下方法。

1. 将媒体作为一个重要的管理对象纳入会展风险管理计划

很多办展机构在进行风险管理时，都将注意力集中在对风险源、环境和交互作用的管理和控制上，而往往忽略对媒体的管理，结果酿成大错。其实，进行会展风险管理一开始就应该将媒体纳入管理的主要对象，并以此制订相应的媒体管理计划，指定负责人或成立相应的管理部门，这样，一旦风险发生，办展机构才不至于措手不及。将媒体纳入风险管理的对象，可以通过主动地引导媒体报道和采访、主动地向媒体提供信息来有计划地引导媒体为风险管理服务。

2. 指定负责人与媒体保持沟通和密切联系

指定与媒体沟通的负责人或成立相应的管理机构，是办展机构将媒体纳入管理对象的一项重要措施。在负面事件发生后，办展机构不可以多头对外发布信息，更不可以发布相互矛盾的信息，否则，混乱的信息将使外界对负面事件的理解更加混乱。与媒体保持沟通也十分重要，风险管理者应当通过多种渠道与媒体保持沟通和联系，如新闻发布会、媒体会议、现场采访、随机或秘密采访等。

在新闻发布会和媒体会议上，负责人要注意做到以下四点：第一，简明清晰地介绍信息发布的动机和内容；第二，做一个本事件给人们带来影响的简要评论；第三，清楚地陈述自己已经、当前和将要采取的风险管理措施；第四，给媒体留下如何继续获得信息的时间、地点和途径。在新闻发布会和媒体会议上，如果有背景材料介绍效果会更好。对于各种采访，风险管理者要有一定的准备，要使被采访者能镇静应对，不要陷入猝不及防的尴尬状态；被采访者对外提供的信息要口径一致，不要随意发挥。

3. 适当地控制媒体活动范围

在风险发生后，应当控制媒体传播活动范围，可以通过划定媒体可以进入的区域和限定媒体不能进入的区域等方式来实现。这是因为，一方面，媒体无限制的活动和采访可能会影响风险管理者的决策，影响风险控制活动的开展；另一方面，媒体可能会获得一些风险管理者暂时还不想对外发布的信息，因为这些信息如果此时公布可能会导致危机局面更加混乱，扩大负面事件的影响。值得一提的是，适当控制媒体的活动范围，并非是拒绝媒体对事件现场进行采访和报道，更不是对媒体进行封锁。控制媒体在事件中的活动范围旨在减少干扰，抓紧时间和集中精力处理好负面事件。因此，在对媒体活动范围进行适当控制时，还要对媒体说明原因，取得媒体的理解和配合，同时，还要积极给媒体提供必要的信息。

（二）进行媒体管理的注意事项

在进行媒体管理时要注意到，一旦媒体对某个机构或事件产生误解，就很容易形成一种对该机构不利的舆论氛围，这种氛围的形成对风险管理的成功实施很不利。为了更好地进行风险管理，风险管理者应当注意以下事项：

(1) 不要和媒体发生冲突；
(2) 不要责怪其他组织和个人；
(3) 尽量提供真实的信息；
(4) 保持冷静并表现得坦率和诚实；
(5) 要富有同情心和责任心；
(6) 注意运用应对采访的技巧。

典型案例分析

案例一

第九届世界休闲大会部分现场服务方案

第九届世界休闲大会是××××年度杭州世界休闲博览会期间的一个最重要项目。大会将把世界各地不同文化背景的人士聚集在一起，共同探讨、分享和传播休闲的知识和理念，寻求休闲如何成为全人类成长和发展力量的共识。

（一）大会名称

中文：第九届世界休闲大会

英文：THE 9th WORLD LEISURE CONGRESS

（二）大会主题

中文：休闲：社会、文化和经济发展不可分割的组成部分

英文：LEISURE：INTEGRAL TO SOCIAL, CULTURAL AND ECONOMIC DEVELOPMENT

（三）大会时间、地点

时间：××××年10月15—20日

地点：杭州世界休闲博览园

（四）大会目标规模

正式代表800～1 000人（包括贵宾、注册代表及随从人员、百城馆城市代表），听会代表2 000人次；邀请国内外各类媒体50家，预计约100人。

（五）大会日程

大会为期5天，详见《大会日程安排》。

（六）大会举办单位

主办单位：世界休闲组织、××××杭州世界休闲博览会组委会

承办单位：第九届世界休闲大会当地组委会

支持单位：UNESCO（联合国教科文组织）、WTO（世界旅游组织）、WTTC（世界旅游旅

行协会)、PATA(太平洋亚洲旅游协会)、ICTP(国际旅游合作伙伴协会)

特别协办单位:宋城集团

媒体支持:Leisure Media、浙江在线

方案一 大会会场布置方案

(一) 时间:××××年10月15—20日

(二) 地点:杭州世界休闲博览园及周边主要道路

(三) 责任人:×××

组委会联络人:×××

酒店联络人:×××

园区联络人:×××

宋城广告公司联络人:×××

萧山区休博办联络人:×××

工作人员:若干

会场布置工作由广告公司负责,大会执行组负责与第一世界大酒店、休博园公司的协调和会场布置管理。现场志愿者进行协助管理。

(四) 主要内容

1. 环境布置

1) 灯杆直幅布置

在风情大道、第一世界大道、湖畔路至第一世界大酒店正门沿途布置灯杆直幅,欢迎大会代表来杭参加第九届世界休闲大会。

利用休博园园区内已有灯杆直幅的单侧画面做大会宣传。

灯杆直幅规格及数量安排如下:

位置	数量	画面规格
风情大道	98组	1.9 m×0.72 m
第一世界大道	80组	1.9 m×0.72 m
湖畔路至第一世界大酒店正门	30组	1.9 m×0.72 m
园区灯杆直幅	112组	1.9 m×0.72 m

2) 大型户外广告牌

利用风情大道、第一世界大道和湖畔路(第一世界大酒店东门)已有的大型户外广告牌资源,进行大会宣传。

位置	数量	户外广告牌规格
风情大道	2组	25.7 m×5 m
第一世界大道	3组	25.7 m×5 m
湖畔路(第一世界大酒店东门)	1组	13 m×7 m

3) 空飘气球

在休博园一号停车场位置,即风情大道转第一世界大道入口处布置空飘气球10组,以

表达对大会代表的热烈欢迎。空飘气球可作为大会主要赞助商回报资源。

4) 第一世界酒店布置

(1) 第一世界大酒店正门布置

A. 空飘气球:在第一世界大酒店正门前,暨情人港北岸布置空飘气球10组。空飘气球可作为大会主要赞助商回报资源。

B. 形象板:在第一世界大酒店正门前布置大会形象板1块,烘托大会气氛,同时可作为大会主要赞助商的回报资源。形象板规格:4 m×14 m。

C. 大会欢迎横幅和悬挂式直幅:在第一世界大酒店门前布置大会欢迎横幅和悬挂式直幅,表示组委会对大会代表的欢迎。横幅规格:8.8 m×0.5 m;悬挂式直幅规格:1.2 m×0.5 m。

(2) 第一世界大酒店大堂布置

A. 大堂会议室形象板:在大堂内布置大会形象板1组,画面内容为第一世界大酒店会议室平面图。规格:2 m×2.5 m。

B. 大堂报到形象板:在大堂右侧布置报到形象板1组。规格:2 m×2.5 m。

C. L型报到台。

5) 第一世界大剧院布置

(1) 在大剧院门前布置大会欢迎横幅(规格15 m×1 m)。

(2) 大剧院门前使用金色灯布包柱,门口使用地毯,并设鲜花阵。

6) 古堡桥形象板布置

在古堡桥区域布置大会形象板2组。1组形象板画面为休博园园区平面图,1组形象板画面为酒店会议室平面图。规格:2 m×7.5 m;材质:钢架+写真。

7) 美食街形象板

在第一世界美食街布置大会形象板1组,形象板画面为休博园园区平面图(参见古堡桥区域园区平面图形象板)。

2. 大会会场布置

1) 大会开幕式会场布置

地点:第一世界大剧院(图9-5)

(1) 剧院舞台布置:剧院舞台布置由专业舞台布置公司布置,布置方案参见开幕式舞台布置方案。

(2) 大剧院两侧座位覆盖:使用2组灯布,分别将第一世界大剧院左侧、右侧区域的座位覆盖起来,共覆盖掉两侧座位782个。为保证每侧区域的座位上覆盖的灯布平整,需根据座位高度搭建钢架。

(3) 大剧院横幅:在大剧院二楼嘉宾面向位置布置大型横幅一块,便于嘉宾感受会场氛围。规格:3 m×10 m。

(4) 大剧院观众席前搭建嘉宾位:从大剧院第一排观众席向前3 m搭台,与第一排观众席齐高,在台上布置一整排嘉宾座位。

2) 大会开幕式酒会会场布置

地点:热带雨林广场

(1) 热带雨林开幕酒会形象板布置:开幕式当天在热带雨林广场舞台上布置开幕酒会形象板1组。规格:7.2 m×2.88 m。

图 9-5　第九届世界休闲大会会场实景

(2) 热带雨林开幕酒会环境布置:在热带雨林广场入口处设置开幕酒会指引牌1组。

3) 大会招待晚宴会场布置

地点:开元名都开元厅

(1) 大堂欢迎水牌:开元名都大酒店负责在酒店大堂布置大型水牌1组,欢迎大会嘉宾光临酒店。

(2) 指引水牌:在开元名都大酒店一楼大厅、三楼电梯、名都厅通往开元厅电梯、楼道等明显位置,由酒店负责安排放置醒目的指引水牌,标明宴前休憩、宴会地点。

(3) 开元厅门口大型形象板:在开元厅门口布置大型形象板2组。左侧形象板做大会宣传,欢迎代表光临大会招待宴会。右侧形象板告知招待宴会的座位布置。规格:1.6 m×2.3 m。

(4) 开元厅招待宴会背景板:在开元厅内布置大型背景板1组。规格:12.87 m×2.88 m。

4) 名都厅招待酒会会场布置

名都厅入口大型形象板:在名都厅入口布置大型形象板1组。规格:1.6 m×2.3 m。

5) 第一世界厅会场布置:在第一世界厅内布置大型背景板1组。

6) 各分组会议室会场布置

(1) 会议室投影背景板:各分组会议室使用幻灯机投影画面作为会议背景板。

(2) 分组会议室门牌:各分组会议室门牌上用中、英文双语注明大会期间在此会议室召开的所有会议时间、形式、议题、会议管理人、会议室名称等信息。

7) 张贴报告环境布置

在酒店地下水族长廊入口处利用酒店水牌各布置指引牌1组。

8) 配套展览环境布置

在进入配套展览场地——热带雨林入口处利用酒店水牌布置指引牌1组。

3. 大会口号标语

(1) 祝贺第九届世界休闲大会召开!

(2) 构建和谐创业之城,打造东方休闲之都!

(3) 休闲:社会、文化和经济发展不可分割的组成部分!

(4) 祝贺第九届世界休闲大会隆重开幕!

(五) 进度要求(略)

案例点评：

会场的布置包括会议所在区域建筑物和道路环境的布置、会议场所的布置和宴会用餐场所的布置。会场整体布置要注意烘托会议的主题和气氛，会议参加人数众多，场所也经常会发生变化，因此，会场布置要注意与会代表的活动空间和标识牌（引导水牌）的设置。该方案明确指出会场布置的具体位置、布置方法、布置内容和数量，在需要图示的地方有图示说明，并对人员分工和进度要求作出安排。

方案二　大会开幕仪式工作方案

（一）时间

××××年10月15日19:00（约90分钟）

注：10月15日10:00进行彩排。

（二）地点

世界休闲博览园第一世界大剧院，浙江在线网络直播。

（三）议程

主持人：WL休博会执行官　杰拉德·凯尼恩（Gerald Kenyon 博士）

18:30—19:00	会前播放百城馆、休博园、休博会和杭州宣传短片；大剧院门口/舞台上非正式表演，营造欢庆气氛。
18:55	贵宾区所有贵宾在礼仪小姐引导下分别就座完毕。
19:00—19:10	主持人宣布仪式开始，介绍前排就座贵宾。
19:10—19:30	中外方贵宾致欢迎辞： • 组委会主任×××致辞(3′) • WL主席致辞(3′) • WTO副秘书长×××致辞(3′) • UNESCO文化事务助理总干事×××致辞(3′) • PATA候选主席×××致辞(3′) • 省政府领导致辞(3′)
19:30—19:50	主持人介绍主旨演讲人背景，马云作主旨发言：互联网的发展和休闲的未来。
19:50—20:10	联合国秘书长安南前高级顾问毛瑞斯·斯特朗（Maurice Strong）作主旨发言：休闲和未来的世界。
20:10—20:40	休博园特别文艺演出。
20:40	主持人宣布开幕式结束，邀请大会贵宾、正式代表及媒体等前往热带雨林广场参加开幕酒会。

（四）贵宾区前排就座贵宾（19人）

主持人(1人)：×××

大会当地组委会领导(6人)：名单略（由休博会组委会发出邀请）

WL领导(2人)：×××，×××（由休博会组委会发出邀请）

国际组织代表(3人)：×××，×××

休博会主办和有关单位领导(4人)：×××，×××，×××，×××

主题发言人(2人):×××,×××

休博会其他承办单位领导(2人):×××,×××

(五) 参会人员

总计约1 800人,贵宾区约140人,代表区1 660人。

前排贵宾19人,其他贵宾约121人,包括:

世界休闲组织理事会成员及工作人员(约25人)

国际国内贵宾(约55人)

百城馆等城市代表(约19人,已由百城馆管委会发出邀请)

萧山区其他领导(2人,由休博会组委会发出邀请)

有关单位负责人:市外办、市旅委、市体育局、市外经局、市贸易局、市文广新局、市园林文化局、浙江大学、文广集团、杭报集团(10人,由大会组委会发出邀请)

大会当地组委会成员(10人,由大会组委会发出邀请)

大会代表区(1 660人),包括:

萧山区有关单位负责人(10人,拟由大会组委会发出邀请,萧山区休博办负责落实)

大会注册代表及随从750人

新闻媒体记者100人

其他听会人员800人(含萧山区300人)

(六) 会场布置

(1) 在大剧院门前布置大会欢迎横幅,规格:15 m×1 m;

(2) 大剧院门前使用灯布包柱;

(3) 在大剧院二楼观众区面向舞台位置布置大型横幅一块,规格:3 m×10 m;

(4) 大剧院舞台中央左右侧设演讲台、主持台,各摆放鲜花、无线话筒若干(数量待定);

(5) 舞台设贵宾区,放置桌椅140席,设座签、杯子、矿泉水;

(6) 大剧院门前安排迎宾队伍(浙江传媒学院礼仪小姐10名);

(7) 大剧院使用同声传译设备,耳机发放处设在入口处;

(8) 第一世界大酒店一楼3号宋城厅作为贵宾休息室,设座位20席,摆鲜花、绿茶、杯子、矿泉水。

(七) 工作分工

总协调人:A先生

1. 贵宾区服务工作

由当地组委会办公室牵头,责任人:A先生,成员:共5人(名单略)。

(1) 做好与WL、市外办、市接待办、百城馆管委会的联系沟通,汇总贵宾名单,责任人:共4人(名单略);

(2) 负责贵宾区座签桌椅搭建检查,责任人:共2人(名单略);

(3) 负责贵宾区座位示意图发放,贵宾区座位、席签及矿泉水、小毛巾摆放检查,责任人:共2人(名单略);

(4) 保证贵宾休息室工作人员和礼仪服务人员提前到位,配备电瓶车(前排贵宾提前15分钟到休息室、提前5分钟乘坐两辆电瓶车到达大剧院),责任人:共2人(名单略);

(5) 负责落实第一世界酒店贵宾休息室、前排贵宾引座服务,矿泉水、小毛巾摆放检查

等工作,责任人:共2人(名单略);

(6) 主题演讲结束后,引导贵宾就座台下贵宾席,责任人:共2人(名单略)。

2. 综合协调工作

由当地组委会办公室综合工作组牵头,责任人:共1人(名单略)。

(1) 制订开幕仪式工作方案,责任人:共1人(名单略);

(2) 起草开幕仪式议程、国内领导人讲话素材稿;与WL对接汇总主持词和国际领导人讲话稿,责任人:共1人(名单略);

(3) 开幕仪式大屏幕显示内容(包括会前CD播放)、现场注意事项审核,责任人:共1人(名单略);

(4) 负责贵宾区席签制作;贵宾区中英文议程制作摆放;贵宾区座位示意图制作(标明每位贵宾就座位置),责任人:共1人(名单略);

(5) 制作、发送开幕仪式邀请函(萧山区邀请函由区休博办发送),责任人:共1人(名单略);

(6) 联系休博园现场指挥部和有关配套服务工作,责任人:共3人(名单略)。

3. 现场服务工作

由当地组委会办公室执行工作组牵头,责任人:共1人(名单略)。

(1) 负责会务保障、会务管理工作人员到位,责任人:共1人(名单略);

(2) 负责会场及舞台布置;负责座位区块划分、管理(包括正式代表、媒体等),设置明显的标识;负责同传设备到位,布置耳机发放场地,责任人:共1人(名单略);

(3) 负责贵宾区桌椅搭建,责任人:共1人(名单略);

(4) 负责同传翻译人员、志愿者工作人员管理,责任人:共1人(名单略);

(5) 联系安全保卫组,落实验证人员、验证口设置和验证工作,责任人:共1人(名单略);

(6) 联系旅行社,责任人:共1人(名单略);

(7) 落实大剧院现场服务人员,责任人:共1人(名单略);

(8) 落实贵宾区、讲台、音响话筒、投影设备、网络直播设备调试、摆放工作;开幕仪式大屏幕显示内容(包括会前视频播放)、现场注意事项,播放内容程序衔接;主题演讲结束后撤位,责任人:共1人(名单略);

(9) 牵头落实现场车辆停放工作,责任人:共1人(名单略)。

4. 特别文艺演出及相关工作

由休博园第一世界大剧院牵头,责任人:共1人(名单略)。

(1) 制订并实施文艺演出工作方案;

(2) 负责排练、演出和演职人员管理;

(3) 落实专职音控师操作音响设备,音控师对设备事先要严格检查,代表、贵宾入场选放轻松欢快的曲子;

(4) 落实专职投影设备操作人员,实现对设备进行严格检查,与执行工作组对接播放内容。

5. 新闻报道工作(略)

6. 安全保卫工作(略)

7. 公共卫生工作(略)

案例点评：
这是对开幕式整体安排的方案,方案内容较为具体全面,工作分工明确。

方案三 大会开幕酒会工作方案

（一）时间
××××年10月15日 20:45—22:00

（二）地点
世界休闲博览园第一世界大酒店热带雨林广场

（三）形式
1. 开幕仪式结束后,由志愿者和礼仪小姐引导贵宾来到热带雨林广场,酒会随即开始。
2. 站立式酒会,所有来宾可以随意走动和交谈。
3. 舞台上下有助兴演出、播放音乐,营造和谐友善的气氛。

（四）参加人员
参加开幕仪式贵宾、正式代表、媒体代表,约800～1 000人。

（五）会场布置（详见大会会场布置方案）
1. 在热带雨林广场舞台上布置大会形象板1组,烘托大会氛围。热带雨林广场大型形象板可作为大会主要赞助商回报资源。规格:7.2 m×2.88 m。
2. 大剧院至热带雨林过道安排迎宾队伍（浙江传媒学院礼仪10人）。
3. 热带雨林舞台放置两只话筒,供即席发言人和翻译人员使用。

（六）工作分工
总协调人:×××
1. 综合协调工作,由当地组委会办公室综合工作组负责,责任人:×××。
   (1) 负责制订开幕酒会工作方案,责任人:×××;
   (2) 联系休博园现场指挥部,责任人:×××;
   (3) 现场配套服务工作,责任人:共3人,名单略。
2. 现场服务工作,由当地组委会办公室执行工作组负责,责任人:×××。
   (1) 负责会场布置、会务保障,责任人:×××;
   (2) 主持人翻译,志愿者工作人员管理,责任人:×××;
   (3) 负责落实大剧院至热带雨林过道礼仪人员,责任人:×××;
   (4) 负责现场秩序,责任人:共2人,名单略;
   (5) 负责酒会酒水、点心供应和摆放,责任人:×××。
3. 助兴表演及相关工作,由休博园第一世界大剧院负责,责任人:×××。
   (1) 制定并实施助兴演出节目;
   (2) 负责排练、演出和演职人员管理;
   (3) 负责落实专职音控师操作音响设备,音控师对设备事先要严格检查,选放轻松欢快的曲子。
4. 新闻报道工作,由当地组委会办公室宣传工作组提出实施方案,责任人:共2人,名单略。
5. 安全保卫工作,由当地组委会办公室安全保卫组提出实施方案,责任人:共2人,名单略。
6. 公共卫生工作,由当地组委会办公室公共卫生组提出实施方案,责任人:共2人,名单略。

案例点评:

开幕酒会通常会选用冷餐会资助方式。根据参加招待会人数的多少布置取菜台和饮料台。有的招待会还摆设数量不多的桌椅,为年龄比较大的代表进餐提供方便;有的会议还安排主桌,桌上摆放鲜花和桌签,供出席会议的领导人使用,还要安排专门的服务员为主桌的贵宾分餐。有时招待会还安排讲话和小型文艺演出。该酒会方案对酒会的形式和分工作出了安排。

方案四 大会接待工作方案

为了做好第九届世界休闲大会的接待工作,特制订接待工作方案如下。

(一) 接待对象

参会贵宾:有关国际组织、国家有关部委领导,国内外有关城市领导,本次大会演讲人,世界休闲组织成员等,约100人,名单另附。

注册代表:包括已注册及报到当天注册代表(包括按天注册代表)。

媒体代表:海内外新闻媒体记者约100人,由组委会新闻中心负责接待,与大会礼宾接待组做好衔接。

(二) 总体安排

1. 总体要求:热情周到、文明安全、规范有序、相互配合,让参会代表高兴而来、满意而归。

2. 接待原则:总体把握、统筹安排、突出重点、分类接待,贵宾接待采用"人盯人"的方式做好服务工作。

3. 工作分工:接待工作在大会当地组委会的领导下,由组委会礼宾接待部负责,大会当地组委会办公室礼宾接待组具体落实。

(1) 重要外宾及随行人员请市外办指导接待;

(2) 国家有关部委及有关省市副部以上领导请市接待办负责,其他有关领导视情况安排市、区有关单位对口接待;其中参加百城馆总结表彰的有关城市领导接待工作与百城馆管委会办公室做好衔接(百城馆联系人:×××,电话:略);

(3) 贵宾的接送、陪同,以及大会交通等工作委托浙江×××旅游有限公司负责,市有关部门配合;

(4) 礼宾接待组与世界休闲组织秘书处有关大会接待工作人员做好工作衔接。

4. 工作人员:大会当地组委会办公室设立礼宾接待组。

组长:×××,负责统筹大会接待,指导大会重要外宾接待工作。联系电话:略。

副组长:×××,负责副部以上领导的接待工作,指导有关城市领导参会接待工作,指导大会招待酒会和宴会等工作。联系电话:略。

×××,负责大会接待日常工作。联系电话:略。

×××:负责与WL衔接和贵宾接待。联系电话:略。

其他工作人员。

市休博办:共5人,联系电话:略。

某旅游公司:×××(综合工作),联系电话:略。

×××(车辆调度),联系电话:略。

×××(陪同调度),联系电话:略。

第一世界大酒店:×××,联系电话:略。

(三) 主要工作

1. 迎送安排(WL联络人:×××;休博办联络人:×××)

(1) 准确掌握贵宾抵离杭州的时间、航班(车次)和人数,各接待单位事先制定各自接待贵宾的行程安排,提出贵宾分房需求;

(2) 根据各贵宾抵离杭州航班(车次)的时间,由各接待单位安排相应人员,派车提前至机场(车站)迎候或送行;

(3) 贵宾下榻客房内放置鲜花篮、水果篮及相应会议资料、证件等。

重要贵宾安排1对1陪同和专用小车,其他贵宾按1对5安排陪同,做好迎送等接待服务工作。

2. 注册报到(休博办联络人:×××)

(1) 注册报到台设在第一世界大酒店大堂;

(2) 重要贵宾抵达后,由陪同人员直接引入下榻客房,由陪同人员到报到台代为报到;

(3) 其他贵宾抵达第一世界大酒店后,由陪同人员到报到台代为报到,领取房卡后引入下榻客房。

3. 贵宾活动(休博办联络人:×××)

(1) 贵宾活动安排按照休闲大会总体活动计划执行;

(2) 陪同人员须提前1天书面提醒并提前半天口头提醒贵宾参与活动,特别是演讲人的演讲时间、地点及有关服务工作;

(3) 贵宾自行安排活动的交通等费用由贵宾自理;

(4) 市领导临时决定会见、宴请等活动,方案另做;

(5) 为做好接待服务工作,各接待单位及陪同人员应随时与礼宾接待组保持联系和衔接。

4. 食宿安排(休博办联络人:×××)

(1) 所有贵宾拟安排下榻休博园第一世界大酒店;

(2) 贵宾分房由接待组根据需求与酒店对接落实;媒体记者安排下榻休博园休闲之星酒店,其他参会代表视情况在休博园第一世界大酒店、开元名都、太虚湖假日、开元城市等酒店安排住房;

(3) 除宴请活动外,贵宾平时用餐按大会总体安排均在下榻酒店,考虑口味、习惯、时间等因素,平时用餐均采用自助餐形式;具体用餐安排详见会议指南。

5. 车辆安排(休博办联络人:×××)

(1) 各接待单位安排贵宾活动的车辆统一报安全保卫组和综合工作组,并视情况发放休闲大会接待用车证;

(2) 海内外商务公司接待用车按事先确定的计划执行,临时派车须经大会当地组委会办公室领导确认。

附件1:某旅游公司关于大会贵宾接待方案(略)

附件2:第一世界大酒店接待方案(略)

附件3:杭州开元名都大酒店接待方案(略)

附件4:太虚湖假日酒店接待方案(略)

附件5:萧山开元城市酒店接待方案(略)

案例点评：

会议现场接待服务是会议成功举办的重要一环,该方案对接待工作进行了分工,特别对贵宾接待作出了详细的安排。

方案五　大会代表报到方案

(一) 时间

10月15日为集中报到日,其余时间报到另行由接待组安排。

(二) 地点

1. 入住大会指定酒店(含第一世界大酒店、开元名都大酒店、太虚湖假日酒店和开元城市酒店)代表在各酒店大堂报到;

2. 非入住大会指定酒店的代表在第一世界大酒店报到。

(三) 主要工作及分工

1. 人员分工

现场总协调:共2人,名单略

联络员:共3人,名单略

工作人员:综合组、执行组、海内外商务旅游公司和各酒店服务人员

志愿者:6人

2. 各组分工

第一世界大酒店:

(1) 资料组(共3人,名单略,及志愿者):负责资料的整理、装袋及现场发放,会议资料包括杭州旅游介绍、会议指南、休博会宣传册、大会证件、水笔、论文集、资料袋、会议礼品和WL会员证等。

(2) 财务组(共3人,名单略):负责代表费用发票的开具,部分注册费用的收纳。

(3) 注册组(共3人,名单略):负责代表的现场注册。

(4) 票务组:由各酒店安排人员在商务中心为代表提供票务服务。

其他酒店:

只设立注册组,资料统一调配,财务由各酒店大堂代为收取。

开元名都大酒店负责人:×××

开元城市酒店负责人:×××

太虚湖假日酒店负责人:×××

具体报到交通安排见《大会日程安排》。

(四) 现场布置

第一世界大酒店现场设贵宾、代表和媒体三个报到台,一个缴费注册台;其他酒店在大堂设立一个报到台。

(五) 报到流程

1. 接到参会代表,在去休博园途中给代表分发参会折页,含详细报到指南;

2. 参会代表于报到当天持有效证件(如身份证、护照等,学生代表须持学生证)到大会指定地点报到,现场注册代表持有效证件到大会指定注册处注册参会;

3. 住宿代表凭酒店入住确认单到总台办理入住手续,缴纳押金并领取房间钥匙;

4. 入住第一世界大酒店的未缴费代表报到当天在报到台办理缴费手续;

5. 入住其他酒店未缴费代表报到当天在该酒店前台办理缴费手续；

13日世界休闲组织理事会、13日参展人员及14日百城馆人员报到缴费均在第一世界大酒店大堂。贵宾下榻客房内放置鲜花篮、水果篮(由旅行社负责)及相应会议资料、证件等(由资料组负责)。

(六)工作倒计时安排

1. 9月第1周,确定报到工作方案；
2. 9月第2周,报到工作人员确定,完成确认邀请函设计制作,并在网络上公布报到程序；
3. 9月第3周,完成确认邀请函邮寄；
4. 9月第4周,报到交通安排确定；
5. 10月第2周,报到台布置完成,各资料到位。

附：正式代表报到流程示意图(图9-6)

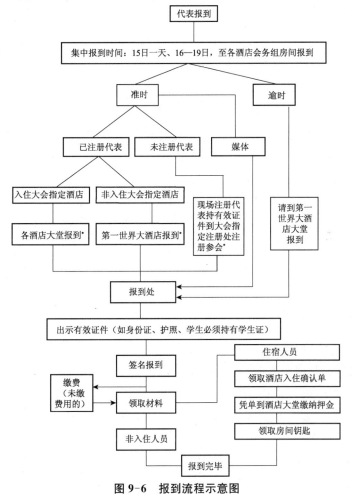

图9-6 报到流程示意图

备注：*资料内含：
1. 纸袋一个：杭州旅游介绍、休博会宣传手册、会议指南、水笔、论文集、大会资料包、大会礼品、大会折页、共识研讨成果集。
2. 信封一个：证件、WL会员证、餐券及酒店入住确认单。其中信封上注代表编号并按序排列。报到时代表出示证件,工作人员查出其编号,在报到纸上找出对应名字,请代表签字,领取资料。

按天注册代表及贵宾报到示意图(略)

案例点评:

1 000人的大型会议注册报到的任务非常繁重,事先一定要进行良好的策划,该方案详细规划了注册流程、时间、人员分工等各项事宜。

方案六　大会会场服务保障方案

(一) 时间: ××××年10月15—20日

(二) 地点及用途

1. 大剧院及第一世界大酒店各小会议室:开会
2. 酒店地下水族长廊北侧小房间(2间):张贴报告演示

(三) 责任人: 共2人,名单略

WL联络人:盖瑞·汉休

联络员:共2人,名单略

1. 工作分工及负责人

(1) 会议室服务:酒店相关负责人——××;

(2) 会议议程:×××;

(3) 会议翻译:×××(提需求)、×××(联系落实人员);

(4) 会议志愿者:×××;

(5) 会议室布置、投影话筒设备、壁报展示:×××;

(6) 同传设备、会议摄影:×××;

(7) 会议录音:共2人,名单略;

(8) 会场管理及各项工作检查:×××。

2. 各类会议室共计配备工作人员统计

(1) 酒店:12人

(2) 组委会:11人

(3) 志愿者:会议室管理27人

　　　　　礼仪10人

　　　　　会议议程管理6人

(4) 翻译工作人员:4人(同声传译人员2人,备用口译2人)

3. 各会议室工作人员配备名单(略)

4. 会议议程管理志愿者名单

带队人:×××

人　员:共3人,名单略

(四) 会议管理总体要求

1. 会议室

1) 每个会议室配备酒店工作人员、大会组委会工作人员、翻译人员各1名,志愿者若干(根据会议室大小及会议规模配备)。

(1) 酒店工作人员:负责会场空调、灯光照明、电源、网络端口、茶水(杯子加矿泉水)、毛巾、桌椅摆放、纸笔、席签打印、鲜花摆放等;

(2) 大会组委会工作人员及志愿者:负责各种设备(同传、投影、录音、无线和有线话筒、电脑)的会前准备及试用;负责演讲嘉宾确认;负责会议室布置以及席签的摆放。协助嘉宾播放PPT,进行会议的录音等。

2) 各个会议室工作人员每天于会前45分钟到岗,落实并检查有关工作情况,包括礼仪小姐、翻译人员、摄影、浙江在线网络直播和录播(×××负责,详见《大会日程安排》)等人员按时到达的通知。

3) 各个会议室大会组委会工作人员提前1天与当天当场演讲嘉宾或嘉宾接待人员就演讲内容及投影PPT内容进行确认并演示。

4) 各个会议室工作人员每天于会后30分钟内将前一场会议的有关资料收整统一交会议管理小组负责人××处(为了与会代表遗忘东西后回头寻找需要),并及时清扫完毕现场。

5) 各个会议室大会组委会工作人员完成会议录音工作。

6) 所有会议室工作人员每天晚上举行1小时工作例会,解决当天问题,安排第二天工作。

2. 酒店地下水族长廊北侧小房间

1) 张贴报告演示区,安排英语志愿者4~6名午餐时间在场进行翻译;门口及主要通道设引导礼仪人员及现场秩序维护人员。

2) 安排志愿者工作人员2名,协助作者本人更换壁报,保证壁报设施设备的完好。每天12:00—14:30在岗。

3) 英语志愿者,12:30—14:00在岗,为与会代表做好中英文讲解翻译。

(五) 有关会议管理相关设备、人员的调用安排

1. 礼仪人员:10人,由浙江传媒学院提供免费服务,方案根据会议最终日程另行制订。
2. 同声传译设备及人员:方案详见附件(附件略)。
3. 摄影:原则上保证全体会议及平行会议邀请专业摄影师1名(西博会已有的专业摄影师)。
4. 录音:原则上保证所有会议均全程录音笔录音,并于每半天会议结束上交会议协调人。
5. 投影:保证所有会议室均有投影设备可供使用。
6. 电脑:
(1) 原则上保证演讲人手提电脑的使用。
(2) 保证所有小会议室设台式电脑各一台,从休博办调用。
7. 翻译:
(1) 拟从专业口译公司及浙江大学师资中调用。
(2) 原则上保证大剧院会议同声翻译2名,所有平行会议备用口译人员2名。

方案点评:

该方案将会议中各项服务事项的分工和责任再次作了说明,并就会议室和相关设备的管理作出了安排和重要提醒。

案例二

浙江省旅游交易会部分实施方案

方案一 第××届浙江省旅游交易会招待酒会方案

(一) 时间

××××年10月19日 18:00—20:00

(二) 地点(略)

(三) 邀请出席人员(略)

(四) 席位安排(待定)

(五) 议程

主持:浙江省旅游局领导

(介绍出席来宾)

1. 省领导致辞。
2. 省旅游局局长致祝酒词。

宴会开始十分钟后开始文艺表演,邀请宋城演员进行表演。(待定)

(六) 会务分工

1. 与浙江世贸中心大饭店联系协调,由×××负责。
2. 出席人员席位安排,由×××负责安排。
3. 文艺表演节目及舞台灯光、音响、背景,由×××负责。
4. 桌签、鲜花等,由×××负责,浙江世贸中心大饭店准备。
5. 领导讲话稿,由×××准备。

案例点评:

该招待酒会采用中式宴会的形式,考虑到出席的领导众多,主桌采用了36人的西餐桌的形式,主桌后方布置37张10人位的圆桌(图9-7)。酒会议程简短合理,工作分工明确。

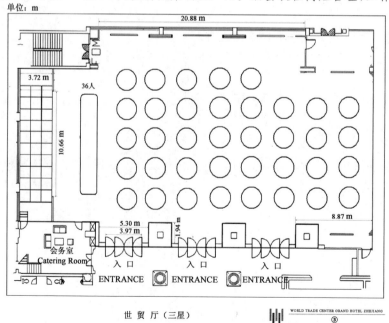

图9-7 招待酒会平面示意图

方案二 第××届浙江省旅游交易会

开幕式方案(草案)

(一)举办时间
10月20日9:00—9:30

(二)举办地点
杭州和平国际会展中心广场

(三)主办单位
中国旅行社协会

浙江省旅游局

(四)开幕式议程
8:00—8:30 领导到休息室等待开幕式开始;

8:30—9:00 锣鼓队、乐队、舞狮队分别表演;

8:50—9:00 各代表团队根据现场划分的区域,到指定地方就位;

9:00—9:10 主持人介绍来宾、旅游交易会概况及安排;

9:10—9:15 浙江省旅游局局长致辞;

9:15—9:18 省政府领导宣布第××届浙江省旅游交易会开幕;

9:18—9:25 剪彩仪式。

届时锣鼓齐鸣,彩球、礼花飞舞,广场人员置身于一片欢乐海洋,旅游交易会隆重开幕,各地表演队即时上台表演。主席台嘉宾参观旅游交易会展区。

(五)文艺活动表演
以诗画江南、山水浙江为主题,突出地方性、民俗性、大众性,以歌舞、小品为主,使旅游交易会开幕式成为展示浙江人文特色的亮点。(具体演出内容根据各团队活动演出内容而定)

(至9:30开幕式结束后,接着进场馆参观旅游交易会)

附:领导巡馆线路图(略)

案例点评:

展会开幕式安排非常紧凑,文艺活动安排在前面起到热场、吸引观众的作用。

案例三

西博会经贸科技合作洽谈会安全保卫方案

为了做好第××届西博会经贸科技合作洽谈会的现场消防工作,确保广大群众及展商的生命财产安全,落实安全保卫工作基本原则,应付突发事故,特制订本预案。

(一)消防应急预案

1. 组织机构

展会灭火和应急疏散工作由灭火行动组、通信联络组、疏散引导组、安全防护救护组组成,具体分工如下:

（1）灭火行动组：由展会保安人员组成，主要负责展会一般初级火灾的扑救工作；

（2）通信联络组：由展会总负责人以及各部门、重点要害部位负责人组成，负责通信联络及各部门工作的统一协调；

（3）疏散引导组：由世贸保安人员及重点部门的负责人、安全管理人员及现场工作人员组成，负责火灾时人员的安全疏散及财产的安全转移；

（4）安全防护救护组：由后勤及部门人员组成，负责火灾时车辆、医疗救护等后勤保障工作。

2. 报警和接处警程序

（1）报警监控中心值班人员要坚守工作岗位，对展会的重点要害部位进行动静态全方位24小时监控；

（2）监控中心收到监控区的火警信号及火警电话后，应立即用对讲机通知世贸保安人员、巡逻员赶赴现场，并电话通知值班领导；

（3）保安人员赶赴现场后，如未发生火灾，应查明警示信号的报警原因，并做详细记录；

（4）如有火灾发生，应根据火情，立即拨打"119"报告消防队，并将信息反馈监控报警中心，同时进行灭火及疏散工作；

（5）监控中心根据火灾情况，调集有关人员启动灭火和应急预案。

3. 应急疏散的组织程序与措施

（1）为使灭火和应急疏散预案顺利进行，保卫部门应加强日常性检查，确保消防通道畅通；

（2）公共聚集场所应保持消防通道畅通，出入口有明显标志，消防通道及安全门不能锁闭，疏散路线有明显的引导图例；

（3）火灾发生时，疏散引导人员应迅速赶赴火场，利用应急广播指挥人群有组织地疏散；

（4）疏散路线尽量简捷，安全出口的利用要平均；

（5）疏散引导组工作人员要分工明确，统一指挥。

4. 扑救一般初级火灾的程序和措施

（1）当火灾发生时要沉着冷静，采用适当的方法组织灭火、疏散；

（2）对于能立即扑灭的火灾要抓住时机，迅速消灭；

（3）对于不能立即扑灭的火灾，要采取"先控制，后消灭"的原则，先控制火势的蔓延，再开展全面扑救，一举消灭；

（4）火场如有人受到围困，要坚持"先救人，后救火"的原则，全盘考虑，制订灭火疏散方案；

（5）火场扑救要采取"先重点，后一般"的原则；

（6）火灾扑救要服从火场临时指挥员的统一指挥，分工明确，密切配合，当消防人员赶到后临时指挥员应将火场现场情况报告消防人员，并服从消防人员统一指挥，配合消防队实施灭火、疏散工作；

（7）火灾扑救完毕，保卫部门要积极协助公安消防部门调查火灾原因，落实"三不放过"原则，处理火灾事故。

5. 通信联络,安全防护救护的程序和措施

(1) 所有参加灭火与应急疏散工作的部门领导、工作人员应打开通信工具,确保通讯畅通,服从通信联络组长的调遣;

(2) 展馆后勤部通知值班水工、电工在火场待命;

(3) 医务室人员在现场及时救治火场受伤人员,必要时与地方医院联系救治工作;

(4) 车队应调集车辆,确保交通畅通;

(5) 后勤人员对被抢救、转移的物资进行登记、保管,对火灾损失情况协同有关部门进行清理登记。

(二) 突发事件应急措施及疏散预案

1. 原则

(1) 突发事件一旦发生,所在部位工作人员要立即报告总值班和主管领导,接报领导要及时到现场进行指挥、协调和对外联系等工作。

(2) 值班人员必须保证在第一时间打开通向外界的大门,紧急情况下可砸破出口玻璃或门,保证人员疏散。

(3) 各部门负责人员要及时到场,按分工履行职责,待人员全部撤离后,方可撤离现场,并向主管领导汇报。

(4) 保卫部门要经常检查重点部位的疏散通道及对外道路出入口,要保持畅通,无障碍物。

(5) 各部位值班人员必须要坚守岗位,熟知安全出口情况,经常检查门锁是否好用,发现问题及时解决。

(6) 发生突发事件,保安队除在岗队员外,其余队员由队长带领,立即到达现场,听从领导统一指挥。

2. 疏散预案

(1) 当值管理员应正确引导场内的人员向疏散通道疏散,并授之以正确逃离方式,其余人员使用灭火器进行灭火,以及进行伤员抢救等工作。尽快增加援助人手。

(2) 疏散路线

① A馆:北侧人员从卷帘门撤离,南侧人员从正门撤离。

② E、F、G馆:按楼道疏散标志箭头方向从东、南两个紧急通道及自动扶梯撤离。

③ C、D馆:按楼道疏散标志箭头方向从紧急通道及自动扶梯撤离。

案例点评:

该安全方案从消防、突发事件的反应和处理、做好人员疏散等方面进行了部署。大型活动这几方面都是最关键的安全问题。在工作中还会有对各种突发事件的预案,根据其发生的概率和危害程度制定应对措施。

情 景 练 习

练习题一　第××届国际旅游教育论坛暨江浙沪国际旅游教育展现场服务策划练习

（一）练习背景介绍

第××届国际旅游教育论坛暨江浙沪国际旅游教育展将在杭州举行，主办方：浙江省旅游局、浙江旅游职业学院、瑞士洛桑酒店管理学院；支持单位：浙江省教育厅、上海市旅游事业管理委员会、江苏省旅游局、杭州市旅游事业管理委员会、浙江大学；协办单位：旭日旅游咨询管理有限公司、《中国旅游》杂志社。

会期3天，暂定为××××年10月15—18日，其中安排18日为旅游活动时间。会议将讨论旅游教育方面的热门话题，交流各国在旅游教育方面的经验。与此同时，将有一个小型展览展示江浙沪旅游教育和国际旅游教育合作方面的成就。

届时将有来自英国、瑞士、澳大利亚、日本、韩国、中国香港等国家和地区知名学府的20余位旅游教育知名专家汇聚杭州，主要有：

英国西英格兰大学商学院某博士、教授及其夫人；

澳大利亚南十字星大学（Southern Cross University）某博士、教授及其随行人员；

蓝山国际酒店管理学院（Blue Mountains International Hotel Management School）某博士、教授及其随行人员；

瑞士洛桑酒店管理学院副院长及其随行人员；

爱尔兰都柏林理工学院酒店管理与旅游学院某教授；

日本大阪旅游学院国际酒店管理专业主任；

韩国清州大学旅游管理学院副院长及其夫人；

香港理工大学酒店与旅游管理学院院长及教育培训主任；

澳门旅游学院招生处主任。

来自江浙沪地区旅游教育界的教育工作者和旅游界人士约80位，包括浙江大学、复旦大学、上海师范大学、苏州大学、南京大学旅游学院的负责人。浙江省教育厅某副厅长、浙江省旅游局某副局长和人教处处长、上海市旅游委员会某处长及随行人员、江苏省旅游局某处长及随行人员、杭州市旅游委员会副主任和人教处处长也将到会，共计参加会议的人员将达120位。此外还有媒体10家，共计15人。

会议和展览都在某酒店举行，会议第一天为大会开幕式及参会专家报告，第二天为论坛讨论。

第一天的内容包括开幕式，大会发言，共有6位专家发言，题目分别是：

- 国际旅游教育的发展现状与趋势；
- 中国酒店业职业培训面临的问题；
- 洛桑酒店管理学院的人才培养之道；
- 中外旅游院校如何开展产学研结合，培养旅游人才；
- 在旅游教育中开展环境保护教育；
- 韩国如何开展旅游人才的在职教育。

第二天为论坛讨论,分别围绕4个议题展开:
- 高等教育和旅游业人力资源问题;
- 未来旅游教育体系构建问题;
- 如何看待技能和素质教育的培养;
- 中外合作办学中的问题。

(二) 情景练习题

请根据以上背景材料(教师可以根据以上材料结合当地的情况进行改编,与学生一起确定会议场地,并充实相关内容),完成以下几项练习:

1. 设计会议议程表;
2. 会场和展览现场布置方案策划;
3. 报到注册方案策划;
4. 会议接待和服务方案策划;
5. 开幕式方案和开幕酒会方案策划;
6. 用电脑制作会场、展览场地及开幕酒会现场的布置图(并说明用材);
7. 电脑制作横幅和会议大背板效果图,制作桌签等;
8. 现场进行会议主席台和演讲台布置、装饰性布置、桌签和摆放以及注册区域的设计等;
9. 进行会议注册和开幕礼仪的场景模拟。

(三) 教学组织

学生分组,书写方案。由小组学生代表进行方案汇报,教师和其他学生进行提问,教师进行总结和点评。

学生分组,进行角色表演和场地布置,教师点评。

(四) 练习所需器材和场地

会议室和展览空地,会议桌椅、易拉宝、展架、电脑、相关电脑软件、打印机、纸张及美工器材等。

练习题二 某活动开幕式练习

(一) 练习背景介绍

甲学院与乙学院要开展为期一周的校园文化交流活动,活动包括社团组织的文艺演出交流、棋类比赛、球类比赛、辩论比赛等,活动期间还有各种小型展览和论坛,如两校学生摄影展,邀请对方学校老师或学生就某一感兴趣的问题做论坛报告。两校领导对该活动都很重视。

(二) 情景练习题

(1) 请为这次活动做一个开幕方案。
(2) 请为此次活动撰写一份领导讲话稿。
(3) 请按程序模拟表演。

(三) 教学组织

学生分组撰写方案并上台汇报、表演,教师对方案和表演进行点评。

(四) 练习所需器材和场地

电脑、投影仪。

知 识 巩 固

(一) 不定项选择题

(1) 背板设计要展现展会主题,背板上写上_____等内容。
  A. 会议主题以及 LOGO   B. 主办、协办支持单位
  C. 时间   D. 地点

(2) 展会布展时间一般为_____。
  A. 2~3 天
  B. 一周
  C. 半个月
  D. 不一定,根据展览题材和展览规模等因素而定

(3) 展会现场的活动如会议、比赛和表演等,举办方一般是_____。
  A. 展会主办方   B. 行业协会
  C. 参展商   D. 以上三方均可

(4) 展会在风险的识别和评估时,需要考虑的范围一般不包括_____。
  A. 参与展会人员的数量和素质   B. 会展场所的环境与设施
  C. 展会所在城市的现代化程度   D. 社会特别关注人物参与展会情况

(二) 简答题

(1) 开幕式的基本程序是怎样的?
(2) 在参展商布展现场展会主办方有哪些协调和管理工作?
(3) 展会现场服务包括哪些内容?
(4) 展会风险评估所需资料可以从哪些渠道获得?

第十章 会展评估与跟踪服务

学习目标

学生应当通过本章学习和练习达到以下目标：
- 熟悉和掌握会展项目评估的原则和方法，了解展会跟踪服务的作用和影响；
- 了解第三方评估的意义，掌握展会自我评估的方法；
- 具有展后客户跟踪方面的意识和能力；
- 理解会展项目评估和展后客服跟踪对会展项目可持续发展运作的重要作用。

会展项目运作过程中极为重要但又容易被忽视的两项工作是会展评估与跟踪服务。展会结束并不意味着工作结束了。做好会展项目评估，是为了让主办方和主要受众对展会有更深刻的认识，以便做好展会未来发展规划。展后客服跟踪，有助于稳固展会主办方与参展商和专业观众的沟通联络，更新完善客户信息数据库，积累潜在客户资源。展会的评估根据调查的目的、设置的指标体系或问卷的不同而不同，有的简单，有的复杂。评估可以是组展方的自我评估，也可以是第三方评估，根据国际展览联盟（UFI）的指标体系进行的评估就是第三方评估。调查的方法在本书第二章已经作详细阐述。

第一节 会展总结与评估

会展项目总结评估，从广义上讲，是指运用科学合理的技术手段，对项目各要素进行分析、评价与总结。在会展项目举办之前对其可能取得的综合效益进行分析，判断项目是否可行，找出仍需改进的地方，并及时作出更正。在项目举办之后，对一个展会的目的、执行过程、质量、服务、直接和间接的经济效益与社会效益、作用和影响进行系统的、客观的分析和评价，以判断该展览项目是否成功，从而获得经验以便今后作出更为科学的决策。

从狭义上讲，是在会展项目举办之后运用科学的技术与手段，对其执行过程及最后所取得的综合效益进行整体分析和评价并判断其成功与否，总结经验教训，为项目主办方提供借鉴，同时也为参展商及观众提供一定的信息参考。

在会展项目管理的实践操作中，会展人往往更倾向于狭义定义，即特指在会展项目结束之后对其进行的综合评价，而这也是会展整体运作管理中的一个重要环节。

一、会展项目评估的意义

会展项目的效益如何，存在哪些需要解决的问题，今后是否仍有必要继续举行等，可以通过评估进而给出较合理的判断,从而为项目主办方和承办方、参展商和观众是否决定继续参与其中提供参考。

(一) 对会展项目主办单位的意义

对会展项目主办单位而言,评估工作是根据诸如参展商的数量和质量、观众数量和质量、项目利润、展会举办的宏观大环境、展会所处的发展阶段等系列数据,深刻分析、评价当前的会展市场环境和走向,为今后该项目的市场开发、运营管理提出相应的建议。

(二) 对会展行业管理机构的意义

对会展行业管理机构而言,会展行业主管部门可以根据相关会展评估的标准、结论来制定会展行业发展的行业规章和制度,并对一些评估良好的项目进行重点扶持,帮助它们做强做大,以形成品牌优势,相反,对一些评估差、缺乏市场前景甚至重复举办的展会,予以严格控制,以达到规范会展市场秩序和行业竞争的目的。

(三) 对参展商和专业观众的意义

对参展商和专业观众而言,会展项目评估是对展会真实信息的补充,弥补了他们在前期接收的虚假宣传或不对称信息的缺憾。现在很多展会都会将展后报告放在官网,参展商和专业观众通过浏览展后报告可以一窥展会的成就。这种对外发布的展后报告也是一种特殊形式的宣传推广资料。

二、会展项目评估的原则

会展项目评估的结果无论是对主展方还是参展商亦或是展会观众都具有十分重要的意义,因此,在评估过程中必须坚持以下原则,保证结果的真实、准确和公正,为各利益相关者提供有价值的决策依据。

(一) 客观性

会展项目评估的基本目的是给相关部门或机构提供可靠的参考依据,客观性原则是该项工作的首要原则。客观性原则包括真实性和公正性两方面的意义。真实性要求项目评估结果应该与展会的实际情况一致,评估所参考的各项数据来源必须真实可靠。公正性是指项目评估应当做到不偏不倚,以客观事实为依据,不受评估人员主观意志左右。

(二) 科学性

会展项目评估的科学性原则是指项目评估要建立在相应的理论基础之上,评估过程中必须选取合适的评估指标、构建完整的评估体系,并运用一定的科学分析方法使其结果能够尽量准确地反映会展项目本质特征和质量水平。特别需要强调的是,评估体系的构建需注意各项指标的可操作性,即能够通过与指标的对比度量出对象与对象之间的量化差异,以此为依据汇总得到最终的评估结果。

(三) 规范性

规范性原则是指评价指标的选择和确定应遵循使用国内外公认、常见的指标及计算方法或单位的原则,避免使用不常见、难以统计的指标,使指标标准化、规范化,易于在实际中找到适当的代表值,并使数据资料易得、计算方法简单。

(四) 全面性

会展是涉及政府、行业协会和行业相关企业的复杂系统,因此,评估体系既要能反映个体会展企业的管理水平和经营能力，又要能反映整个会展行业的盈利水平、发展能力和可持续发展的潜力，及其对整个社会进步的贡献水平。

（五）针对性

对于不同的会展项目，其举办目的不尽相同，所承担的使命也有所差异，所以，在进行项目评估时要建立相应的针对性指标，突出各自的重点。如，公益性展览的评估重点应放在观众数量、展示效果、社会反响等方面，而商业性展览的评估则侧重参展商数量、观众数量、达成的交易总额或签订协议金额、门票收入、广告收入等。

（六）动态性

每一届展会举办的宏观大环境是不断变化的，展会所处的发展阶段也是不一致的，因此，在评价指标的选择上要充分考虑项目环境动态变化的特点，较好地描述、刻画与量度未来的发展。

三、会展项目评估的内容

会展项目评估，主要是对本届展会的举办目标、实施过程、效益、影响、商誉、发展可持续性等内容进行评估、分析与总结。

（一）会展项目的目标评估分析

会展项目的策划与组织都其来有自，项目的目标评估分析是指评估项目实施后是否与原定目标相吻合，评判完成指标的实际情况和差距，并分析和查找原因，同时，对原定目标的正确性、合理性和科学性进行分析，以期对项目发展产生促进作用。

（二）会展项目的实施过程评估分析

会展项目的实施过程评估分析是对展会执行过程中各方落实的组织、运营、管理、服务的质量和水平进行评估分析，如会展项目的组织运作、宣传推广、招展招商、对参展商的服务承诺、项目实施的风险预案、交通餐饮绿化等配套服务设施、展品物流与仓储、知识产权保护，等等。

（三）会展项目的实施效益评估分析

会展项目的实施效益评估分析是指以会展项目实施后实际取得的经济效益、社会效益等为基础，测算会展项目所产生的各项经济数据，并与前期预测指标相对比，分析并评估存在的偏差及产生偏差的原因。其主要分析指标是资金收益率、成本核算、净现值等反映展会盈利水平的指标。

（四）会展项目的影响评估分析

会展项目的影响评估分析关注的是会展项目实施后产生的影响，包括经济影响、社会影响和环境影响。

经济影响评估主要分析评估会展项目对所在区域、相关行业以及所属行业产生的经济影响。社会影响评估主要对因会展项目引发产生的社区和个人生活品质影响进行评价，涵盖文化影响、城市建设、体制机制等。环境影响评估则是分析项目对环境保护、生态平衡以及能源再生的影响与促进。

（五）会展项目的商誉评估分析

会展商誉是指某个会展项目由于各种有利条件或历史积累而建立的良好的市场声誉和公众声誉，或由于组织得当、服务周到等原因而形成无形价值使得其在同类会展中处于较为优越的地位,从而具有获得超额收益的能力。随着市场竞争的日益加剧,商誉意味着无限商机和丰富的市场回报。商誉评估是对项目价值内涵的评估,可以保护和提高项目竞争力。

(六) 会展项目的可持续发展评估

国际展览联盟(UFI)对展会的认证是要求该项目必须已办三届以上,以示优质的会展项目必须要有可持续发展的能力。一方面是资金投入所带来的持续效益,另一方面是会展项目的社会、参展商和公众的认可度,评估项目的客户忠诚度。

四、会展项目评估的方法

(一) 组展方的自我评估

1. 数据收集与统计

数据收集是会展项目评估的一个重要环节,必须尽最大努力确保数据的完整、准确,才能得到客观、公正的评估结果。在数据收集中经常用到的方法主要有以下几种。

(1) 直接收集

在会展评估体系中有很多量化的指标数据都较容易获得,如项目的举办次数、场馆面积的大小、参展商的数量等数据可以在展会正式开始之前获得;组展方、参展商和会展服务商的收益可以在展会结束之后从相关机构处获得;至于观众数量,如果出售门票,观众数量即为出售门票的数字,如果不出售门票,则可根据经验估算。

(2) 问卷调查

在会展项目评估过程中,有些指标数据是没法直接获得的,如专业观众数量,需要使用抽样问卷调查进行估算;而对于参展商、观众满意度的调查以及其他一些需要作出主观判断的数据的获得,通常也需采用问卷或者个别访问的方式。

问卷的设计要简洁明了,每一个问题都应该有明确的目的且确有必要,并且在使用之前必须经过测试,不浪费调查者和被调查者的时间和精力。

(3) 重点访谈

重点访谈,是指与被调查者进行语言沟通从而获得信息的方法,可以是面对面的交流,也可以通过电话、网络聊天等形式展开,适用于对一些需要作出主观判断的问题的调查。但此种方式需要经验丰富的调查人员,并且耗费大量时间,对于小型会展项目比较实用,而对于大型活动来说有一定的局限性。

2. 新闻舆情收集

新闻舆情收集是会展项目评估中的又一重要环节,因为新闻舆情是经过媒体验证和包装过的舆论,带有客观性和准确性,可以帮助组展方和相关单位随时了解情况和及时制定出相应的解决方案。

新闻舆情收集,主要是收集并记录新闻媒体如纸媒、网媒、电视电台广播等在某一段时间内对某一特定会展项目的报道,包括媒体类型、报道量、阅读人次、转发量等。有些报告还将特定媒体的报道内容加以描述(图10-1)。

第22届中国国际工业博览会

境内外主流媒体热情关注

第22届中国国际工业博览会期间，对展会共监测到相关原发报道716篇。其中，平面媒体272篇、主要网络媒体370篇、主要广电媒体74篇。这些报道来自224家媒体，约93.8万字。按照媒体地域分布情况看，在上述716篇原发报道中，中央媒体报道占17.46%，上海媒体占56.56%，外埠媒体占20.95%，境外媒体占5.03%。境外（除港澳台）有来自10个国家的19家媒体的27篇原发报道。

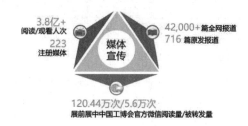

注册媒体人数	223
相关原发报道	716篇
相关报道总量	>42,000篇
阅读（观看）总人次	>3.8亿次
展前展中中国工博会官方微信阅读量/被转发量	120.44万次/5.6万次

中国工博会微信公众号总粉丝数：430,000+
中国工博会抖音账号粉丝数：18,450+
手机短信：5,780,000+
电子邮件：2,580,000+
新媒体曝光总量：26,342,618
展期官网浏览量：185,497

图 10-1 第 22 届中国国际工业博览会媒体报道情况

网络信息量十分巨大，传统纸媒和电视电台广播的信息一般都能在网上找到，会展项目的舆情收集可以采用部分人工处理、部分软件搜集的方法。现在信息传播基本都会在网络上进行，大部分的纸媒也会有相应的数字版。舆情信息检测软件也相应诞生，主办方可以寻找一款适合自身需求的软件开展会舆情收集和监控。

3. 项目总结报告

会展项目总结报告，是对整个项目活动过程的工作进行总体评价，通过展后总结，办展机构可以对本届展会从策划到现场管理服务的各项工作进行分析，总结经验教训，找出工作不足，其中有部分内容可以作为宣传推广的素材。展会总结报告的主要内容可以分为以下几个方面：

- 展会策划工作总结；
- 展会统筹、协调等各项筹备工作总结；

- 展会招展工作总结；
- 展会观众组织和宣传推广工作总结；
- 展会展前、展中、展后服务总结；
- 展会现场管理工作总结；
- 展会指定服务商评价总结；
- 展会时间管理进度计划总结；
- 展会客户关系管理措施总结；
- 展会各种相关活动的评价总结。

总结评估报告要采用定性和定量相结合的方法，在调研事实和数据的基础上，分析展会取得的进步，与其他同类题材的展会进行比较，客观公正地评价展会的现状和价值，对存在的不足之处提出改进建议。

（二）会展第三方评估

会展项目第三方评估，是指由处于第一方（被评对象）和第二方（服务对象）之外的一方对会展项目进行独立、专业、权威的评估，主要有三种模式：高校专家评估、专业机构评估和民众参与评估。

1. 高校专家评估模式

这是由高校中的专家学者作为"第三方"接受被评对象委托的评估模式。比如，杭州市政府分别邀请浙江大学亚太休闲教育研究中心和上海交通大学会展经济发展研究中心对2006首届世界休闲博览会、2011第二届世界休闲博览会的工作进行整体评估。

2. 专业机构评估模式

这是由专业组织作为"第三方"参与会展项目的评估模式。展览业最有名的第三方认证机构就是"国际展览联盟(UFI)"，UFI在我国已经拥有100多家认证会员，其中展览组织者(Exhibition Organizer)，也就是展览公司，占70％以上。一些老牌的会展国家也有一套适合自己实际情况的认证标准和认证机构，如德国拥有AUMA展会认证，美国有IAEM。第三方专业机构的评估既是对办展质量的检验，也是通过评估发证的形式向外界宣布该项目达到的质量标准，提高展览项目的品牌号召力。

3. 民众参与评估模式

这是普通民众随机或自由参与会展项目评估的模式。会展项目调查机构随机抽访市民作为"第三方"，或到现场随机发放问卷，或采用计算机辅助电话访问系统进行电话调查，或在网上进行问卷调查等。

第二节 展后跟踪服务

展览会结束后，除了上文所介绍的展后总结、评估外，主办方还有大量的后续工作要完成。

一、跟踪展会客户需求

在展会现场会对客户展开各种调查和回访，收集到的意见，当场能解决的，必须马上为客户解决；当场解决不了的，要及时跟进寻求解决，直到客户满意为止。真诚地征求客户的意见与建议,不但可以改进工作成效,还可以建立客户对组展方的信任,加深与客户间的感情。此外,有些客户的款项可能还没有完全付清,应及时催款;有些客户的展品还没有处理运回,应及时处理;有些客户展后安排了商务考察或旅游,主办方应提供力所能及的帮助。

二、向客户邮寄展后总结并致谢

展览会闭幕后,要及时给所有参加展览会的参展商和观众邮寄展后总结,并对他们的参与和支持表示真诚的感谢。展后总结不仅要邮寄给参展商和观众,对那些曾经提供帮助的机构(如各协办单位、支持单位、消防保安部门等)和个人也要致谢;对于一些重要的客户和机构,办展机构还可以派人亲自登门致谢。至于展后总结和感谢函的邮寄方式,可以采用信函、电子邮件和电话传真等。

三、及时更新客户信息数据库

一届展览会结束后,办展机构的客户数据库可能会发生很大变化,如有新客户的加入,有老客户的流失,也有客户信息的变更等,办展机构要及时准确地更新客户数据库,并根据客户信息的变化,调整客户工作的方式和方向。更新展览会数据库既包括对参展商和观众数据的更新,还包括对各种展览会服务商以及业务代理商资料的更新。展后应对各种客户信息进行综合整理,为下一届展会各个阶段的工作如展会立项、招展招商、现场服务、展后跟踪服务等提供重要信息。

四、做好展后新闻宣传

展览会闭幕后,办展机构可以就展览会的总体执行情况特别是所取得的成果准备一份总结性的新闻稿,提供给新闻媒体,让展览会"有始有终"。展会后期的总结性宣传其实是为下一届展会做好准备,为下一届展会做好舆论造势。

五、做好展后客户联系与沟通

展会结束意味着新的展会的开始,有的大型活动如奥运会、世博会甚至要提前一到两届来准备。会展企业应及时将本届展会的总结情况、下一届展会的准备情况、办展机构的其他相关信息等向广大客户和潜在客户发布,发布的方式可以选择网络、电话、上门拜访、直邮、展会刊物等,对不同客户采取不同的沟通方式。如对国外和外地的客户,采用网络、直邮等方式比较实际,而对于本地或周边地区的客户,上门拜访更容易增进双方感情。另外,展后开展个性化服务也是必不可少的,如对客户提供的建议由组展方高层管理人员亲笔签署回信以示感谢,并采取相应措施。组展方还可以定期关注客户及其所在机构,对其重要活动如公司成立纪念日、新产品研发成功、主要联系人的生日、重要节日等发电子邮件或寄送贺卡表示祝贺。

典型案例分析

案例

第22届中国环博会展后报告

展出面积达180 000平方米,较疫情前增长20%
2 157家参展商和81 957位专业观众齐聚一堂
千企争艳,海外展团恢复近半
多名院士出席同期大会,透露行业新风向

2021年4月22日,亚洲旗舰环保展——第22届中国环博会在上海新国际博览中心顺利闭幕。来自全球的环保企业与全国各地的专业观众、专家、媒体齐聚上海,近十万环保人共同见证了"双碳"时代下中国生态环境产业的加速变革。

"2030碳达峰,2060碳中和"目标的提出,让中国生态环境产业迈入减污降碳协同治理的新阶段,环保技术也将迎来新的变革。"双碳"时代到来,产业对新技术、新产业和新业态的洞察需求骤升,在此背景下,第22届中国环博会重启规模增长引擎,确立了其作为亚洲领先的环境技术展示交流平台的地位:本届展会覆盖了18万平方米(比2020年增加20%),共有2 157家参展商(2020年为1 851家)和81 957名参观者(2020年为73 176名)。

"我们非常高兴地看到——尽管是在这样一个不确定的时代,中国环博会再次证明了它作为环保领域创新和知识中心的重要性",慕尼黑博览集团董事总经理Stefan Rummel先生如此评价,"强劲的数据不仅反映了中国和世界各地在对环保技术不断增长的需求,也证明了行业面对面交流的强烈需求"。

中贸慕尼黑展览(上海)有限公司总经理江刚先生补充道:"中国环博会在政府及相关部门和合作伙伴的大力支持下成功举办,以创新技术为全球环保产业贡献中国智慧和中国方案。"

"双碳"时代到来和合共生方能众行致远

进入2021年,中国生态环境产业经过4年漫长的调整期后,迎来拐点。面向"十四五"和国家"碳达峰、碳中和"目标,节能环保产业作为绿色发展的重要支撑力量,在这一过程中将有更大用武之地,迎来最佳机遇期。伴随着中国环博会从规模、质量到产业影响力的不断突破,本届展会吸引了2 157家各具资源与技术优势的央企国企、外企、民企同台展示新产品、新技术、新材料和新战略,产业链上下游互通有无,达成产业协同合作共赢。

中国环境科学学会副秘书长彭宾先生如此评价:"在国际疫情形势依然严峻的情况下,第22届中国环博会展示规模较疫情前依然有较大幅度增长,充分反应了我国生态环境产业的市场经济活力。中国环博会凭借行业影响力的不断突破,吸引了更多的行业优质企业同行致远、凝聚合力,推动行业高质量发展。"

维尔利环保科技集团股份有限公司固废事业部副总经理王亚东表示:"中国环博会是国内富有影响力及规模的展会之一。无论参展商或观众都热情高涨,专业性及相关性很高。我们近年从业务范围到品牌形象都做了转型升级,需要通过中国环博会这个平台,把公司新形象传达给业内的客户及合作单位。参与中国环博会多年,今年我们依然保持了超大展位规模。中国环博会是我们与老客户的高效见面会,也是新客户了解我们的一个窗口。"

跨越疫情影响　海外展团数量恢复近半

虽然新冠疫情依然肆虐全球,但今年展会的国际展团数量有所提升,已恢复至疫情前的一半水平,共吸引了来自德国、瑞士、法国、荷兰、丹麦、日本、韩国、美国的8个国家展团亮相,汇集了近70家海外企业组团参展,通过云端展示、连线对接、本土代理等各式各样的形式,展示了全球前沿的环境技术。

恩德斯豪斯(中国)自动化有限公司水行业经理刘影表示:"作为参加多届中国环博会的老展商,我们一直认为中国环博会是环保界享有盛名的展会,所吸引的客户行业覆盖面非常广,客户层次跟我们本身业务的匹配度很高,各领域参展的大品牌也非常多。中国环博会对我们来说不仅是一个与客户交流展示的平台,也是一个友商之间相互交流的机会。我们非常喜欢中国环博会,希望能越办越好,我们也会一直参加,与中国环博会一起发展。"

同时,为了打破疫情带来海内外交流壁垒,本届展会仍在展前积极举办了"海外买家线上交流会",邀请到国内实力强劲的6家展商参与发言,与来自越南、菲律宾等东南亚国家的122位环保工程公司、污染用户单位的买家进行了交流演示。

国内治污需求强劲　观众专业度更上一层楼

如今疫情防控已经趋于常态化,国内专业观众的观展热情进一步激发。为期3天的展会共接待了来自全国市政、工业、农业领域的81 957名专业观众,寻找解决方案、了解技术趋势。

主办方特邀买家赫比(上海)家用电器产品有限公司EHS经理钟福生先生评价道:"今年来参观明显的第一感觉就是人比以往多了很多,近几年大家都非常重视排放,我每年都来参观,了解当下最新的处理技术。今年作为特邀买家我们听取了多家企业的技术分享,也比较过几家中意的展商,基本确定了思路。参观环博会对于我们来说很大地提高了采购效率,希望你们明年有更大的规模,更多新展商,让我们了解更多的环境治理技术。"

海沃机械(中国)有限公司环卫研发总监、环卫产品线总监亚历桑德罗表示:"不同于其他国家,当下中国的经济环境非常活跃,而中国环博会的举办对中国市场、乃至亚洲市场都是一个推动。中国拥有亚洲最大的环保市场,而我认为中国环博会是环保行业至关重要的展会,因此我们非常看重这次参展,今年也是我们展位面积最大的一次。我们还邀请了不少客户前来参观,这三天收获颇丰。现在中国环保产业的发展速度远超欧洲,未来前景值得期待。"

多位院士出席同期大会　热点话题前沿趋势全解析

经过多年的发展,中国环博会已不仅仅是一场展示创新技术的展会,同时也是中国生态环境行业大佬同产业链、跨产业精英分享观点、思想碰撞、寻求合作的平台。展会同期的另一大交流平台,为期4天的2021中国环境技术大会,邀请到了中国工程院院士王超,中国工程院院士朱利中,中国工程院院士段宁3位院士以及550位业界领袖、技术专家、科研学者,开展了46场高品质、高规格行业论坛,为近7 000位来自不同行业领域的现场听众奉上了精彩纷呈、干货十足的专业报告及技术培训!

来自浙江省农业科学院环境资源与土壤肥料研究所安文浩博士在听完现场论坛后表

示:"我今年第一次参观环博会,不愧是旗舰环保展,各版块知名展商非常齐全。今天我听取了农废能源化利用论坛和有机肥发展大会这2个同期论坛的报告,会上探讨了很多新的思路,让我受益良多,我们非常需要像这样专业又深层次的会议交流机会。"

生态的力量熠熠生辉 行业IP搭建聚会平台

今年中国环博会上各家企业的展台搭建,较往年有了肉眼可见的提升。越来越多的展商采用更国际化、更具美感、更高品质的设计搭建,来吸引专业观众驻足停留。还有不少展商借势在展会期间举办新品发布、经销商大会、客商晚宴等活动。由此可见,企业对参加中国环博会的重视程度大幅提高。与此同时,有大量的行业媒体、社团机构、科研单位也选择在中国环博会期间举办行业聚会、云端直播、公益跑团等各种借势活动。

伴随中国环博会规模与行业影响力的不断突破,展会已不仅仅是展商和观众的交流舞台,也已成为产业企业及机构可以借势吸睛的行业大IP。

一直以来,中国环博会致力于打造行业最佳的展示和交流平台,我们将继往开来,不断扩大覆盖领域,提高专业品质、增强行业影响力,克服发展中的困难和不足,向世界一流展会看齐。中国环博会的二十余年,也见证了中国生态环境产业日新月异的发展,成为行业发展的注脚。我们将不辱使命,为行业发展助力,携手环保企业,共同守护美丽中国,书写生态保护和绿色发展的新篇章!

第23届中国环博会将于2022年4月20—22日在上海新国际博览中心与同仁再相见。但在明年到来之前,2021年7月8—10日的中国环博会成都展和2021年9月15—17日的中国环博会广州展将如期举办。

案例点评:

这是一份非常全面而有特色的会展总结报告,介绍了本届展会的概况和规模,通过数据和业内知名人士评价、展商和观众代表评价、同期活动的成功开展等方面的介绍,呈现了一个高效、高质的行业展会的形象。在总结报告最后通过展现展商在展览现场举办的各种交流活动说明了展会对行业的促进作用,提升了展会作为行业平台搭建者的信心,要打造环保行业的IP。该总结报告虽然都是用文字表述的形式,但总结到位,内容精炼。大家还可以扫描二维码学习一下其他展会的展会报告。

2021上海园林展展后报告　　　第22届中国工博会展后报告

情 景 练 习

(一) 练习背景介绍(略)

(二) 情景练习题

(1) 请分析第 26 届中国国际家具展览会展后报告的特色?

(2) 你怎样评价十年展商、十五年展商、二十年展商荣誉奖?

(3) 请以第 26 届中国国际家具展展会主办方的名义,向所有展商和专业观众写一封感谢信。

第 26 届上海国际家具展展后报告

知 识 巩 固

(一) 不定项选择题

(1) 以下哪些属于会展后续工作管理_____?
    A. 会展评估   B. 会展策划
    C. 会展审批   D. 会展总结

(2) 会展评估的客体,也可以称之为评估的对象,主要有_____。
    A. 会展城市   B. 会展主办单位
    C. 单个会展项目   D. 会展场馆

(3) _____是指从本会展公司购买某种会展项目展会的顾客占该类项目所有参展企业的百分比。
    A. 参展企业渗透率   B. 参展企业忠诚度
    C. 参展企业选择性   D. 参展企业满意度

(4) 以下不属于第三方评估的是_____。
    A. 高校评估   B. UFI 评估
    C. 客户评估   D. 主办机构上级部门评估

(二) 简答题

(1) 什么是新闻舆情收集? 如果你来做这项工作,说说你的工作计划。

(2) 会展项目评估的内容有哪些?

(3) 什么是会展项目的第三方评估?

第十一章 综合练习

在前面的章节中,我们以单个项目的形式从会展立项策划到展会评估进行了情景训练,在这个项目中各个学校可以根据自己的情况召开一次真实的展会,比如策划一次全体教师和学生的摄影艺术展或旅游工艺品展。学生可以通过项目的举办学习到策划、组织、项目实施、控制等各项技能。本章综合练习共有三个练习题:第一个练习是以普通消费者为观展对象的展会,学校可以根据自己的条件举办一个真实小型的展会;第二个练习是以专业买家为观展对象的专业展会,学生可以根据已知的背景信息,对此题材进行调研和策划,完成一系列的模拟练习;第三个练习的重点则是会议现场服务,学生可以在所学知识基础上设计一套完整的会议现场工作方案。

第一节 以普通消费者为对象的展览练习

这是以普通消费者为目标的展览,且可以在校园内得以策划实施,请根据以下练习要求真实地体验一下吧。

一、情景设置

这是一次"摄影艺术展"(或校园化妆品展、新年礼品展等),根据学校的实际情况,学校可以仅在本校内部开展活动,也可以扩展到其他院校甚至推广到社会。展览要求活动丰富,有一定的吸引力,能有效地组织和服务参展商和观众,客户满意度高。学生应当完成以下项目的内容。

(1) 项目的立项策划:策划要尽可能使活动丰富,如除摄影展会外,可以设论坛、比赛、摄影作品展(义)卖等;

(2) 资金管理和运作:包括制作资金预算表和收支平衡表,除项目拨款外,在教师协助下学生应尽可能寻求校内外的赞助支持;

(3) 各种活动和程序的策划:完成从招展招商、宣传、开幕式、子项目活动及服务的策划方案的写作,并进行展会形象设计,展开展讯、招展函、观众邀请函、海报等宣传资料的设计;

(4) 各种活动和程序的实施:完成各项策划所规定的任务,包括运用相关会展流程管理软件完成目标参展商和目标观众数据库的建立和展区展位的划分、制作和分发招展函及观众邀请函、拜访客户、召开新闻发布会、开幕式舞台设计和搭建、开幕式实施、子项目场所的布置、子项目的组织和服务等;

(5) 展会的调查和评估:实施展会参展商和观众的满意度调查;起草展会的评估报告。

二、教学组织

教师任命项目组长和副组长,组建策划小组。由项目组长分配其他同学的任务。各专业老师跟踪指导。

三、场所和设施要求

尽量利用学校的资源,如图书馆、报告厅等建筑;会议室各种展览器材;活动舞台;背景板、横幅、电脑、打印机、打印器材、其他活跃现场气氛的耗材等。

第二节 以专业买家为对象的展览练习

根据以下背景材料并在进一步调研的基础上策划一个有关宠物的展览会,如"×××宠物用品展览会",并完成相关模拟练习,该练习帮助学生初步了解宠物行业,并探讨如何寻找目标参展商和专业买家。

一、情景设置

2022年1月18日,中国畜牧业协会宠物产业分会制作的《2021年中国宠物行业白皮书》(消费报告)(简称"2021年白皮书")正式发布。

2021年的调研数据显示:猫的数量已经超过了犬,成为饲养最多的宠物。2021年,猫的比例达到59.5%。在中国城镇家庭中,宠物猫的数量是5 806万只,犬的数量是5 429万只。

但在消费能力上,犬仍然不容忽视。从市场规模上看,2021年犬市场规模1 430亿,同比增长21.2%,增速再次超过猫市场,对市场的整体增长起到了很大的拉动。猫市场的规模也超过1 000亿,同比增长19.9%。整个城镇犬猫市场的规模达到2 490亿,同比增长20.6%,比2021年社会消费品零售总额高8个百分点。这也表明,宠物经济对中国社会的消费产生了巨大的拉动作用。

从2019年到2021年,宠物食品的市场份额从61.4%降低到51.5%,下降接近10个百分点。宠物医疗的市场份额从19%到29.2%,增加了10个百分点(图11-1)。

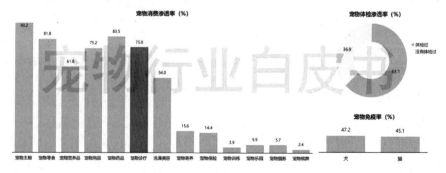

图11-1 宠物各项消费排名

在宠物产品方面,"国产替代"是最近几年很热的一个概念。在宠物行业,国货和洋品牌实际上还在拉锯状态,各有所长。在潜力最大的医疗市场,以疫苗和驱虫为例,这两个市场几乎被国外品牌垄断。2021年宠物行业影响力很大的一件事是"疫苗荒",在行业里、在消费市场都造成了很大的冲击。再比如驱虫药,犬猫驱虫药使用率的前十名里,中国品牌只有一棵"独苗",90%都是国外品牌。当然,中国企业在疫苗和驱虫领域已经开始努力了。2021年很多中国企业开始建设疫苗生产线,疫苗的上市周期比较长,只要中国企业愿意做,未来在这个领域还是大有可为的。

宠物医院成为线下服务的综合体。宠物医院已经成为宠物主购买主粮的第二大渠道,偏好度是25.8%。从更细分的人群来看,Z世代(在展览界对95后年轻人的称呼)在购买零食和营养品时,对宠物医院的偏好度更高。60岁以上的人群在购买宠物营养品时,宠物医院成为首选渠道。

其次从宠物主在医院的消费类型上看,90%以上的宠物主在医院购买过各种商品。除了药品之外,购买食品的占比也在40%以上。另外从不同城市来看,越是下沉城市,宠物主在宠物医院购物的习惯越强。宠物主光顾宠物医院的频率更高,对宠物医疗市场的发展也会起到促进作用。

以下是某集团策划的国际宠物健康展览会的展品范围和观众组成,供参考。

【展品范围】

宠物医疗:医疗影像,血液检测设备,手术室设备,内窥镜及微创设备,耗材,手术器材,骨科、麻醉及监护设备,宠物药品,生物制品/疫苗;

宠物健康食品:宠物食品,保健品,添加剂,处方粮;

宠物医院管理服务:宠物医院管理软件,医院水处理设备,宠物互联网问诊,信息化软件管理;

宠物美容:美容用品,皮肤清洁,药用洗护产品,耳朵清理,牙齿清洁;

宠物食品:主粮、零食、食品添加剂、宠物营养品、食品加工机械、食品包装技术等;

宠物用品:服装、窝垫、笼舍、玩具、美容用品、洗护产品、训导用品等;

宠物医疗:宠物医院设备、手术器械、宠物药品、生物制品、保健品、饲料、处方饲料、检测试纸及试剂等。

【观众构成】

宠物医院院长25.17%,主治医生19.99%,厂家14.45%,宠物医院管理层12.88%,经销商、代理商4.58%,高校老师1.63%,专科医师4.27%,医师助理5.24%,其他11.79%。

二、情景练习题

(1) 选择一个地区作为宠物健康展的举办地,在市场调研的基础上进行项目的立项策划;

(2) 采访或参观类似的展会,了解展览会对场馆以及相关服务方面的要求;

(3) 选择一个展览的场馆,获得场馆的平面图,使用计算机软件进行展区展位划分;

(4) 完成各种活动和程序的策划,完成从招展招商、宣传、开幕式、子项目活动及服务的策划方案的写作;

(5) 进行展会形象设计,进行展讯、招展函、观众邀请函、海报等宣传资料的设计;

（6）模拟完成项目：运用相关会展流程管理软件完成目标参展商和目标观众数据库的建立、展区和展位的划分、制作招展函和观众邀请函。

（7）模拟客户拜访、新闻发布会的召开等。

三、教学组织

教师任命项目组长和副组长，组建策划小组。由项目组长分配其他同学的任务。各专业老师跟踪指导并在客户拜访的情景训练中担任客户的角色，对学生进行评价和指导。

四、场所和设施要求

网络计算机、多媒体教室、会议室、电脑、打印机、纸张及美工器材等。

第三节 某会议服务方案练习

根据以下背景材料就"尚约2023高级女装秋冬发布会暨订货会"进行相关模拟练习，撰写各服务项目的执行方案，该练习帮助学生了解并熟悉会议服务的流程和执行细节。

一、情景设置

（一）项目背景

源于欧洲的SUNVIEW女装，在秉承了国际女装品牌简约明快、知性优雅、细节考究、低调奢华的服饰文化特性的同时，深谙中国女性对色彩、款式的追求，加之萃取欧洲的时尚、个性与优雅巧妙地融合出独特服饰风格，最终为都市女性完美地缔造出"时尚、简约、知性、优雅"的经典形象。2023年4月15日，尚约2023高级女装秋冬发布会暨订货会华丽开幕。

（二）大会概况

时间：2023年4月15—17日

地点：某会议厅

规模：共计约600人

（三）主要内容

尚约服装发布会、颁奖 & 节目表演、订货会

（四）参会人员

特邀嘉宾10名

尚约女装设计总监×××

尚约女装设计师10名

尚约女装秀场模特30名

尚约女装各地分销商代表500名

媒体记者代表30名

（五）媒体邀请

电视媒体3家

平面媒体 10 家

网络媒体 10 家

(六) 日程安排

4 月 15 日

16:20—16:40　嘉宾入场

16:40—17:30　尚约高尔夫发布会

17:45—18:45　晚宴

19:00—19:30　尚约发布会

19:30—20:30　颁奖 & 节目表演

4 月 16—17 日

9:00—18:00　客户订货

二、情景练习题

(1) 根据上述的背景资料,模拟完成该项目会务服务执行方案的提纲。

(2) 模拟完成该项目的交通组织方案,其中需涉及机场的人员接送、车辆配置等要素。

(3) 模拟完成该项目的报到接待方案,其中需涉及报到的流程。

(4) 模拟完成该项目的会务服务方案,其中需涉及会场服务的具体项目。

(5) 模拟完成该项目的宣传推广方案。

(6) 模拟完成该项目的环境布置方案。

(7) 模拟完成该项目会务组的分工和职责。

参 考 文 献

[1] 刘嘉龙.会展策划与管理[M].北京:中国旅游出版社,2011.
[2] 肖庆国,武少源.会议运营管理[M].4版.北京:中国商务出版社,2019.
[3] 小伦纳德·霍伊尔.会展与节事营销[M].陈怡宁,等译.北京:电子工业出版社,2003.
[4] 彼得·塔洛.会展与节事的风险和安全管理[M].李巧兰,译.北京:电子工业出版社,2004.
[5] 张捷雷.会展管理实训教程[M].南京:东南大学出版社,2009.
[6] 华谦生.会展策划[M].杭州:浙江大学出版社,2010.
[7] 王春雷,冯琦.国外品牌展览会的移植策略分析:以慕尼黑 EXPO REAL CHINA 2004 为例[J].旅游学刊,2005(2):61-65.
[8] 陈云妮.会展供应商服务质量提升对策研究[C].2013中国会展经济研究会学术年会论文集,2013:192-198.
[9] 吕绍锦,姜晶宇.精彩纷呈的第十六届亚洲宠物展览会[J].中国工作犬业,2013(10):65-66.
[10] 李前.南京泛成:通过赞助 In-Cosmetics 成功推广公司品牌[J].进出口经理人,2012(6):36.
[11] 贾岷江,王雪婷,刘琳.德国贸易型展览的观众属性与展商国际化[J].成都大学学报(社会科学版),2019(3):14-22.
[12] 王海宁.从传统展会复兴看新媒体与专业展的品牌传播[N].中国贸易报,2020-11-24(05).